AF697725

LE SAUMON

400 ans d'histoire et de passion au Québec

LE SAUMON

400 ans d'histoire et de passion au Québec

Ouvrage collectif sous la direction de Bernard Beaudin et Yvon Côté

Équipe de réalisation :
Rédaction : collectif d'auteurs dont les noms figurent au début de chacun des chapitres
Révision et édition-conseil : Charles Allain
Révision linguistique : Frédérique P.-Lamoureux, Corinne Kraschewski et Ginette Lachance
Conception et réalisation graphique : Siamois graphisme
Impression : Transcontinental Interglobe
Édition : Saumon illimité (FQSA)

La parution de ce livre a été rendue possible grâce à la participation financière de :
Fondation de la Faune du Québec
GENIVAR
Ministère des relations internationales (Québec)
Ministère des ressources naturelles et de la Faune (Québec)
Transcontinental

Cet ouvrage doit être cité de la façon suivante :
Beaudin, B. et Y. Côté. 2008. Le Saumon, 400 ans d'histoire et de passion au Québec.
Rédigé par un collectif d'auteurs, Saumon illimité (FQSA), 232 p.

Mots clés:
1- Histoire 2- Sciences naturelles 3- Écologie 4- Beaux-arts 5- Pêche sportive
6- Rivières à saumon 7- Gastronomie

Tous droits réservés
Saumon illimité (FQSA)
Dépôt légal : 4e trimestre 2008
Dépôt à la Bibliothèque et Archives nationales du Québec
Dépôt à la Bibliothèque et Archives Canada
ISBN 978-2-9803418-9-2

Imprimé au Canada en décembre 2008

Table des matières

Chapitre 3

Les rivières à saumon du Québec dans l'art canadien et québécois

Deuxième partie : La pêche sportive au saumon

Chapitre 4

Les rivières à saumon du Québec

Chapitre 5

Souvenirs et conseils pratiques d'un saumonier

Nous avons eu une idée,

nous l'avons réalisée…

pour le saumon!

Avant-propos

Par la pratique de leur activité préférée, les pêcheurs sportifs de saumon — les saumoniers comme ils aiment à se nommer —, ont appris à connaître, à respecter et à aimer ce poisson mythique qui est sans doute, parmi la faune halieutique, l'un de ceux qui a suscité le plus de passion et le plus de recherches à la fois scientifiques, artistiques, historiques et socio-économiques.

D'aussi loin que la préhistoire, le saumon accompagne les hommes. Du fait de ses migrations spectaculaires en rivière, il leur a tout d'abord permis de se nourrir d'abondance. Ici même, au Québec, à compter de l'établissement des Français en 1608 en Nouvelle-France, la faune a joué un rôle économique remarquable pendant 400 ans. La traite des fourrures et les pêcheries commerciales, par exemple, furent les premières sources de richesse de la colonie. Les XIXe et XXe siècles furent toutefois très difficiles pour le saumon. Surexploitation, destruction des habitats, pollution industrielle, la société humaine n'a pas été tendre envers lui.

Devant la menace, un animal aussi charismatique que le saumon a pu toutefois compter sur la passion de nombreux pêcheurs qui se sont mobilisés et qui ont lancé de nombreuses initiatives de conservation contribuant à éveiller la conscience environnementale dans notre société. De nos jours, on reconnaît à cette espèce animale sa place toute particulière dans les écosystèmes aquatiques. Les saumoniers profitent des splendides rivières où se trouve le saumon pour mieux connaître la nature et vivre une relation profonde avec un animal courageux et à l'instinct tout à fait exceptionnel.

La mobilisation autour des fêtes célébrant le 400e anniversaire de la ville de Québec en 2008 a été le déclencheur de l'aventure qui a donné naissance à ce livre. Pourquoi ne pas profiter de ce grand moment historique pour partager avec tous les Québécois la passion des saumoniers et faire connaître la contribution étonnante de ce fabuleux prince des rivières et des mers au parcours de notre humanité? En cette année du quatrième centenaire de la ville de Québec, la Fédération québécoise pour le saumon atlantique (FQSA) a voulu combler un manque et témoigner de tout ce que nous devons au saumon, un poisson généreux qui était aussi, ne l'oublions pas, tenu en très haute estime et vénéré par les Premières Nations.

Nous avons formé un comité de rédaction composé de Bernard Beaudin, Normand Bergeron, Gérard Bilodeau, François Caron, Guy Chaumont, Yvon Côté, Pierre Dulude, Marc-Antoine Jean, Madeleine Garceau, Sylvain Gingras, Michel F. Lapointe, Jean-Pierre Mailhot, Dorik Moisan, Guy Pustelnik, Gilles Shooner et André Vézina qui ont répondu à l'appel avec l'enthousiasme des pêcheurs à la veille d'une expédition. Chacun a mis à contribution ses connaissances des multiples aspects du saumon afin d'en brosser un portrait destiné à mieux faire apprécier ce poisson, devenu l'un des meilleurs indicateurs de l'état de l'environnement aquatique, ici et partout où il est présent dans le monde.

En terminant, précisons que ce livre, qui se veut un ouvrage de vulgarisation, n'est pas destiné aux spécialistes. Il n'a ni la prétention de réunir toutes les connaissances actuelles sur le saumon, ni celle d'être un guide pratique pour la pêche au saumon, bien qu'il contienne de précieux conseils pour ceux et celles qui seraient tentés de vivre cette expérience inoubliable dans des environnements d'une grande beauté. Nous souhaitons tout simplement que les lecteurs et les lectrices, qu'importe leurs centres d'intérêt — la nature, l'histoire, l'art, la gastronomie, le sport ou la science —, trouvent dans cet ouvrage des liens avec le saumon qui correspondent à leur propre passion.

Nos plus sincères remerciements vont tout d'abord aux membres de l'équipe de rédaction, qui ont partagé leurs connaissances avec nous, à André Boudrault et Jean-Philippe Maillot, pour leur apport à la révision du chapitre sur les rivières à saumon, à Charles Allain et à Ginette Lachance, pour leur travail d'édition et de révision du manuscrit, à la société GENIVAR, pour la production des documents cartographiques, et à Nancy Pomerleau pour la réalisation graphique de ce livre. Notre reconnaissance va également au ministère des Ressources naturelles et de la Faune du Québec, au ministère des Relations internationales du Québec et à la Fondation de la faune du Québec pour leur contribution financière à la réalisation de cet ouvrage. Un grand merci enfin à Rémi Marcoux, président de Transcontinental, qui a gracieusement mis ses presses à notre disposition pour imprimer cet ouvrage.

Bernard Beaudin et Yvon Côté
Saumoniers, membres de la Fédération
québécoise pour le saumon atlantique

Première partie

Petite et grande histoire du saumon au Québec

Bronze du sculpteur Louis-P. Hébert : Halte dans la forêt *(1889). En hommage à la famille amérindienne. Œuvre située face à l'Assemblée nationale, Québec.*

Chapitre i

Le saumon au Québec : une présence immémoriale

par Yvon Côté
avec la collaboration de Guy Chaumont, Sylvain Gingras et Dorik Moisan

Le saumon atlantique est, parmi les espèces animales, l'une de celles qui ont le plus retenu l'attention de l'homme. On pourrait constituer une anthologie imposante des écrits portant sur cette espèce, et ainsi retracer l'historique des liens qui se sont tissés entre l'homme et le saumon au cours des âges. Les populations humaines ont donc, de très longue date, bénéficié de la présence du saumon dans leur environnement pour satisfaire leurs besoins de divers ordres, lesquels, par ailleurs, ont évolué au cours des siècles, comme nous le verrons. Nous esquisserons ici brièvement les étapes de cette évolution au Québec.

La rencontre avec les peuples amérindiens

Au milieu du XVe et au début du XVIe siècle, Français, Anglais, Espagnols, Portugais et Hollandais se lancèrent simultanément à la recherche d'un nouveau passage vers l'Orient afin de s'approvisionner en soie, épices et autres denrées précieuses et rares en Occident. Ils désiraient trouver ainsi le moyen de faire commerce avec les peuples orientaux, puisque la « route de la soie et des épices », contrôlée par les musulmans et leurs alliés, les marchands vénitiens, leur était interdite. Ils rêvaient tous de devenir les premiers à conquérir l'Orient pour fortifier leur puissance dans une Europe divisée par des guerres entre nations occidentales.

Les intrépides Vikings avaient atteint Terre-Neuve au tournant de l'an 1000. Les marins basques fréquentaient déjà les grands bancs et l'île de Terre-Neuve bien avant Jean Cabot et Jacques Cartier. Le bruit courait sans doute, dans les ports de mer et chez les marins, qu'il existait de grandes terres vers l'ouest, par-delà l'océan Atlantique, et qu'il devait bien se trouver parmi ces terres, encore inexplorées des Européens, un passage vers l'Orient. On rêvait même d'y découvrir de l'or. La cour du roi de France, la noblesse et les riches marchands assoiffés des biens exotiques qu'on pensait trouver dans ces contrées du soleil levant se lancèrent donc à l'aventure en y investissant des fortunes.

Au nom du roi de France François 1er, les deux navires de Jacques Cartier prirent la mer à Saint-Malo le 20 avril 1534. L'explorateur soupçonnait-il, en mettant le pied à Gaspé au terme de cette traversée, qu'il allait trouver non pas un passage vers l'Orient mais un « nouveau monde » déjà peuplé d'hommes et de femmes ? Ces peuples autochtones, on les a nommés successivement les Indiens, parce qu'on se croyait parvenu aux Indes, puis les Sauvages, quand on estima qu'ils vivaient, par comparaison aux sociétés européennes, d'une façon primitive, c'est-à-dire encore tout près de la nature. De nos jours, on les appelle les Premières Nations, un juste retour des choses.

Jacques Cartier ignorait également ce que la connaissance scientifique allait nous apprendre beaucoup plus tard, à savoir que les ancêtres de ces peuples amérindiens, pour s'installer sur ce continent, avaient eux-mêmes fait le voyage, quelques dizaines de milliers d'années auparavant, mais depuis un point de départ situé à l'opposé.

La préhistoire amérindienne

Venus d'Asie à la faveur d'un pont de terre entre la Sibérie et l'Alaska, à la poursuite des grands gibiers, les ancêtres des Amérindiens actuels, que l'on appelle les Paléo-Indiens, avaient accédé aussi à un « nouveau monde » et s'étaient implantés progressivement d'ouest en est sur le continent américain.

Les recherches archéologiques démontrent que les Paléo-Indiens ont commencé à peupler le Québec actuel quelque 10 000 ans avant J.-C., colonisant le territoire au fur et à mesure de la fonte de la calotte glaciaire, qui avait recouvert jusque-là la partie occidentale de l'Amérique du Nord jusqu'au niveau de la région des Grands Lacs. Certains groupes ont emprunté la voie du sud en suivant les rives des mers de Champlain et de Goldthwait, qui se retiraient peu à peu pour faire place au tracé actuel du fleuve Saint-Laurent. D'autres groupes de Paléo-Indiens auraient atteint la Basse-Côte-Nord du Saint-Laurent en traversant le détroit de Belle-Isle à partir de Terre-Neuve. Les fouilles ont permis d'établir que les Paléo-Indiens se nourrissaient de caribou, de poisson, d'ours, de lièvre et d'oiseaux migrateurs.

Les salmonidés, notamment le saumon atlantique, dont la population progressait alors dans l'ensemble de la vallée du Saint-Laurent, depuis la région du lac Ontario jusqu'au golfe du Saint-Laurent, figuraient au menu de ceux qui semblent avoir été les premiers hommes de l'Amérique du Nord. En effet, des ossements de salmonidés de grande taille ont été découverts dans quelques sites préhistoriques. Plus étonnant, vu la répartition actuelle du saumon au Québec, on a retrouvé des os de saumon atlantique dans un site riverain du Saint-Laurent, juste en aval de Cornwall, preuve qu'à une époque l'espèce était présente et utilisée par l'homme dans cette région, d'où elle est absente aujourd'hui.

La pêche de subsistance des Amérindiens

À l'arrivée des Européens en Amérique du Nord, les Amérindiens occupaient tout le territoire de l'actuel Québec. Dans la partie méridionale de ce territoire, ils étaient « agriculteurs-pêcheurs-chasseurs », et donc relativement sédentaires. À l'intérieur et au nord des terres, ils étaient « cueilleurs-chasseurs-pêcheurs » et avaient adopté, par nécessité, un mode de vie nomade. Chose certaine, qu'ils aient été plutôt sédentaires ou plutôt nomades, la faune sauvage comptait pour beaucoup dans leur alimentation. Ils se déplaçaient pour suivre les migrations du gibier et du poisson.

Quand Jacques Cartier débarqua à Gaspé à l'issue de son premier voyage, les Amérindiens qu'il rencontra n'étaient pas des Micmacs, mais bien des Iroquois laurentiens venus là en grand nombre pour la pêche annuelle. Des témoignages écrits des premiers Européens arrivés sur le continent, ainsi que les résultats de recherches historiques plus récentes, indiquent clairement que les Inuits, les Iroquoiens du Saint-Laurent, les Micmacs, les Innus montagnais, les Malécites, les Abénaquis et, plus tard, les Hurons wendats, pêchaient le saumon avec des moyens peut-être rudimentaires par rapport aux techniques modernes, mais suffisamment efficaces pour assurer leur survie. Ils utilisaient des filets rustiques faits de chanvre, des barrages de pierres, des nasses de fascines et des pièges. Ils se servaient souvent de harpons, disposaient également d'hameçons en os, et pratiquaient la pêche au flambeau.

On peut penser que, compte tenu de leurs moyens techniques peu élaborés, les Amérindiens devaient d'abord pêcher dans de petits cours d'eau calmes, où les conditions hydrologiques étaient plus favorables à l'utilisation de leurs engins, que dans les rivières à fort courant. C'est ainsi que la pêche au filet ou à la fascine devait se faire en eau peu profonde ou, à tout le moins, en des endroits où l'équipement allait résister à l'impétuosité du courant. La pêche au flambeau pouvait, en revanche, se pratiquer dans de plus grandes rivières. En effet, les Amérindiens avaient remarqué que, la nuit, le saumon s'approchait des berges, où l'eau

Saumon, passion et préhistoire

Guy Pustelnik

Née au cœur de l'Auvergne, la Dordogne traverse sur 450 km des milieux variés et rencontre des conditions environnementales qui ont favorisé l'implantation de peuplements ichtyologiques très diversifiés (33 espèces de poissons inventoriées), avec des populations fort abondantes.

La Dordogne donna aux hommes un moyen essentiel de subsistance en des temps où le poisson tenait une part importante dans leurs habitudes alimentaires. Les traces des liens étroits qui existaient alors entre la Dordogne, les pêcheurs et les habitants de la vallée sont encore nombreuses. À l'époque préhistorique, l'établissement privilégié des hommes dans les vallées du bassin, et plus particulièrement dans celle de la Dordogne, prouve l'attrait remarquable qu'exerçaient déjà les rivières. Les villages troglodytiques de Turnac, La Roque-Gageac, La Roque Saint-Christophe, Les Eyzies sont tous situés à proximité immédiate de la Dordogne et de la Vézère. De nombreuses vertèbres de saumon ont été retrouvées dans la majorité des foyers de ces villages, ainsi que des harpons en os et en bois de rennes.

Bas-relief représentant un saumon gravé sur une paroi de la grotte dite l'Abri du poisson.

Le témoignage le plus ancien, le plus émouvant peut-être, est la représentation d'un saumon trouvé dans la grotte dite « L'abri du poisson », proche des Eyzies, et datant d'environ 30 000 ans. C'est en août 1912 que Maurice Marsan découvrit cette sculpture d'un saumon d'un mètre de long, donc grandeur nature, positionnée sur la voûte d'un petit abri. Il s'agit d'un mâle bécard, dont la mâchoire est largement retroussée comme pendant la période de fraie. Selon les archéologues, cette représentation d'un poisson est la plus ancienne connue au monde. Par cette sculpture, le saumon est traité sur un pied d'égalité avec les grands mammifères comme les mammouths ou les rennes.

On peut facilement imaginer l'importance que l'artiste attachait à son saumon, pour avoir voulu en conserver la trace en le sculptant dans des conditions difficiles sur le plafond d'une grotte de si petite taille. Oui, on peut imaginer le sculpteur, bras en l'air, dans la pénombre, taillant son poisson dans la pierre avec moult détails : le bec, les ouïes, la caudale, la nageoire adipeuse, et même certains signes figurant les marques du harpon avec lequel, peut-être, il avait capturé son animal. On peut imaginer que la capture avait eu lieu au pied de la grotte, dans la Vézère, à partir d'un piège rustique fait de pierres entassées de sorte à créer un goulot au bout duquel le pêcheur attendait sa prise.

On l'imagine, fier et heureux, transportant ce saumon de belle taille vers les gorges d'Enfer, situées à proximité de l'Abri du poisson et où fut très certainement découpé et dégusté cet animal de choix. C'est d'ailleurs là que l'on retrouva bon nombre de vertèbres.

L'homme l'avait-il sculpté avant le repas, ou de mémoire ? Le mystère reste évidemment entier mais, fort heureusement, nous avons gardé trace de ce moment de fierté et de bonheur d'un pêcheur de Dordogne.

était peu profonde. On pouvait alors facilement le pêcher à la foëne, à bord d'un canot éclairé d'un flambeau qui permettait de le repérer. Sur les affluents de la rive nord du Saint-Laurent, les Amérindiens pêchaient aussi le saumon à l'aide du harpon, dans les poches d'eau qui se forment au milieu des chutes et des cascades, et où s'arrête le poisson. Il en était ainsi sur le parcours des grandes rivières telles que la Moisie, la Mingan, la Natashquan et bien d'autres.

Huile sur toile de Cornelius Krieghoff :
La pêche au flambeau *(1846).*

Bronze de Louis-Philippe Hébert :
Pêcheur à la nigogue *(1916).*
Œuvre localisée dans une alcôve de la façade de l'Assemblée nationale, Québec.

La colonisation française

Lors de ses différents voyages au Canada, *Kanata* en langue iroquoienne, qui signifie « peuplement » ou « village » , Cartier découvrit un pays riche, non pas d'or, d'épices ou de soie, mais riche de ses forêts, de ses poissons, de son gibier, de grands espaces à découvrir. Il croyait fermement qu'au bout du fleuve Saint-Laurent, nommé par les Amérindiens « le chemin qui marche », se trouvait ce fameux passage vers l'Orient.

Quelque 70 ans plus tard, lorsque le roi Henri IV demanda à Samuel de Champlain d'aller établir un poste permanent et de former une colonie en Nouvelle-France, les rêves de trouver un passage vers l'Orient s'étaient en bonne partie estompés. Champlain gardait encore le mince espoir que le « grand fleuve de Canada » débouche sur un tel passage, mais son intention première fut néanmoins d'utiliser les richesses naturelles encore inexploitées du pays pour satisfaire les besoins de la mère patrie. Jacques Cartier avait déjà donné des descriptions aguichantes de ces richesses. Le nouveau venu allait donc organiser le développement de ce vaste territoire au nom du roi de France et continuer d'en inventorier les ressources naturelles.

Parmi toutes les richesses qui abondaient en Nouvelle-France, celle de la faune a largement impressionné Champlain et les premiers explorateurs européens. Il est probable qu'à cette époque, compte tenu du déboisement intensif des terres de France pour l'agriculture et l'urbanisation, de l'utilisation polluante des cours d'eau par les tanneries, de l'installation des moulins à eau, de l'édification de barrages, la faune terrestre et aquatique avait déjà payé le lourd tribut des usages anthropiques des bassins versants et des cours d'eau eux-mêmes. Par contre, en ce Nouveau Monde, rien de tout cela n'existait. La faune sauvage y était intacte.

Champlain s'installa d'abord en Acadie, puis en Nouvelle-France en 1608, au lieu-dit *Kebec* en langue amérindienne, « là où le fleuve se rétrécit », dans la région de la bourgade que Cartier avait dénommée *Stadaconé*, et qu'il trouva désertée des Iroquoiens. Il y rencontra des Algonquins et des Innus montagnais. Cartographe du roi, sans aucun doute instruit des connaissances de son époque en sciences naturelles, Champlain s'employa d'une part à établir un poste permanent, d'autre part à décrire ce nouveau pays et sa faune, ainsi que les Amérindiens qui l'habitaient et leur mode de vie.

Voici à cet égard une citation tirée d'une relation de Champlain de 1626 (la rivière à laquelle il fait référence s'appelle aujourd'hui la rivière des Escoumins) : « À cet endroit de Lesquemain, proche de terre, il y a un petit îlet de rocher derrière lequel se faisait un degrat [ndlr : lieu de débarquement] pour la pêche des baleines et se trouve une place pour mettre un vaisseau : mais ce lieu est asséché de basse mer. Près de là est une petite rivière fort abondante de saumons, où les sauvages y font bonne pêcherie, comme ils le font en plusieurs autres. »

La pêche de subsistance des premiers colons

Les premiers colons français se sont établis dans la région immédiate de Québec en bordure du fleuve. Ils y défrichèrent les champs et, au bout de leurs terres, installèrent des postes de pêche, utilisant la méthode de pêche en fascine, une technique qui était déjà connue tout autant des Européens que des Amérindiens. Ces pêches leur permettaient de capturer une variété de poissons, dont des espèces migratrices comme l'anguille et le saumon, qui ont rapidement fait partie de leur régime alimentaire de base, en complément aux produits de l'agriculture. Il arrivait même que les colons se montrent beaucoup plus intéressés par la chasse et la pêche que par l'agriculture. On rapporte à ce propos une anecdote éloquente, bien qu'elle ne date pas précisément de l'époque de Champlain : les cinq premiers colons à s'implanter au Bic avaient tant négligé le défrichement de leurs terres au profit de la pêche au saumon, qu'on avait alors accusé la pêche d'être le principal obstacle à la colonisation agricole !

Un peu en aval de Québec, très tôt dans l'histoire de la colonisation, une pêcherie avait aussi été installée dans l'anse de Sillery, sur le site de l'actuelle Maison des Jésuites. Les Amérindiens nommaient cet endroit Pointe-aux-Anguilles, ou encore « là où l'on prend le saumon à la lance ». Ce site avait été exploité par les Iroquoiens du Saint-Laurent bien antérieurement à l'arrivée des colons français. On y capturait du saumon et de l'anguille en abondance, parmi bien d'autres espèces. Il en était de même sur les battures de Beauport et sur celles de la rive nord de l'île d'Orléans, foyer des premières générations de colons, comme l'indiquent les anciennes cartes d'attribution des lots à chacune de leurs familles.

L'établissement du régime seigneurial

Samuel de Champlain s'intéressa au développement des ressources halieutiques. Il voyait grand, et parvint à convaincre le roi de France de l'importance des pêches de différentes espèces de poissons, dont la morue, l'anguille et le saumon. Sous les pressions de Champlain, qui bénéficiait de l'appui du cardinal de Richelieu, le roi concéda en 1627 à la Compagnie des Cent-Associés d'énormes privilèges de nature commerciale touchant les pêches et le négoce des fourrures, à la condition que soient favorisés le peuplement de la colonie et le développement du territoire au profit de la France.

Ce fut le début du régime seigneurial, avec la division du territoire en rangs et en lots, régime qui resta en vigueur jusqu'en 1854. En Nouvelle-France, contrairement aux règles établies dans la mère patrie, les seigneuries n'étaient pas attribuées uniquement à des nobles. Elles pouvaient être concédées à de riches commerçants, à des militaires et au clergé. Fait à noter par ailleurs, en 1663, la moitié des seigneuries de Nouvelle-France étaient gérées par des femmes, lesquelles pouvaient hériter des terres de leur époux lorsqu'elles devenaient veuves. Chaque seigneur devait veiller au développement de son territoire en attribuant à des censitaires des lots à défricher, à cultiver et à exploiter. Les censitaires devaient en retour payer le cens au seigneur, lui-même redevable au gouverneur de Nouvelle-France, dont la mission était de favoriser le développement de la colonie et l'expansion du commerce avec la métropole française.

La pêche du saumon connut un certain déploiement à cette époque. Le produit de la pêche servait d'abord à l'alimentation des habitants, qui devaient, pour cela également, acquitter le cens au seigneur. À cet effet, l'acte constitutif de nombreuses seigneuries (dont Lévis, Lauzon, Beauport, des Aulnaies) spécifiait que le censitaire devrait apporter au seigneur « la onzième partie de l'anguille et du saumon bien conditionnés qu'il aura pêchés ». Dans certains cas, une clause, plus exigeante, indiquait qu'il lui faudrait remettre au seigneur « le premier saumon qu'il aura pris ainsi que la onzième partie de toute espèce de poisson qu'il aura prise ». À cette époque, il semble bien que le saumon abondait dans la région de Québec, et qu'on lui reconnaissait une certaine valeur, puisque les seigneurs s'en réservaient un droit de premier choix et qu'il faisait nommément partie du cens.

Malheureusement, la Compagnie des Cent-Associés, plus intéressée par le commerce des fourrures que par le développement de la colonie, n'honora pas ses engagements d'amener 4 000 nouveaux colons en Nouvelle-France. Le peuplement de celle-ci accusa du retard par rapport aux colonies anglaise et hollandaise de la côte américaine. Le roi de France y vit une menace pour ses propres intérêts commerciaux sur le continent. Jean-Baptiste Colbert, surintendant à la cour, recommanda au souverain Louis XIV la dissolution de la Compagnie des Cent-Associés en 1663, et proposa la nomination de Jean Talon comme intendant de la Nouvelle-France.

C'est en 1665 qu'arriva Jean Talon, homme entreprenant, avec la mission de rendre la colonie autosuffisante. Tout en concevant divers projets pour stimuler le commerce avec la France, il s'intéressa à l'expansion démographique de la colonie, donna une forte impulsion au développement seigneurial et organisa les premières industries sur le territoire. Il prit également des dispositions importantes, sur la constatation que les forêts et les pêches constituaient un potentiel très largement inexploité.

Certes, les pêches représentaient un intérêt commercial évident. Le calendrier liturgique imposait quelque 150 jours maigres par an, et la France devait importer d'énormes quantités de poisson, tant pour cette exigence de la religion catholique que pour nourrir ordinairement sa population. Jusque-là, les colons pratiquaient une pêche de subsistance en bordure de leurs terres. Mais dorénavant, l'exploitation du saumon, de l'anguille et de la morue en vue de leur exportation vers la métropole allait connaître son essor par la création de nouvelles seigneuries, ou même simplement de concessions dont la vocation serait le développement des pêcheries. Les seigneuries établies à Matane, à Gaspé, à Percé et à Mingan furent toutes vouées à ce développement. Le système des concessions de lots ou de postes de pêche se poursuivit longtemps après Jean Talon. Ainsi, en 1755, un certain Roussel, marchand de Québec, obtint l'autorisation exclusive de faire le commerce du saumon avec les Amérindiens du poste de Port-Daniel.

L'exploitation des forêts et celle des pêches deviendront le soutien et l'âme du commerce triangulaire imaginé par Jean Talon dans le but de diversifier les activités économiques avec la France, jusque-là dominées largement par le commerce des fourrures. La stratégie mise au point par l'intendant était la suivante : au début de l'automne, les bateaux quittaient la Nouvelle-France pour les Antilles, chargés de fourrures, de bois, de poisson salé (saumon, anguille et morue), de pois et d'huile de phoque, dont une partie était débarquée aux Antilles contre une cargaison de sucre, de rhum, de coton, de tabac, à destination de la métropole française et de la Nouvelle-France. L'année suivante, au début de l'été, les bateaux français revenaient en Nouvelle-France en y rapportant des tissus, des vins, des armes à feu, des produits ouvrés fabriqués en France, ainsi que le sucre des Antilles. D'abord expérimenté pour faire des « épreuves et ouvrir le chemin et le commerce que les habitants du Canada n'ont pas encore trouvés », selon les mots mêmes de Talon, le commerce triangulaire avec les Antilles se diversifiera peu à peu et se révélera particulièrement utile pour les trois partenaires commerciaux qu'il impliquait.

L'expansion des pêches commerciales sous le régime britannique

L'impulsion donnée par Talon au développement de la colonie, et notamment aux pêches, se répercutera sur près d'un siècle après son départ de la colonie en 1672, bien qu'avec une vigueur amoindrie. Ensuite, la conquête de la Nouvelle-France par les Britanniques en 1760 laissera inchangé, pour une centaine d'années encore, le système de colonisation mis en place sous le régime français, de même que les activités de nature commerciale qui en dépendaient. La Nouvelle-France deviendra le Canada, qui, bientôt, serait divisé lui-même en Bas-Canada et Haut-Canada. De nouvelles seigneuries seront créées et concédées notamment à des sujets britanniques, en même temps que seront maintenus les droits et privilèges déjà attribués antérieurement. Sous le régime britannique, la pêche commerciale du saumon connaîtra une grande expansion et atteindra un sommet au milieu du XIXe siècle.

L'un des premiers Britanniques à bénéficier du régime seigneurial fut l'Écossais John Nairne, qui devint dès 1761 le seigneur de Murray Bay (La Malbaie). Militaire de carrière, doté d'une petite rente royale, John Nairne désirait améliorer son sort en tirant divers revenus de sa seigneurie. Il se lança dans des activités agricoles, édifia des moulins à farine et ouvrit des poissonneries. Il appréciait au plus haut point la rivière Malbaie, où l'on trouvait une grande quantité de saumons, ce qui lui rappelait son Écosse natale. Même si progressivement un système de cantons allait être appelé à remplacer le système de lotissement en rangs et en lots, les seigneuries continuèrent d'exister jusqu'en 1854. Toutefois, elles servaient à soutenir des relations commerciales désormais dirigées vers la métropole anglaise, Londres.

Le naturaliste et voyageur américain Patrick Campbell, peu familier avec le lotissement seigneurial, écrivait en 1791 que les pêches à saumon établies au large de Kamouraska étaient tellement rapprochées les unes des autres que chaque habitant semblait en posséder une sur sa propriété. Les exportations de saumons provenant de cette région confirment bien l'importance de la pêche à cette époque. Joseph Bouchette nota pour sa part, en 1815, que la paroisse de Kamouraska expédiait annuellement 150 barils contenant chacun de 25 à 30 saumons vers les grands marchés, sans compter la consommation locale.

Un peu partout le long de la côte sud du Saint-Laurent, dans le Bas-Saint-Laurent aussi bien que du côté québécois de la baie des Chaleurs, les colons établis sur des lots riverains étaient, en fait, des agriculteurs-pêcheurs. Ceux dont les pêches se situaient en des endroits propices à la capture du saumon étaient même considérés par leurs voisins comme de « riches » pêcheurs, puisque le prix de vente du saumon, à la livre, était largement supérieur à celui des autres espèces (environ dix fois le prix de la morue). Par exemple, dans les années 1860, malgré l'abolition de la tenure seigneuriale, les colons maintinrent leurs privilèges de pêche en front de leurs lots riverains dans la baie de Gaspé, chaque propriétaire de tels lots pouvant construire une fascine pour la pêche au saumon. On en dénombrait plus de cinquante sur le parcours des rivières York et Dartmouth. Du port de Gaspé, on exportait à cette époque 250 à 300 barils de saumon par an (c'est-à-dire 6 000 à 9 000 saumons). Ce nombre, qui n'incluait donc pas la consommation locale, était à lui seul largement supérieur au nombre de saumons qui remontent de nos jours les trois rivières de Gaspé (entre 4 000 et 5 000).

À partir de 1820, les pêcheries de saumon étaient déjà bien développées le long du Saint-Laurent. Celles qui étaient localisées entre Québec et l'île aux Coudres, essentiellement rattachées à la tenure seigneuriale, servaient principalement aux besoins domestiques de la colonie, tandis que la production des pêcheries situées en aval, jusqu'en Gaspésie et sur la Basse-Côte-Nord, était exportée soit vers les Antilles, soit vers la métropole britannique.

Plusieurs de ces pêcheries étaient gérées par des établissements saisonniers ou des concessions exclusives. Par exemple, William Grant, Écossais de naissance et riche marchand de Québec, habile politicien et homme de grande influence, avait obtenu à la fin du XVIIIe siècle pas moins de

Aquarelle de Françoise Martel : La tenture à saumon *(1988).*

11 concessions de pêche au saumon et au phoque, depuis Kegaska jusqu'à Blanc-Sablon, sur la Basse-Côte-Nord. À sa mort, ces pêcheries furent léguées à ses fils. Puis, au cours des ans, la Compagnie de la Baie d'Hudson acquit les droits d'exploitation de ces concessions. Ainsi, au milieu des années 1840, c'est elle qui détenait le plus grand nombre de permissions pour exploiter les « postes du Roi » sur la Côte-Nord, à la tête de 22 postes de pêche répartis de la rivière des Escoumins à Blanc-Sablon, tout en continuant de contrôler le négoce des fourrures sur ce vaste territoire. Vers les années 1860, elle étendit même son domaine commercial jusqu'en Ungava. On peut également citer l'exemple de Théodore-Jean Lamontagne, marchand et entrepreneur de Sainte-Anne-des-Monts, dont le manoir très bien conservé surmonte un coteau de cette municipalité. Il démarra ses opérations en 1859 en s'appuyant sur le commerce du saumon pour constituer son fonds de roulement, et élargir ensuite l'éventail de ses activités.

Il est arrivé que l'exploitation par la Compagnie de la Baie d'Hudson, ajoutée à celle des petits pêcheurs locaux, conduise à une exploitation globale très intensive. Ce fut le cas notamment dans l'estuaire de la rivière Moisie où, en 1859, selon Edward Weeks, dans son livre sur l'histoire du club de pêche de la rivière Moisie, on trouvait plus de 70 filets à saumons sur la rivière, et au moins une dizaine sur la côte de part et d'autre de son embouchure. Ces filets totalisaient 15 000 brasses de longueur et auraient donné, cette année-là, une production de 250 barils (environ 6 500 saumons), ce qui équivaut ou même dépasse, encore une fois, le nombre de saumons (4 000 à 6 000) qui ont remonté annuellement cette rivière au cours des deux dernières décennies.

Il n'est pas possible, dans l'état actuel de la recherche historique, de se faire une idée aussi précise qu'on le souhaiterait du volume des captures de saumon pour l'ensemble du Québec à cette époque. Toutefois, aussi parcellaires qu'elles soient, certaines informations rapportées par Robert W. Dunfield font état, pour les années 1820 à 1839, d'exportations de 200 000 à 400 000 livres de saumon par an pour les différents ports de pêche situés en Gaspésie. Au cours de la même époque, avec un rendement enviable, les exportations provenant des postes exploités par la Compagnie de la Baie d'Hudson sur la Côte-Nord se seraient élevées annuellement à 500 000 livres (environ 40 000 saumons).

La fin d'une époque : l'inquiétude sur l'abondance du saumon et l'obligation de réglementer

Vers le milieu des années 1840, le rendement de la pêche au saumon était encore assez bon dans le Bas-Canada. Toutefois, la région immédiate de Québec comptait relativement peu dans les exportations. Celles du Bas-Saint-Laurent et de la Gaspésie y contribuaient un peu plus, même si elles accusaient, semble-t-il, une baisse sensible.

Par exemple, Dunfield a rapporté que les exportations de saumon en provenance de la région de Québec et de la Gaspésie s'élevaient seulement à 26 000 livres entre 1840 et 1850. Même si ce chiffre ne reflétait pas la totalité des captures, puisqu'il ne tenait pas compte des ventes pour la consommation locale, il se situait néanmoins à un niveau dix à vingt fois inférieur à ce qu'on atteignait une dizaine d'années auparavant. La Côte-Nord du Saint-Laurent avait connu une impulsion extraordinaire donnée par la Compagnie de la Baie d'Hudson, qui dominait le marché des exportations de saumon et soutenait en grande partie le bon rendement des pêches de saumon du Bas-Canada.

À partir de 1845, les rapports commencèrent à faire état, de plus en plus, de l'abandon de postes de pêche autrefois très productifs, et du fait que le nombre de captures était en déclin dans plusieurs régions du Bas-Canada. Un demi-siècle plus tôt, plusieurs postes situés à proximité des rivières à saumon approvisionnaient tant la consommation locale que l'exportation. Ils produisaient alors des milliers de barils, mais leurs exportations n'en comptaient maintenant plus que quelques centaines. En plusieurs endroits, la pêche était devenue si excessive et incontrôlée qu'on envisagea pour la première fois l'instauration d'une réglementation. Certains émirent des objections, déclarant qu'on ne devait pas s'inquiéter outre mesure de ce déclin des captures. À ce sujet, Robert W. Dunfield écrivit que plusieurs personnes demeuraient convaincues du caractère inépuisable de cette ressource, la prétendant simplement, à ce moment précis, au plus bas d'un cycle qui se répète indéfiniment. Toutefois, il ne semble pas que ce fût là l'opinion prédominante de l'époque.

Par ailleurs, dans certains milieux, particulièrement chez les négociants en saumon, on affirmait, probablement à juste titre, que les exploitations de saumon ne pouvaient à elles seules être tenues responsables du déclin des populations de cette espèce. En effet, dès le milieu des années 1850, les bassins versants de plusieurs petits cours d'eau et rivières de plus grande importance (p. ex., des Etchemins, Saint-Charles) avaient subi des transformations importantes. Le déboisement pour les fins agricoles ou pour l'exploitation forestière, la construction de barrages sans dispositifs permettant la migration du saumon, les tanneries et les carderies implantées en bordure des cours d'eau, les moulins à eau, les moulins à scie, l'accumulation du bran de scie sur le lit des rivières avaient apporté des changements à la qualité chimique des eaux, provoqué l'érosion des sols, transformé le régime d'écoulement des eaux et entraîné leur réchauffement. Tout cela mis ensemble avait modifié grandement l'habitat naturel du saumon.

Face à l'opinion générale sur la situation des pêcheries de saumon, ainsi que d'autres espèces de poisson d'ailleurs, les assemblées législatives réunies du Haut et du Bas-Canada adoptèrent en 1855 une loi qui réglementait la pêche en définissant des saisons pour cette activité, la nature des engins autorisés et les endroits d'interdiction.

Plusieurs se sont alors questionnés sur l'efficacité réelle de cette nouvelle loi, dont les restrictions n'avaient que peu d'effets concrets sur les captures de saumon. Néanmoins, ce « peu » était déjà une bonne chose s'il faisait en sorte qu'on ne puisse plus pêcher absolument n'importe où, n'importe quand et n'importe comment.

En 1857, le gouverneur du Canada demanda à Richard Nettle, citoyen d'origine anglaise intéressé dès son jeune âge au saumon grâce à son père et devenu instituteur à Québec, de rédiger un rapport d'inspection sur les pêches de saumon dans le Saint-Laurent. Nettle y constata les perturbations infligées à l'habitat du poisson par divers usages industriels, dressa la liste des rivières à saumon, indiqua celles d'où le saumon avait disparu, décrivit l'état général de cette ressource, rivière par rivière, et fit ses recommandations au gouvernement, dont celle de favoriser le repeuplement des cours d'eau par des méthodes de pisciculture.

À la suite du rapport de Nettle, le commissaire des Terres de la couronne Joseph Cauchon, installé dans la ville de Québec, avocat de formation et éminent politicien, proposa au gouvernement une disposition juridique qui, une fois adoptée, réaffirmerait le pouvoir de réglementer du gouvernement en matière de pêcheries, instituerait un système de baux, d'autorisations et de permis de pêche applicable à toute personne qui voudrait pratiquer cette activité. Cette première loi sur les pêcheries allait comprendre également certains articles en vue de protéger l'habitat du poisson. Au cours de la même année, le gouvernement créait la Direction des pêcheries à l'intérieur de l'office des Terres de la couronne. Il convient de noter que, pour la première fois, on faisait la distinction entre la pêche commerciale et la pêche sportive. L'instauration de la Direction des pêcheries allait conduire à une meilleure surveillance des activités de pêche, à des informations plus pertinentes sur les captures et au développement de la connaissance scientifique sur l'état de la ressource.

Le partage des pouvoirs né de l'acte confédératif de 1867; apogée et fin des pêches commerciales

L'acte d'union confédérative de 1867 entre le Haut-Canada, le Bas-Canada, le Nouveau-Brunswick et la Nouvelle-Écosse accordait au gouvernement du Canada l'autorité législative sur les pêches maritimes et sur celles des eaux intérieures. La nature migratrice des poissons, notamment des saumons, et l'existence de lacs et de cours d'eau transfrontaliers motivaient cette décision des Pères de la Confédération. En revanche, les provinces conservaient la propriété des droits de pêche sur leurs territoires respectifs, cette décision se justifiant par l'importance des pêcheries fixes, de même que par l'apparition des pêches à la ligne pratiquées par les pêcheurs sportifs, une activité nouvelle à l'époque. Dès mai 1868, le nouveau gouvernement fédéral déposa un projet de loi pour la réglementation de la pêche et la protection des pêcheries. Ce projet reçut l'assentiment royal et marqua le début de la gestion des ressources halieutiques au Canada.

Afin d'éviter que la double juridiction sur les pêcheries ne conduise à un double système de permis et de surveillance qui aurait été préjudiciable aux citoyens, et à la suite d'une dispute devant les tribunaux, le gouvernement du Québec et celui du Canada conclurent une entente administrative en 1922, qui autorisait la province de Québec à administrer le règlement fédéral des Pêches du Québec, tout en conservant sa capacité à légiférer elle-même dans les domaines qui relevaient de sa compétence. Cette entente prévoyait le transfert des établissements piscicoles du territoire québécois sous l'autorité du gouvernement du Québec, tout comme le transfert des agents de protection et du personnel chargé de l'administration des pêches.

Il est également intéressant de noter que, au moment de l'acte confédératif, les provinces de Québec et du Nouveau-Brunswick décidèrent de maintenir les droits et privilèges riverains concédés à des particuliers, soit en vertu du régime seigneurial, soit sous forme de concession privée. Pour leur part, les provinces de l'Ontario et de la Nouvelle-Écosse abolirent tous les droits riverains, y compris les droits de pêche concédés avant l'acte d'union confédérative, afin que tout droit de pêche fût désormais considéré comme un droit collectif (*common property*). Bien entendu, ces choix devaient être dictés par l'importance des droits acquis en tenure privée dans les deux premières provinces, par comparaison aux deux autres. De nos jours, cette décision perdure aussi bien au Québec qu'au Nouveau-Brunswick, les deux seules provinces canadiennes à reconnaître de tels droits. En outre, cette reconnaissance entraîne des modalités d'accès à la pêche récréative propres à ces deux provinces, où elle influence également la gestion de la pêche sportive.

Sous le régime canadien confédéré, la pêche commerciale pour fins de consommation locale et d'exportation a continué de se pratiquer de la même manière pendant encore un peu plus de cent ans, et il est possible qu'elle ait recommencé à progresser après un déclin des captures au cours des années 1850 à 1900. En effet, on pense qu'elle a connu un nouveau sommet entre 1925 et 1940, avec des rendements variant de 800 000 à 2 millions de livres par année (65 000 à 165 000 saumons), après quoi, malgré des fluctuations, la production n'a cessé de diminuer. Par la suite, la pêche commerciale a pu bénéficier de l'amélioration des techniques de pêche, par exemple avec l'apparition des filets maillants, le développement de filets-trappes plus efficaces, et aussi l'utilisation de glace pour la conservation des prises, ce qui a fait du saumon un produit de plus en plus recherché, dont la valeur unitaire sur le marché est devenue l'une des plus élevées de toutes les espèces halieutiques.

Au fil des années, l'apport de connaissances scientifiques sur la biologie du saumon est venu témoigner de la diminution de la ressource et a conduit à une réglementation de plus en plus

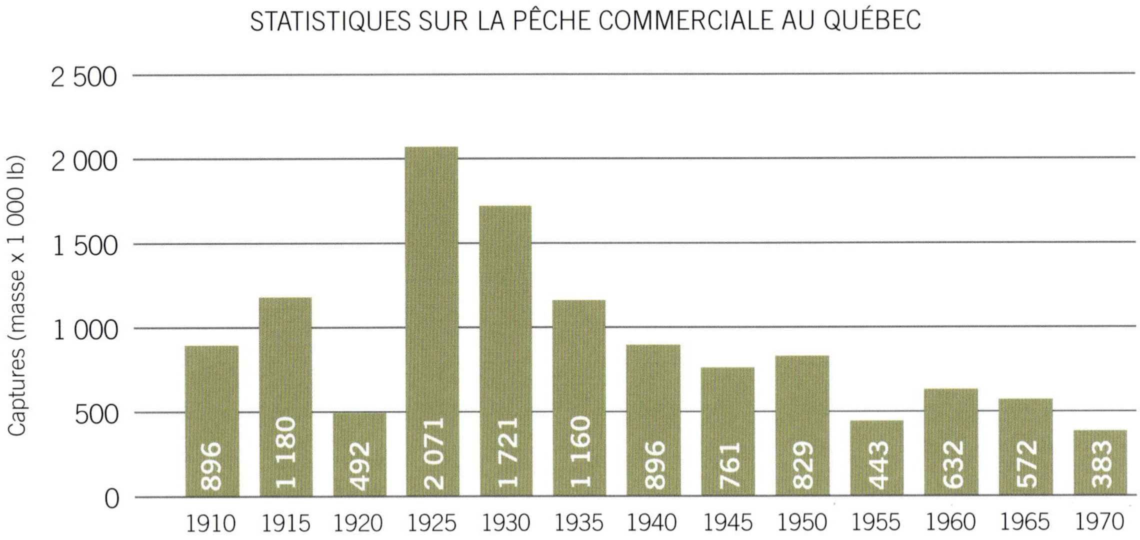

Données provenant de : A. W. May et W. H. Lear (1971)

élaborée, allant même, au cours des années 1980, jusqu'à l'imposition de quotas de capture ajustés à l'historique des captures de chaque pêcheur. Toutes ces nouvelles dispositions juridiques visaient la conservation de la ressource. Cependant, de 1940 à 1970, les rendements de la pêche au saumon n'ont fait encore que se réduire, reflet probant, de l'avis des scientifiques, d'une diminution incessante de cette ressource.

En mai 1972, après une pauvre saison de pêche l'année précédente, le gouvernement du Québec annonça, pour la première fois mais non la dernière, l'imposition d'un ban sur la pêche commerciale du saumon pour le Bas-Saint-Laurent et la Gaspésie. Le gouvernement fédéral prit une décision semblable la même année pour les provinces maritimes. Cette décision touchait 150 pêcheurs dont les privilèges de pêche remontaient, dans de nombreux cas, aux régimes français et britannique. Cet arrêt, promulgué pour une période de cinq ans, se prolongea pour devenir définitif en 1984 pour la Gaspésie et la Haute-Côte-Nord. Parallèlement, les gouvernements du Canada et du Québec compensèrent financièrement les pêcheurs ainsi touchés pour leur perte de revenus et pour les dédommager de leurs investissements dans des équipements de pêche. Plus tard, les pêcheries commerciales de la Moyenne et de la Basse-Côte-Nord firent aussi l'objet de fermetures, imposées progressivement de 1984 à 1992, avec les mêmes mesures de compensation financière pour les quelque 200 pêcheurs touchés.

Autant en 1855 qu'en 1984, les décisions des gouvernements du Canada et du Québec de restreindre la pêche commerciale ont eu pour objectif essentiel la conservation de la ressource. Toutefois, les politiciens d'une époque comme de l'autre n'ont pu ignorer ce qui se profilait à l'arrière-plan depuis les années 1840-1850 : l'avènement de la pêche récréative ou sportive du saumon en rivière. Les nombreux et très influents adeptes de cette forme de pêche exercèrent de plus en plus de pressions afin qu'un partage plus équilibré de la ressource soit favorisé. Par ailleurs, il est aussi évident que la pêche commerciale ne représentait plus, pour un très grand nombre de pêcheurs, les mêmes possibilités de profit qu'autrefois. Enfin, à partir des années 1990, la venue, sur le marché de l'alimentation, de saumons atlantiques d'élevage, et l'importance accordée à la pêche sportive allaient fatalement contribuer à mettre un terme à une activité ancestrale et traditionnelle qui remontait à quatre siècles sur le territoire du Québec !

Les grands espaces, les débuts de la pêche sportive et les clubs de pêche

On doit la tradition de la pêche sportive, au Québec comme au Canada, aux soldats britanniques autrefois en garnison dans différentes villes du Haut et du Bas-Canada, du Nouveau-Brunswick et de la Nouvelle-Écosse. Les officiers britanniques cantonnés à la citadelle de Québec au cours des années 1840-1850 partaient régulièrement en excursion vers la rivière Jacques-Cartier, réputée pour l'abondance de ses saumons. La pêche sportive au saumon s'étant d'abord développée en Angleterre sous l'impulsion de Dame Juliana Bernes en 1486 (*A treatise of fishing with an angle*) et de l'auteur Isaak Walton en 1686 (*The Compleat angler*), il était tout à fait normal que ces militaires tentent de renouer avec des activités qui leur étaient familières.

De Québec à Pont-Rouge, il y avait de belles randonnées à faire dans la campagne québécoise. On y rencontrait l'habitant et les Hurons de Lorette, on y découvrait la nature et on pêchait le saumon selon les règles de l'art. Des artistes peintres qui allaient devenir célèbres, parmi lesquels James Pattison Cockburn et Cornelius Krieghoff, se joignirent à de telles expéditions. La pêche sportive au saumon sur la Jacques-Cartier devint rapidement l'une des activités de la bonne société de Québec; elle faisait partie des discussions des cercles restreints, ce qui amena plus tard à la création du Club de la garnison.

Tout cela se déroulait dans le contexte et l'atmosphère de la première moitié du XIXe siècle alors que, partout en Europe, notamment en France et en Angleterre, de même qu'aux États-Unis, s'installait le mouvement dit « naturaliste ». Les voyages et les écrits de Darwin avaient ouvert les esprits aux beautés de la nature, à la faune et à la flore. En Amérique du Nord, les textes de Lewis et Clark sur leur exploration de l'Ouest avaient saisi l'imaginaire des élites de la société américaine. On rêvait de la découverte de ces immenses espaces.

À partir de 1850, les récits de grands voyageurs et naturalistes comme Charles Lanman, William H.

Huile sur toile de Françoise Martel : Rivière Moisie *(2003).*

Herbert, Campbell Hardy, qui s'étaient aventurés au Canada et principalement au Bas-Canada, puis d'autres, qui avaient fait carrière à Québec, comme E.T.D. Chambers, Dr. William Henry, Frederick Tolfrey, James M. Lemoine, donnaient des descriptions à faire rêver ceux qui voulaient connaître cette nature sauvage. On comprend que, dans une telle optique, la pêche sportive au saumon devînt rapidement une activité qui tranchait sur la pêche alimentaire ou commerciale, puisqu'elle permettait à ses adeptes de découvrir les grands espaces et de se relier à des valeurs sociétales en émergence. À cette époque, le Bas-Canada, qui allait devenir la province de Québec, regorgeait d'une nature luxuriante qui faisait envie. De plus en plus, riches Américains et personnalités influentes de l'*establishment* canadien en quête d'exotisme voulaient avoir accès à cet arrière-pays canadien.

À la même époque, afin de protéger les populations de saumon, le gouvernement du Canada-Uni légiférait pour mieux contrôler l'exercice de la pêche commerciale le long des côtes. Autre préoccupation : en dépit des règlements, et quoi qu'il existe peu ou pas d'écrits bien documentés à ce sujet, l'histoire raconte que les habitants chassaient et pêchaient, à l'intérieur des terres, là où ils voulaient, quand et comment ils le voulaient, essentiellement pour leur subsistance, une activité déjà qualifiée de braconnage, mais qu'il n'était pas facile de contrôler.

Or, la loi de 1858 permit au gouvernement de délivrer des baux de pêche. Joseph K. Boswell, riche brasseur de Québec, obtint un tel bail en 1862 pour l'une des rives de la Jacques-Cartier, à la hauteur de Pont-Rouge, qui l'autorisait à pratiquer la pêche sportive au saumon. Plus tard, Boswell fit l'acquisition des droits de pêche sur l'autre rive, lesquels avaient précédemment appartenu à des propriétaires privés selon le mode de tenure seigneuriale. Boswell et son groupe d'amis et de relations s'associèrent pour former le Club de pêche de la Jacques-Cartier. Non seulement ont-ils pu ainsi bénéficier de droits exclusifs de pêche au saumon, mais ils se sont aussi intéressés à la protection de la ressource contre le braconnage et la pêche excessive. Ils ont construit un passage sur la rive droite de la Jacques-Cartier pour aider les saumons à contourner la chute Déry et, avec Richard Nettle, ils ont contribué au repeuplement de la rivière grâce à la pisciculture.

Devant le développement de la pêche sportive au saumon et le visible succès obtenu par Boswell sur la Jacques-Cartier, ainsi qu'en réponse à la recommandation de l'inspecteur des pêches M. D. C. Mackedie en 1885, le gouvernement de la province de Québec mit en place, à la fin du XIXe siècle, un régime de location des rivières de la couronne à des clubs de pêche privés. Un jugement de la cour, en 1882, avait confirmé le titre du Québec quant à la propriété des droits de pêche sur les terres de la couronne, ce qui permettait à la province de concrétiser son intention de louer des terres de la couronne à des fins de chasse et de pêche. En contrepartie de l'obtention par bail de droits exclusifs de pêche, les clubs devaient payer un loyer annuel au gouvernement du Québec et s'engager à protéger le territoire loué contre le braconnage.

Ce régime de location à des intérêts privés se développa progressivement et connut son apogée au milieu des années 1950. Cependant, le cas de ces clubs de pêche était soulevé périodiquement à l'Assemblée nationale de la province de Québec. En guise d'exemple, citons l'anecdote suivante : lors de la session parlementaire du 19 février 1926, le député Crépeau, de Sherbrooke, posa des questions sur les rivières à saumon et les clubs privés. Il voulait savoir « combien de rivières à saumon étaient louées et à qui [des résidents, des non-résidents ?], à combien s'élevait le coût des loyers, et si les citoyens québécois devaient payer pour pêcher dans ces rivières ».

Le député Perrault, d'Arthabaska, lui donna les réponses. Nous ne rapportons ici qu'une partie de celle qui avait trait aux loyers : cette année-là, il y avait 12 clubs établis sur 15 rivières différentes. Les loyers se situaient entre 700 $ et 12 300 $. Les plus élevés concernaient la rivière Cascapédia (12 300 $) et la rivière Bonaventure (5 000 $), ce qui, en dollars actuels, représenterait de petites fortunes. Le député Perrault, dans sa réponse, prit bien soin de préciser que d'autres clubs privés étaient établis sur des rivières à saumon ou sur des segments de rivière où des droits seigneuriaux ou privés avaient été consentis dans le passé. Le gouvernement ne retirait donc pas de revenus de ces clubs-là, installés en des lieux où les droits de pêche n'appartenaient plus à la couronne.

Il faut admettre que les clubs privés, en leur temps, ont rendu de grands services à la province de Québec. Premièrement, les loyers payés par ces clubs constituaient des rentrées d'argent non négligeables, à une époque où la fiscalité et la parafiscalité étaient loin d'être comparables à ce que l'on connaît aujourd'hui. Une unité administrative du gouvernement avait d'ailleurs été créée pour s'occuper de la perception de ces revenus. Deuxièmement, les clubs privés contribuaient à la protection du territoire québécois contre le braconnage. Enfin, ils embauchaient de la main-d'œuvre de service (cuisinières, gardiens de territoire, guides, hommes à tout faire, etc.), en un temps où, hormis l'agriculture et la foresterie, les occasions d'emploi étaient peu nombreuses.

Cela dit, les questions du député Perrault, comme celles des autres députés qui intervinrent pour en débattre à différents moments de l'histoire, exprimaient principalement deux préoccupations. D'abord, celle d'obtenir, comme il se devait, un juste prix pour la valeur des droits consentis. Et ensuite, celle de donner le droit aux citoyens québécois de pêcher sur les rivières du domaine public. Avec le temps, cette dernière préoccupation allait prendre de l'ampleur.

À partir de 1955 et pendant une bonne vingtaine d'années, on a assisté au Québec à une demande croissante de la part des chasseurs et des pêcheurs en général, aussi bien que des saumoniers, réunis sous la bannière de l'Association des pêcheurs sportifs de saumon du Québec (APSSQ), devenue plus tard l'actuelle Fédération québécoise pour le saumon atlantique (FQSA), afin que l'accès au domaine québécois de chasse et de pêche soit ouvert à l'ensemble des citoyens de la province. Ainsi, jusqu'en 1976, un certain nombre de réserves fauniques seront créées sur des rivières à saumon pour permettre une accessibilité publique : les rivières Matane et Petite-Cascapédia ont été les premières réserves publiques de rivières à saumon. Au fil des ans s'y sont ajoutées les rivières Petit-Saguenay, Sainte-Anne (Gaspésie), Cap-Chat, Saint-Jean aval (Gaspésie), Dartmouth, Matapédia et de la Trinité. Comme la pression sociale s'accroissait encore, le gouvernement dut se résoudre à abolir le régime de location des terres de la couronne à des clubs privés, de façon à laisser une ouverture plus large à l'ensemble de la population québécoise.

En 1978, le ministre Yves Duhaime annonça l'abolition des clubs privés de chasse et de pêche, sauf ceux qui étaient établis sur les rivières à saumon. En effet, le saumon étant une espèce fragile et ayant été à l'origine du régime des clubs privés, le dossier était plus « délicat ». Deux ans plus tard, à l'occasion d'une déclaration devant l'Assemblée nationale le 10 avril 1980, le député Lucien Lessard, alors ministre du Loisir, de la Chasse et de la Pêche, annonça à son tour la fin progressive du régime des clubs privés sur les rivières à saumon du domaine public, ainsi que la délégation de la gestion des activités de pêche sportive au saumon à des associations populaires de pêcheurs. Sur une période de cinq ans, tous les baux octroyés à des clubs privés de pêche au saumon allaient être abolis pour faire place à la création, soit de réserves fauniques, soit de zones d'exploitation contrôlées (ZEC). C'est une page d'histoire qui venait de se tourner. Elle avait duré 100 ans.

La gestion contemporaine des rivières à saumon

Pendant un siècle, le régime des clubs de pêche au saumon a coexisté avec les activités de pêche commerciale du saumon. La pression exercée par les clubs de pêche concernant la pêche sportive est donc venue s'ajouter à celle des pêcheurs au filet, ce qui n'a pas été sans effets sur la ressource, comme l'ont révélé les rapports sur les captures. D'ailleurs, depuis l'instauration d'une loi sur les pêcheries et la mise en place de services gouvernementaux des pêcheries, de meilleures statistiques ont pu être recueillies à propos des prises.

Deux autres phénomènes étaient venus aggraver la situation. D'une part, il y avait eu le développement de la pêche au filet dérivant à Terre-Neuve et au large de la baie de Miramichi, au cours des années 1930. Les captures faites lors de ces pêches étaient constituées de saumons qui se dirigeaient en partie vers les rivières du Québec, et en partie vers celles des provinces maritimes. D'autre part, vers la fin des années 1960, des pêches au filet dérivant s'étaient aussi multipliées le long et au large des côtes du Groenland. Ces pêches interceptaient des saumons dans leur course vers les rivières d'Amérique, donc en partie celles du Québec, et vers les rivières d'Europe.

L'ensemble de ces nouveaux modes de pêche au saumon provoquèrent, fallait-il s'en surprendre, la surexploitation de la ressource, non seulement au Québec, mais partout au Canada. Au tournant des années 1970, le nombre de saumons qui parvenaient à la période de reproduction devait être au plus bas. Selon des estimations faites par le biologiste Yvon Côté, le nombre de saumons reproducteurs laissés dans les rivières de la Gaspésie pour la reproduction, à la fin des années 1960, ne s'élevait plus qu'à environ 6 000, alors que l'objectif de conservation fixé pour ces rivières se situe à environ 25 000. La conservation de la ressource était donc lourdement hypothéquée.

Vers une vision globale de la ressource saumon

À partir des années 1960, Wilfred M. Carter, Gaspésien d'origine et passionné du saumon, a exercé pendant plus de trente ans une influence déterminante relativement à la mise en place de modalités de gestion rationnelle, tant au Québec et au Canada, qu'à l'échelle internationale, afin d'assurer la conservation de cette ressource. Il était désormais reconnu que le saumon atlantique, du fait de ses migrations transfrontalières, constituait une ressource mondiale dont la gestion devait être partagée par tous.

En février 1968, W. M. Carter, alors conseiller technique du ministre du Tourisme, de la Chasse et de la Pêche du Québec, soumit au gouvernement du Québec un rapport exhaustif sur l'état de la ressource saumon dans la province. La principale recommandation de ce rapport était le rapatriement sous l'autorité d'un seul ministère québécois de la juridiction et des responsabilités administratives à l'égard de cette ressource. La compétence juridique relative aux pêches était, en effet, alors répartie entre la Direction des pêches maritimes du ministère de l'Industrie et du Commerce, et le ministère du Tourisme, de la Chasse et de la Pêche, sans compter la dispersion des responsabilités parmi les différents services de ces deux ministères, sans mécanisme de coordination entre eux. On créa le Conseil du saumon, organisme de concertation et de coordination centrale qui, pendant une quinzaine d'années, harmonisa les actions des différents services qui s'occupaient du dossier saumon au Québec. Les autres recommandations du rapport Carter touchaient l'apport de la recherche scientifique à la gestion de l'espèce, la protection de la ressource, son partage entre les différentes catégories d'usagers et enfin, la mise en valeur et le développement de cette ressource. Ce rapport a été le point de départ de la gestion contemporaine du saumon au Québec.

Dans une seconde carrière au sein de la Fédération du saumon atlantique (FSA), dont il a été le président pendant de nombreuses années, W. M. Carter devint l'un des instigateurs de la

Convention internationale sur le saumon atlantique, qui a mené à la création de l'Organisation pour la conservation du saumon de l'Atlantique Nord (OCSAN). Cet organisme international, fondé en 1983, assure la concertation des efforts des différentes nations en ce qui a trait à la gestion de la ressource saumon. L'OCSAN fait la promotion de la recherche scientifique et constitue une tribune de discussion et de négociation pour les pays membres. Grâce à l'OCSAN, le Groenland a accepté de réduire ses prises de saumon à un niveau minimal (correspondant aux captures nécessaires à l'alimentation de la population inuite locale), l'un des plus grands gains des trente dernières années pour la conservation de la ressource saumon.

L'instauration du Plan de pêche

Malgré tous ces efforts, la ressource continuait de péricliter. L'année 1979 avait été catastrophique du point de vue des captures de saumon, et malgré un rebond des stocks en 1980, les années subséquentes procuraient de moins en moins de captures sportives, signe que le potentiel de régénération des populations de cette espèce s'en trouvait négativement touché. Le député Guy Chevrette, alors ministre du Loisir, de la Chasse et de la Pêche, joua en 1984 un rôle déterminant en donnant un sérieux coup de barre à la gestion du saumon au Québec.

Également passionné de la pêche sportive au saumon, Guy Chevrette réussit le tour de force de convaincre les pêcheurs sportifs d'accepter des restrictions à leurs activités en arguant qu'un tel geste de leur part lui permettrait d'obtenir du gouvernement fédéral la réduction, voire l'élimination, des pêches commerciales du saumon dans les autres provinces de l'Est canadien, et l'engagerait quant à lui à agir de même au Québec à l'égard de la pêche commerciale. Cette stratégie fut couronnée de succès : de 1984 à 2000, grâce à l'appui de Pierre de Bané, ministre fédéral des Pêches et Océans et député de Matane, puis de Charles A. Langlois, député du comté de Manicouagan à la Chambre des communes, on abolit la plupart des pêches commerciales en eaux canadiennes, réglant le problème des interceptions de saumons d'origine québécoise par les pêches côtières de la province de Terre-Neuve et des provinces maritimes, problème qui perdurait depuis le milieu des années 1930.

À cette occasion, le ministre Chevrette obtint une modification à la Loi sur la conservation et la mise en valeur de la faune, afin de rationaliser la gestion des pêches au Québec par l'ajout d'une disposition qui obligeait le gouvernement à adopter, par règlement, le Plan annuel de pêche. Celui-ci visait d'une part à assurer la conservation de la ressource, d'autre part à optimiser les retombées socio-économiques liées à la présence de la ressource sur le territoire québécois. Le Plan précisait notamment l'ordre de priorité de l'allocation de la ressource en plaçant la conservation au premier rang, suivie de la pêche d'alimentation (entendre la pêche traditionnelle de subsistance des Amérindiens), puis de la pêche sportive et de la pêche commerciale.

Extrait du quotidien *Le Soleil*, édition du 27 mars 1984

LE SOLEIL

La balle retournée au ministre de Bané

Par André-A. Bellemare

« Ce n'est pas mon intention de déclencher la Deuxième Grande guerre du saumon, en 1984. Je veux, tout simplement, donner au ministre canadien Pierre de Bané (Pêches et Océans) des moyens de faire la paix. J'espère qu'il voudra comprendre notre position et collaborer avec le Québec ».

Voilà la conclusion du message livré par le ministre Guy Chevrette (Loisir, Chasse et Pêche du Québec), samedi, alors qu'il prenait la parole devant près de 200 participants au congrès annuel de l'Association des pêcheurs sportifs de saumons du Québec (APSSQ), au Manoir du lac Delage.

Les représentants des quelque 25 000 saumoniers de la province attendaient cette allocution de Chevrette avec impatience. En effet, il avait promis de divulguer au congrès de l'ASPSSQ le train de mesures restrictives qu'il a l'intention d'imposer en 1984 pour augmenter le stock des saumons géniteurs dans les rivières. Mais, le ministre québécois s'est contenté de renvoyer la balle dans le camp du ministre fédéral de Bané, « avec l'espoir que ce dernier entendra le cri des Québécois et qu'il refusera de faire la guerre ».

Attente

Le ministre fédéral Pierre de Bané doit annoncer, avant le 31 mars (vendredi prochain), les décisions qu'il a prises pour empêcher près de 6 000 pêcheurs commerciaux de Terre-neuve de massacrer près de 60 % des saumons du Québec (lorsque ces poissons passent près des côtes de Terre-Neuve lors de leur retour vers les rivières québécoises de leur naissance, où ils viennent se reproduire). Or, le ministre Guy Chevrette ne veut pas imposer de restrictions aux Québécois tant qu'il ne saura pas ce que le gouvernement fédéral a décidé.

« Il n'est nullement question de pénaliser les Québécois pour engraisser d'autres Canadiens » a déclaré Chevrette. « Nous ne sommes pas des masochistes ».

Décisions

Chose certaine, le gouvernement du Québec a abandonné l'idée de faire pêcher sportivement les castillons (*grisles*) et d'obliger les saumoniers à remettre les gros saumons vivants à l'eau. Chevrette a donné l'assurance qu'on avait aussi abandonné l'idée d'interdire les mouches montées sur des hameçons doubles ou celle de réduire la grosseur légale des mouches montées sur des hameçons simples.

Mais, pour l'instant, Chevrette refuse de divulguer s'il y aura retard ou coupure dans la saison de pêche sportive, ou s'il y aura une limite annuelle de saumons à prendre par chaque saumonier, ou bien s'il y aura interdiction partielle ou totale de la pêche commerciale.

« Il serait malhabile de ma part de dire à de Bané jusqu'où je suis prêt à me rendre avant de savoir ce qu'il est prêt à m'offrir quant à la réduction de la pêche commerciale à Terre-Neuve. Je me garde des réserves de négociation et une marge de manœuvre. Tout dépend des efforts qu'accomplira de Bané d'ici au 31 mars », a déclaré Chevrette. Lorsque de Bané se sera manifesté, Chevrette a promis de consulter de nouveau les représentants des saumoniers, comme il l'a fait à Rimouski (le vendredi 17 mars).

Chevrette démontre sa bonne volonté

Pour démontrer la bonne volonté de Québec de collaborer avec Ottawa à protéger la ressource saumon, Chevrette a levé le voile sur certaines de ses décisions pour 1984.

Ainsi, dès cette année, tous les saumons circulant au Québec devront porter une étiquette, qu'ils aient été récoltés à la mouche par les sportifs, ou bien dans les filets des pêcheurs commerciaux blancs ou autochtones. Il en sera de même de tout saumon pris « accidentellement » par les pêcheurs commerciaux aux « autres espèces » et de tout saumon entrant au Québec en provenance d'ailleurs.

Dès maintenant, toute « prise accidentelle » de saumons par les pêcheurs commerciaux aux « autres espèces » est déclarée illégale et sera automatiquement saisie. Les saumons confisqués seront vendus au profit d'un programme de réfection, aménagement, amélioration de fosses à saumons dans les rivières, construction de passes migratoires, etc.

La gestion de la ressource saumon ne sera plus faite avec une vision globale du territoire du Québec, mais bassin de rivière par bassin de rivière.

Des mesures de protection de la ressource saumon seront appliquées conjointement par le ministère du Loisir, de la Chasse et de la Pêche (MLCP) et celui de l'Agriculture, des Pêcheries et de l'Alimentation (MAPA).

En Gaspésie, on procédera au rachat progressif des permis de pêche commerciale du saumon, avec l'objectif fondamental de donner la préséance à la pêche sportive (infiniment plus rentable sur le plan économique). Sur la rive nord du Saint-Laurent, on appliquera un programme de « professionnalisation » de la pêche commerciale du saumon, pour éliminer ceux qui n'en vivent pas et qui en font un hobby. On modifiera le processus de transfert des permis de pêche commerciale du saumon.

La pêche au filet du saumon par des Indiens de certaines bandes devra véritablement être une pêche de « subsistance » et non une pêche commerciale déguisée. Cette pêche sera contingentée et réduite, pour sauver les stocks de géniteurs remontant les rivières vers les frayères. On prévoit établir des programmes d'emploi ou donner une compensation monétaire aux autochtones.

Ces propos de Chevrette ont momentanément calmé la rage des pêcheurs sportifs de saumons, préoccupés par l'avenir de la ressource saumon au Québec. Mais, comme le soulignait le président André Vézina de l'APSSQ, les yeux sont tournés vers le ministre fédéral de Bané.

« Reproduit avec l'autorisation du Soleil »

Pour compléter sa stratégie, le ministre Chevrette établit également un nouveau régime de gestion de la pêche sportive au saumon, qui permettait de faire une gestion fine des populations sur une base dite « rivière par rivière ». De fait, les données scientifiques démontraient de plus en plus que chaque cours d'eau produisait son ou ses stocks particuliers de saumon, et que la gestion devait en être effectuée à ce niveau de résolution pour éviter de surexploiter les populations de l'espèce. Quelque 25 ans plus tard, la gestion des stocks de saumon au Québec se fait sensiblement selon les orientations définies en 1984.

De nos jours, la pêche sportive au saumon fait l'objet de contingentements sévères. Plutôt que de laisser libre accès aux rivières à tous les citoyens dans le cadre de réglementations générales, cette pêche sportive est gérée selon des modèles de gestion biologique très élaborés et ajustés à chaque rivière à saumon. Par ailleurs, la gestion de la pratique de la pêche sportive est maintenant déléguée en totalité, soit à des entreprises de pourvoirie, soit à des associations de pêcheurs. Il subsiste toujours des clubs de pêche privés, qui appartiennent à des propriétaires terriens héritiers des droits obtenus sous le régime seigneurial ou sous le régime des concessions territoriales, lesquelles avaient été attribuées à la fois sous le régime français et sous le régime britannique jusqu'en 1884.

La mission des gestionnaires délégués est d'assurer la protection contre le braconnage et de favoriser l'accès à la pêche, tout en autofinançant leurs

EXTRAIT DU QUOTIDIEN *LE SOLEIL*, ÉDITION DU 14 AVRIL 1984

LE SOLEIL

LES SAUMONIERS SE SERRERONT LA CEINTURE

Par André-A. Bellemare

Bon. Nous en arrivons à l'étape finale de ce débat enflammé, qui dure déjà depuis quelques mois, concernant la survie du saumon anadrome de l'Atlantique dans les rivières québécoises.

La semaine dernière, vous vous en souvenez, le ministre fédéral Pierre de Bané (Pêches et Océans Canada) a fait part de graves décisions prises vis-à-vis des pêcheurs commerciaux de Terre-Neuve qui interceptent les saumons québécois en mer. Le ministre québécois Guy Chevrette (Loisir, Chasse, Pêche), qui a la compétence exclusive en matière d'exploitation du saumon dans notre province (délégation des pouvoirs fédéraux depuis 1922), avait promis que le Québec ferait des efforts compensatoires de protection de la ressource si Ottawa en accomplissait de son côté.

Avant-hier, à l'Assemblée nationale, Chevrette a annoncé tout un train de mesures restrictives assez sévères, touchant autant les pêcheurs sportifs de saumons à la mouche (les saumoniers) que les pêcheurs commerciaux au filet.

Les saumoniers

- Le début de la saison de pêche sportive du saumon sera généralement retardé d'une dizaine de jours, surtout en Gaspésie et sur la Haute-Côte-Nord (le retard sera plus important, dans certains cas particuliers) ;
- Des rivières seront totalement fermées à la pêche : Cap-Chat, Malbaie, Petite-Port-Daniel, Port-Daniel, Petit-Pabos, Grand-Pabos-Nord, Grand-Pabos-Ouest, Humqui, Mistassini, Franquelin, Des Anglais et Escoumins.
- La limite quotidienne de capture sera abaissée de un saumon (1 au lieu de 2, 2 au lieu de 3, 3 au lieu de 4). Il n'est pas question de remettre vivants à l'eau les gros saumons et de ne garder que les castillons ou madeleineaux (*grisles*).
- Une limite saisonnière de sept saumons par pêcheur sera imposée partout au Québec (à l'exclusion de l'Île-d'Antiscosti où cette limite sera de 10 saumons par pêcheur). Des étiquettes seront distribuées aux saumoniers pour apposer sur chaque prise; les saumoniers pris à transporter des saumon non étiquetés seront mis à l'amende.
- Une « surtaxe » de 10 $ par permis en 1984 sera imposée à chaque saumonier, pour accumuler des fonds afin d'acheter des permis commerciaux de pêche du saumon au filet afin de les éliminer graduellement en peu d'années.
- Il y aura remise à l'eau obligatoire des gros saumons vivants (*grisles only* ou *catch and release*) dans deux rivières du Québec seulement : la Patapédia et la Restigouche, qui sont gérées conjointement par le Québec et le Nouveau-Brunswick. On en profitera pour mener une étude scientifique à ce sujet précis, dans ces deux rivières-là.
- Les rivières Ouelle et Mitis ne seront accessibles à la pêche sportive qu'à compter du 15 juillet 1984 seulement.
- Le MLCP se garde le droit de fermer la pêche sportive, en plein durant la saison, si les remontées de saumons insuffisantes devaient l'exiger.
- Les pêcheurs sportifs touchés par ces mesures, particulièrement ceux qui avaient des réservations pour la pêche dans des rivières gérées par le gouvernement provincial, se verront offrir, soit le remboursement de leurs frais de réservation, soit encore la priorité pour les places vacantes.
- Le ministère augmentera son effort de protection dans les secteurs touchés, incluant les ZECS, en y envoyant une partie des agents de conservation de la faune travaillant normalement dans les autres régions du Québec.

Pêche commerciale

- La pêche commerciale du saumon au filet est suspendue en Gaspésie et sur la Haute-Côte-Nord (à l'ouest de Franquelin), jusqu'à ce que les stocks de saumons remontant dans les rivières de ces régions permettent de nouveau un prélèvement commercial de la ressource.
- Le ministère étudie la possibilité de mettre sur pied un programme de recherche et de développement en matière de saumon, auquel les pêcheurs commerciaux de saumons pourraient être associés (pisciculture, mariculture, reconditionnement des saumons noirs, etc.).
- Un programme de rachat graduel des permis de pêche commerciale du saumon est mis en vigueur par le MLCP. On instaure aussi un programme de « professionnalisation » de la pêche commerciale du saumon ; il n'y aura plus de transfert automatique d'un permis aux héritiers légaux et il n'y aura plus de pêche commerciale du saumon « à temps partiel ».
- La pêche commerciale supposément « accidentelle » des saumons (par des pêcheurs commerciaux aux « autres espèces ») est totalement illégale ; les pêcheurs devront remettre à l'eau, morts ou vifs, les saumons pris « accidentellement » dans leurs filets. Les pêcheurs pris en possession de saumons seront automatiquement mis à l'amende ; ils ne pourront les vendre, puisqu'ils n'auront aucune étiquette pour les commercialiser.
- Tout saumon, frais ou congelé, entrant et sortant du Québec, devra porter une étiquette ; qu'il ait été pris sportivement, commercialement ou par des Indiens.

Les autochtones

Pour ce qui est de la pêche du saumon au filet par neuf bandes amérindiennes, dans le sud du Québec, le MLCP a pris l'engagement de ne permettre qu'une pêche d'alimentation, non plus une pêcherie commerciale déguisée. Le ministre Chevrette évalue personnellement les besoins des autochtones en saumon, pour leur alimentation, à environ 10 % de ce qu'ils prennent actuellement au filet. D'ailleurs, il a admis que ce sont surtout des Indiens provenant des États-Unis qui font une pêche commerciale du saumon au filet au Québec, pour commercialisation aux États-Unis, ce qui détruit la réputation des autochtones du Québec. Et il croit que les autochtones du Québec, s'ils sont sincères, participeront eux aussi à la protection des stocks dramatiquement réduits de saumons au Québec.

« Reproduit avec l'autorisation du Soleil »

opérations. Les entreprises de pourvoirie fonctionnent sur la base du libre marché, où le prix de l'offre est fonction de la qualité du produit offert et de la demande. Les rivières dont la gestion est déléguée à des organismes sans but lucratif sont à la fois gérées sur la base de considérations sociales, c'est-à-dire notamment dans le souci de favoriser l'accès à l'ensemble des pêcheurs, et sur la base de raisons économiques, dans la mesure où ces associations doivent autofinancer leurs opérations à partir des revenus de pêche. L'ensemble de tous ces gestionnaires gouverne désormais l'industrie de la pêche sportive au saumon. Cette industrie engendre des retombées économiques, crée des emplois, et constitue un élément clé du développement régional partout là où se trouvent les rivières à saumon.

La guerre du saumon

Outre l'importance attribuée à la conservation des stocks, il convient de souligner que le Plan de pêche, toujours en vigueur, attribue la première allocation de la ressource aux peuples amérindiens, de sorte qu'ils puissent maintenir leurs activités de pêche pour répondre à leurs besoins sur les plans alimentaire, traditionnel et cérémonial. Par le passé, sauf en quelques endroits comme la rivière Bersimis, qui depuis 1890 avait été réservée aux Innus montagnais, il faut admettre que l'implantation des pêches commerciales le long des côtes maritimes et la présence des camps de pêche sportive le long des rivières avaient eu pour effet d'éloigner les Amérindiens, voire de leur interdire la pratique de leurs activités traditionnelles de pêche sur des territoires ancestraux.

Plusieurs jugements de la cour se sont succédé pendant les années 1970 et jusqu'au début des années 1980, en faveur du respect des droits des Premières Nations, particulièrement en matière de chasse, de pêche et de piégeage. Les dispositions de 1984 contenues dans le Plan de pêche reconnaissaient implicitement, pour ce qui est de la pêche, un droit que les Amérindiens n'avaient jamais perdu sous les différents régimes politiques du Québec, et ce, depuis le début de la colonie. Cette reconnaissance ouvrit la voie à la conclusion d'ententes *ad hoc* entre le gouvernement et les peuples autochtones pour la pratique de la pêche au saumon. Ce fut l'une des réponses apportées par le gouvernement du Québec pour clore un épisode que les médias avaient baptisé « la guerre du saumon » au tout début des années 1980.

Une nouvelle menace, la survie marine en péril

À la suite des mesures de conservation mises en place au Québec, comme au Canada et au Groenland, les populations de saumon du Québec ont connu un certain rétablissement dans la deuxième partie des des années 1980. Toutefois, à partir de 1993-1994, elles régressaient de nouveau. Les recherches ont démontré que les taux de survie en mer des populations de saumon ont tellement baissé que, même si les rivières produisent maintenant un plus grand nombre de saumoneaux qui migrent vers les océans, il revient proportionnellement moins de saumons adultes vers les rivières d'origine, qu'il y a vingt ans.

Pourquoi cet affaiblissement de la survie marine du saumon ? Jusqu'à présent, on se perd en conjectures. Certains pensent qu'il peut s'agir d'une phase basse d'un cycle qui reviendra à la hausse par la suite. D'autres attribuent ce phénomène à un effet indirect du réchauffement planétaire, qui modifierait les caractéristiques bio-physico-chimiques de l'Atlantique Nord, lesquelles perturberaient à leur tour, voire compromettraient, la survie d'une partie des saumons lors de leur phase de croissance marine. Mais ce ne sont, au mieux, que des hypothèses. Peut-on faire quelque chose ? Difficile à dire pour l'instant. Seules des recherches plus poussées permettront d'apporter, espérons-le, des réponses à cette question. Adopter une attitude prudente à l'égard de toute situation susceptible de compromettre la survie du saumon, protéger son habitat fluviatile et, surtout, éviter la surexploitation semblent les seules solutions à l'heure actuelle.

Une partie de notre patrimoine collectif

Depuis des temps immémoriaux, le saumon a fait partie de la vie des peuples qui ont habité le Québec. On le constate par ce survol historique, le saumon a constitué une ressource alimentaire pour les peuples amérindiens et pour les premiers colons. Il a servi au troc entre peuples autochtones et au commerce avec les pays étrangers. Il a été l'objet de querelles entre pêcheurs commerciaux et pêcheurs sportifs, de même qu'entre pêcheurs amérindiens et autres groupes de pêcheurs. Il s'est trouvé au centre de débats politiques entre le gouvernement du Canada et celui du Québec sur les questions de droits de pêche. Il a inspiré les artistes et il a fait partie des loisirs en pleine nature et des rêves d'exotisme de nombreux Québécois…

En somme, depuis plus de 400 ans, le saumon fait partie de notre milieu de vie, de notre culture et de notre patrimoine collectif. Aujourd'hui, la survie de cette espèce, si elle n'est pas menacée, apparaît à tout le moins précaire. Pourrons-nous et saurons-nous transmettre ce patrimoine aux générations qui nous succéderont ?

Petit saumon deviendra grand : les recherches scientifiques démontrent que la survie des œufs et des alevins de saumon est liée à la qualité des frayères.

Chapitre 2

Pour mieux connaître et comprendre le saumon

Yvon Côté, François Caron, Normand Bergeron et Michel F. Lapointe

Depuis son apparition sur la terre, l'Homme n'a de cesse d'observer, de mémoriser et de chercher à comprendre les éléments et les phénomènes du monde qui l'environne afin de mieux satisfaire ses besoins physiologiques et psychologiques. Telle est sa nature. Le saumon, en tant que réalité du monde physique, n'a pas échappé à cette façon qu'a l'humain d'appréhender son milieu. Nous retraçons ici dans ses grandes lignes l'évolution des connaissances sur ce poisson, depuis l'arrivée des premiers colons en Nouvelle-France jusqu'à nos jours.

La tradition orale des Amérindiens

À leur arrivée en Amérique, les Européens découvrirent des peuples qui avaient une connaissance approfondie du territoire sur lequel ils vivaient et des ressources qu'il recélait. Sans eux, sans leur savoir-faire, la colonisation n'aurait pas pu progresser au même rythme.

L'histoire nous apprend que, chez les Amérindiens, les connaissances nécessaires à la survie de chaque individu étaient partagées entre les membres du clan, et que la transmission de la connaissance de même que l'éducation dépendaient à la fois de la communauté tout entière et de la famille. Très tôt, le père transmettait à ses fils son savoir quant aux comportements des espèces animales. Par ailleurs, l'hiver, lorsque les hommes partaient à la chasse pendant une longue période, la responsabilité de chasser le lièvre et la perdrix pour les besoins immédiats, ainsi que de s'approvisionner en eau et en bois de chauffage, revenait aux femmes et à leurs filles.

Les peuples amérindiens connaissaient très bien la vie des animaux qu'ils pêchaient et qu'ils chassaient, leurs stades de croissance, leurs migrations saisonnières et leur alimentation. Dans son ouvrage publié en 1995 et intitulé *La Zoologie des Montagnais*, le chercheur ethnologue Daniel Clément fait une démonstration, au moyen de l'étude de la langue innue, de l'état et de la précision des connaissances de ce peuple à l'égard de la faune sauvage. Chaque nation développait une ou quelques spécialités en matière de chasse, de pêche ou de cueillette, selon le territoire occupé.

Par exemple, les Micmacs, que l'on peut nommer les Amérindiens de la mer, étaient d'excellents pêcheurs. Ils savaient quand, comment et où pêcher le maquereau, le saumon, l'anguille, et pareillement chasser le phoque, tout en se déplaçant le long de la baie des Chaleurs et de la côte est du Nouveau-Brunswick jusqu'en Nouvelle-Écosse. Les Iroquoiens du Saint-Laurent qui habitaient *Stadaconé* (à l'emplacement actuel de Québec) se rendaient à Gaspé à l'occasion des « grandes pêches » estivales, plusieurs centaines de kilomètres au-delà de leur bourgade. Les Innus montagnais voyageaient depuis les rives du Saint-Laurent jusqu'aux grands plateaux de l'intérieur. L'été, ils pêchaient l'omble de fontaine, le corégone, le saumon, l'anguille; l'hiver, ils chassaient le caribou, la perdrix, le lièvre, le castor. Comme le rapporte G. Michaud en 2003, les Malécites avaient appelé la rivière Verte, près de l'île Verte, « la rivière aux saumons », pour se donner un point de repère. Grands voyageurs aussi, par terre et par eau, ils se déplaçaient le long de la vallée du Témiscouata, de la Madawaska et de la rivière Saint-Jean jusque dans la baie de Fundy à certaines époques de l'année, et remontaient vers le Saint-Laurent à d'autres saisons.

Les Amérindiens savaient se rendre sur leurs territoires de chasse et de pêche, et ils avaient attribué des noms à tout ce qui importait pour eux, à savoir les lieux, les rapides et les portages, les accidents géographiques, les points de repère, les points d'eau, les caches de nourriture. Ils savaient s'organiser pour survivre tout au long d'un voyage. D'après les écrits de cette époque cités par l'historien Denis Vaugeois, ils savaient où s'arrêter pour se ravitailler, et quand repartir pour retrouver leur clan au moment propice de l'année. L'intendant Raudot écrivait, au début du XVIIe siècle : « Ces Sauvages savent les routes des bois et les connaissent comme nous savons les rues d'une ville. » Ajoutons ces autres propos du père Lafiteau : « Dans les forêts les plus épaisses et dans les temps les plus sombres, ils ne se perdent point [...]. Ils vont droit où ils veulent aller, quoique dans des pays impratiqués et où il n'y a point de route marquée. [...] Ils tracent grossièrement sur des écorces ou sur le sable des cartes exactes auxquelles il ne manque que la distinction des degrés. » Chez les Innus montagnais de la Côte-Nord, ce savoir s'est transmis jusqu'au XXe siècle, mais il était malheureusement en voie de disparition vers les années 1950, comme le raconta le père Joveneau : « Nos Indiens [...] parcourant en les nommant lacs et rivières [...] pouvaient nommer avec une exactitude surprenante, une précision d'artiste, les signes de la nature, le courant des ruisseaux [...] ils décrivaient les mœurs et les habitudes de chacun des animaux [...] l'endroit de leur nourriture [...] et pour chaque poisson l'époque de sa fraie. Les Indiens, déjà, n'emploient plus leurs plus beaux mots, fruits de leur génie, de leur race [...]. »

Dans son ouvrage sur les Innus montagnais, Daniel Clément soutient que leur savoir zoologique était de nature scientifique et constituait un tout cohérent, et non pas un ensemble d'idées éparses. Identifier les phénomènes, les lieux, les animaux, les plantes, puis les caractériser, leur donner des noms qui font image, cartographier le pays, connaître les distances qui séparent des endroits stratégiques, utiliser ce savoir pour assurer la survie du clan, tout en expliquant à ses enfants le fonctionnement du milieu environnant de manière à transmettre ce bagage de connaissances de génération en génération, ce sont là, à l'évidence, des caractères de ce qu'on appelle aujourd'hui la connaissance scientifique, même si elle procède d'une autre démarche intellectuelle que celle qui nous est familière.

Il faut toutefois résister à la tentation de comparer le type et le degré des connaissances acquises par les sociétés amérindiennes à l'égard de la faune, et encore plus d'une espèce en particulier comme le saumon, à ceux auxquels la science de nos sociétés modernes et spécialisées nous font accéder. En effet, le rôle de la connaissance, son mode d'acquisition, son mode oral de transmission, l'intégration des connaissances nouvelles dans le bagage global du savoir des sociétés amérindiennes généralistes, offrent peu de choses en commun avec la connaissance issue de l'approche scientifique d'aujourd'hui, avec son cadre d'interprétation et d'intégration dans les savoirs de nos sociétés contemporaines supportées par l'écriture.

La colonisation française (1534-1760) : l'inventaire du pays

Les écrits et les récits de voyage de navigateurs, d'aventuriers, d'hommes de lettres, de prêtres missionnaires, tout comme les rapports des dirigeants de la colonie, comportent de nombreuses mentions de la présence du saumon dans diverses régions et diverses rivières de la Nouvelle-France. Ces observations, faites à l'occasion de leurs déplacements sur le territoire, présentent un caractère cependant très parcellaire. Nous avons retenu dix noms de personnages qui ont laissé des écrits plus substantiels, c'est-à-dire qui allaient au-delà d'une simple mention. Ces écrits nous paraissent crédibles dans la mesure où ils proviennent de personnes qui faisaient partie de l'élite de leur société, et dont plusieurs disposaient d'une formation de haut niveau pour leur époque. Le travail de Gédéon de Catalogne possède de ce point de vue une valeur qui surpasse celle de tous les autres, du fait qu'il a le premier dressé l'inventaire de la faune en Nouvelle-France.

Il n'en reste pas moins que les descriptions que nous pouvons trouver sur le saumon demeurent relativement sommaires, puisqu'elles sont presque toujours enchevêtrées dans un ensemble d'observations portant sur les différentes espèces de la faune et de la flore du territoire, que ces explorateurs découvraient tout en bloc. Elles permettent de faire un certain inventaire des rivières dans lesquelles on pouvait trouver du saumon à l'arrivée des Européens, mais sans plus. Pour valables qu'elles soient, ces observations ne nous disent donc rien de précis sur l'abondance réelle de l'espèce, non plus qu'elles ne permettent de faire une liste complète de tous les cours d'eau alors fréquentés par ce poisson.

Néanmoins, les rapports de ces observateurs devaient servir de base aux dirigeants de la colonie pour l'établissement de pêcheries aux endroits où l'on avait noté des quantités plus importantes de saumon. Citons en effet cet extrait de Champlain, dont il est difficile de savoir s'il relève de l'enthousiasme ou d'une appréciation fondée sur une véritable expérience : « [...] plus la pêcherie de saumons, qui sont en telle quantité dans les ports et rivières que l'on pourrait tirer, par an, 100 000 livres. [...] La pêche du saumon est abondante en côte et rivières du pays, dont on peut faire un grand profit, ainsi qu'il se fait en Écosse et en Irlande ». En outre, la publication de ces descriptions dans la mère patrie

QUELQUES EXPLORATEURS ET NATURALISTES ANCIENS QUI ONT PARLÉ DU SAUMON

Auteur		Fonction
Jacques Cartier	1491-1557	Navigateur, explorateur
Samuel de Champlain	c. 1580-1635	Navigateur, explorateur, géographe, cartographe du roi
Pierre Boucher	1622-1717	Interprète, soldat, gouverneur de Trois-Rivières
Jean Talon	1626-1694	Administrateur militaire, intendant de la Nouvelle-France
Nicolas Denys	1598-1688	Marchand
Louis Hennepin	1626-1705	Missionnaire récollet
Antoine Silvy	1638-1705	Missionnaire jésuite
Chrestien Leclercq	1641- ?	Missionnaire récollet
Gédéon de Catalogne	1662-1729	Arpenteur, cartographe, militaire
François-Xavier de Charlevoix	1682-1762	Missionnaire jésuite, historien, explorateur

contribuait à entretenir l'idée de l'abondance des ressources naturelles en Nouvelle-France, auprès de ceux qui avaient à prendre des décisions à l'égard de la colonie.

Le tableau qui se dégage de l'ensemble de ces écrits est le suivant : le saumon était présent dans presque toutes les rivières qui aboutissent dans le golfe Saint-Laurent et dans la baie des Chaleurs. Pour ce qui est de la baie des Chaleurs, Jacques Cartier affirmait déjà, en 1536 : « Paroillement y a force belles prairies et bonnes herbes et estancq où il luy a force saulmons. [...] Nous nommames la*dite* baye la baye des Chaleurs. » En ce qui touche le fleuve Saint-Laurent, l'énoncé suivant de Boucher, datant de 1664, est on ne peut plus clair : « Il y a quantité de Saulmons et Truites, depuis l'entrée du Golfe jusques à Québec; il ne s'en trouve point aux Trois-Rivières, ni au Mont Royal; mais quantité dans le pays des Iroquois. » Le pays des Iroquois était constitué, rappelons-le, du Haut-Saint-Laurent et du lac Ontario. Pierre-François-Xavier de Charlevoix, en 1774, écrira la phrase suivante, qui corrobore l'affirmation de Boucher : « Partout où l'Eau du Fleuve est salée, c'est-à-dire, depuis le Cap Tourmente jusqu'au Golphe, on peut pêcher presque tous les poissons qui vivent dans l'océan; comme le saumon [...]. »

Ainsi, vers le début du XVIIIe siècle, la description générale de l'aire de répartition du saumon en Nouvelle-France avait été complétée. Un fait à noter, les Amérindiens possédaient déjà, par tradition orale, ce même savoir!

Un autre élément de connaissance, mis au jour à la même époque, fut l'identification du saumon au lac Saint-Jean, ainsi que dans le lac Ontario et dans le lac Champlain. Des pêches commerciales importantes furent alors réalisées dans ces deux lacs. On sait aujourd'hui que le saumon que l'on trouvait dans ces plans d'eau était le saumon d'eau douce, ou ouananiche. Les premiers observateurs européens ne faisaient pas de distinction entre la variété marine et la variété dulcicole, ce que nous appelons la ouananiche était pour eux tout simplement du saumon. Bien des années plus tard, soit au XIXe siècle, ces deux formes du saumon seront distinguées l'une de l'autre.

Assez curieusement, la connaissance formelle de l'aire de répartition du saumon, déjà acquise au début du XVIIIe siècle, s'est par la suite perdue dans la tradition scientifique, menant alors à une contradiction des faits établis par les premiers explorateurs. Effectivement, d'autres observateurs, Walter Henry au XIXe siècle et J. W. Parsons au XXe siècle, comme bien d'autres auteurs dans l'intervalle, ont écrit que le saumon était présent dans presque tous les tributaires du fleuve Saint-Laurent, de l'estuaire jusqu'au lac Ontario.

Un travail magistral publié en 1980 par Vianney Legendre, érudit et ichtyologiste qui a fait carrière dans la fonction publique québécoise, est venu mettre un terme à cette méprise. Legendre a, bien sûr, utilisé comme preuve de l'erreur les écrits des premiers observateurs de la faune québécoise. Pour étayer sa thèse, il a en outre soumis un très grand nombre de preuves circonstancielles démontrant que la distribution du saumon au Québec, de nos jours, correspond globalement à ce qu'elle était à l'époque de l'arrivée des Français en Nouvelle-France, et que les tributaires du Saint-Laurent, en amont de Québec jusqu'au lac Ontario, n'abritaient pas alors — donc pas plus qu'aujourd'hui — de populations stables de saumon atlantique, sauf accidentellement. Bien entendu, cela n'excluait pas la présence occasionnelle de saumons dans la partie haute du Saint-Laurent, maintenue par la dévalaison d'individus adultes en provenance du lac Ontario, un phénomène semblable à celui qu'on a pu observer en aval du lac Saint-Jean.

Les années 1850-1920 : l'évaluation de l'état de la ressource saumon et la gestion des pêches

À la fin du régime français et sous le régime britannique, les pêches commerciales au saumon connurent une expansion fulgurante grâce au commerce d'exportation. Toutefois, vers le milieu des années 1850, certaines pêcheries accusèrent un déclin, particulièrement dans la région de Québec. On s'inquiétait même de la disparition du saumon de certains cours d'eau de cette région, par exemple de la rivière des Etchemins ou de la Saint-Charles.

La nouvelle loi sur les pêcheries, adoptée en 1858, impliqua la création de postes d'inspecteurs des pêcheries pour l'ensemble du Bas-Canada (qui allait devenir la province de Québec), de même que pour les régions de la Côte-Nord, du Bas-Saint-Laurent et de la Gaspésie. Mentionnons les noms de quelques-uns des inspecteurs dont les rapports permirent d'affiner la connaissance sur les rivières à saumon, et surtout sur la nécessité de protéger les populations de saumon contre la surexploitation, ainsi que de préserver de la dégradation son habitat en rivière. Nous pensons ici particulièrement à Richard Nettle (1857), à Pierre Fortin (1864), à E. T. D. Chambers (1912) qui, par leurs observations, ont favorisé l'instauration de règlements sur la pêche du saumon.

Cette époque marqua également le début de la pisciculture destinée à repeupler les rivières à saumon, et donc à compenser la surexploitation des populations. Richard Nettle, le premier, tenta cette expérience à Québec. Puis, en 1873 et en 1875, le gouvernement canadien procéda successivement à la mise en fonction des établissements piscicoles de Gaspé et de Tadoussac. Le repeuplement des rivières au moyen de jeunes saumons éclos en station piscicole fut considéré pendant plus d'un siècle, non seulement au Québec mais ailleurs dans le monde, comme la solution « miracle » pour lutter contre l'affaissement des populations de l'espèce.

On ne peut passer non plus sous silence l'apport de Napoléon-Alexandre Comeau (1848-1923), aussi appelé le roi de la Côte-Nord. Autodidacte, homme d'une grande énergie et d'une grande intelligence, il fut tour à tour gardien de rivière, postier, télégraphiste, adjoint au coroner et surintendant

RICHARD NETTLE, PREMIER PISCICULTEUR CANADIEN

Yvon Côté, Guy Chaumont, Sylvain Gingras et Dorik Moisan

On doit les premiers essais de fécondation artificielle d'œufs de poisson à l'abbé Lazarro Spallanzani, dont les travaux scientifiques, dans la première moitié du XVIIIe siècle, éveillèrent le génie de l'application de ceux qui étaient intéressés à l'aspect pratique de cette recherche jusque-là purement théorique. Dès 1758, le comte de Goldstein, en Allemagne, parvint à faire éclore, dans une seule expérience, 430 petits saumons, qu'il libéra ensuite en milieu naturel. Il réussit même, dit-on, à faire féconder les œufs d'une truite morte depuis quatre jours ! Vers la même époque, en 1763, son compatriote le naturaliste Jacobi, de Hambourg, multiplia avec succès les essais de fécondation d'œufs de truite et de saumon.

Pratiquement un siècle plus tard, en 1841, deux pêcheurs français, Laurent Rémy et Antoine Gehin, retrouvèrent par eux-mêmes la voie parcourue par Spallanzi, Goldstein et Jacobi. Ils créèrent une véritable industrie en parvenant à la fécondation artificielle d'œufs de truite et en produisant des millions de truitelles, dont ils ensemencèrent des ruisseaux d'où ce poisson avait disparu. En Amérique du Nord, il semble bien que ce soit Theodatus Garlic, un médecin de Cleveland, en Ohio (USA), qui le premier, en 1853, réussit à faire féconder avec succès des œufs de truite (sans doute des ombles de fontaine) d'origine canadienne. Ses essais étaient toutefois très largement de nature expérimentale.

Au Canada, c'est à Richard Nettle que l'on doit les premières tentatives utiles de fécondation et d'incubation d'œufs de truite et de saumon. En effet, en 1857, Nettle reçut l'autorisation du gouvernement d'utiliser la fécondation et la propagation artificielles du saumon comme moyen pour restaurer les pêcheries de saumon en déclin. L'Ovarium, nom attribué par Nettle à ses installations piscicoles, se situait dans le Vieux-Québec, à l'angle des rues Saint-Jean et Sainte-Ursule. L'alimentation en eau provenait de l'aqueduc municipal, approvisionné lui-même par la rivière Saint-Charles.

Nettle réalisa ses premiers essais avec des œufs de truite (en fait, des ombles de fontaine). Puis, en 1858, il obtient des œufs de saumon de la rivière Jacques-Cartier. Il mit en incubation 7 000 à 8 000 œufs provenant de deux couples de saumon. Son rapport indique qu'il obtint un succès de 70 % à l'éclosion et précise que, selon lui, il ne pouvait espérer mieux. Il indique qu'il avait attrapé une truite qui, ayant suivi un couple de saumons en période de fraie, s'était nourrie de leurs œufs. La truite fut tuée et Nettle récolta de 300 à 400 œufs, dont une petite partie était en bon état. Il procéda à la fécondation des œufs et veilla à leur incubation. Une fois les œufs éclos, les alevins furent déversés dans la rivière Saint-Charles !

Les succès obtenus par Nettle incitèrent le gouvernement canadien à construire deux stations salmonicoles au Québec, l'une à Gaspé en 1873, et l'autre à Tadoussac en 1875. La seconde est toujours en activité plus de 100 ans après sa création. Sa gestion relève depuis 1922 du gouvernement du Québec. Ce centre piscicole doté d'équipements des plus modernes, contrôlés par ordinateur, démontre les progrès des techniques piscicoles accomplis depuis l'époque de Nettle. Si les techniques d'élevage se sont grandement améliorées, il faut toutefois convenir que la propagation artificielle de jeunes saumons produits par la pisciculture n'est pas la réponse universelle aux problèmes de diminution des stocks de saumon. La production de sujets rustiques, possédant une hérédité et un comportement aptes à leur survie en milieu naturel et susceptibles de contribuer à la régénération des stocks de saumon demeure toujours un défi de taille, qui nécessitera davantage de recherches que par le passé.

Sources :

Monière, J. 1854. *Analyse du rapport fait à l'Académie des sciences par M. Coste, le 7 février 1853, sur l'élève et la multiplication du poisson.* Médiathèque André Malraux (Lisieux Cédex). 9 p.

Rodd, J. A. 1933. « Founders of fish culture: Richard Nettle, first Canadian fish culturist ». *Progr. Fish. Cult.* N° 29, p. 25.

des pêches. Il était voyageur, chasseur, trappeur. Il a vécu avec les Innus montagnais, dont il connaissait la langue, et il était respecté d'eux. Dès son jeune âge, il s'était intéressé à la nature. Il publia en anglais, en 1909, un livre intitulé *Life and sport on the North of the Lower St. Lawrence and Gulf*, dans lequel il raconte ses souvenirs et ses observations sur son milieu de vie, sur la faune et le saumon, essentiellement dans les régions de la rive nord du Saint-Laurent. La version française de l'œuvre originale fut publiée en 1945 par Nazaire LeVasseur. Au moment de sa parution, le livre fut accueilli comme l'une des grandes contributions à la connaissance de la faune au Canada.

Cet ouvrage de Comeau consacre quatre chapitres au saumon : l'un traite de l'art de la pêche à la ligne, un autre du braconnage, un autre encore des mœurs et des migrations du saumon, et un dernier porte sur les rivières à saumon. Bien que certaines de ses observations soient vraisemblablement le fruit de lectures ou d'échanges qu'il a eus avec d'autres personnes, l'essentiel des propos de Comeau vient de ce qu'il a pu observer lui-même dans la nature au fil de ses pérégrinations sur la Côte-Nord.

D'emblée, il se défendait bien d'être un naturaliste de formation. Cependant, ses observations sur plusieurs aspects de la biologie du saumon se révèlent particulièrement justes, et dénotent un sens de l'observation et de la déduction singulièrement développé. Il parla des lieux de fraie du saumon, de la croissance des tacons en rivière, de la descente des smolts vers la mer, de l'époque du retour des madeleineaux et des grands saumons en rivière. Il affirma que le saumon adulte de la Côte-Nord suivait deux voies de migration lors de son retour vers les rivières de cette région : un groupe se dirigerait vers les rivières à l'est de Mingan, et l'autre vers les rivières à l'ouest de ce point de démarcation. Il aborda la question de la nourriture du saumon en rivière, ainsi qu'en mer lors de sa phase de croissance. Il discuta de la période du « jeûne » des saumons adultes en rivière. Il traita aussi des prédateurs du saumon, en rivière comme en mer. Il distingua les différents groupes d'âge de ce poisson, en faisant des regroupements par gammes de taille et de poids correspondant aux différents âges qu'il énumérait. La déduction qu'il en fit est assez juste, d'après ce que l'on connaît maintenant de l'âge et de la croissance du saumon par la méthode de la lecture d'écailles. Notons que cette technique de lecture de l'âge par les écailles de saumon a été mise au point en Angleterre par Johnston en 1905, mais ne semblait pas encore connue, du temps de Comeau, par ceux qui s'intéressaient aux questions liés à la croissance du saumon au Canada.

Étonnamment, Comeau a aussi été le premier, croyons-nous, à affirmer qu'une rivière à saumon possédait une capacité de production donnée, qui pouvait être gérée : « Je considère une rivière à saumon à l'égal d'une terre à culture, écrivait-il; celle-ci a la capacité de produire tant de minots de grains, etc. […]. Une rivière peut contenir une certaine quantité de poisson. Si elle ne donne pas cela, c'est qu'il y a une cause en jeu. » Cette assertion a

Une vie entière sur une petite écaille

Micheline Garceau, Yvon Côté et Gilles Shooner

À l'image d'une autobiographie, l'histoire de la vie du saumon est tracée sur ses écailles. Pour réussir à la décoder, il faut en connaître chaque étape, car le saumon passe par différents stades d'évolution au cours de sa vie.

Les premières étapes de croissance

Le jeune saumon voit le jour en rivière lorsque les eaux commencent à se réchauffer au printemps et qu'éclosent les œufs. Le minuscule saumon s'alimente alors à même un sac ventral nommé vésicule, d'où son nom d'alevin vésiculé. Il passe cette période généralement enfoui dans le gravier de sa rivière natale. En peu de temps, l'alevin atteint son autonomie, émerge du gravier et commence à s'alimenter directement en eau courante. Peu de temps après sa naissance, le corps du jeune alevin se couvre d'écailles qui croîtront en longueur et en largeur au fur et à mesure de son développement. Au bout d'un an, il arbore sur ses flancs des taches particulières qui prennent la forme de barres; on lui donne alors le nom de tacon. Après quelques années, le tacon mesurant de 10 à 15 cm se teinte complètement d'une livrée argentée et devient un saumoneau. À ce stade, un changement physiologique lui permettra de s'adapter à l'eau salée et d'effectuer sa première migration.

Le saumon devient adulte en mer. Il y grandit d'une façon exponentielle comparativement à ses premières années en rivière. Alors qu'un saumoneau prend de deux à sept ans en eau douce pour atteindre environ 15 cm, le saumon mesurera environ 60 cm en moins d'un an de vie en mer. Deux ans plus tard, il aura atteint près de 75 cm et, si son séjour marin se prolonge, sa taille dépassera les 85 cm au bout de trois ans. Cependant, son instinct de reproducteur lui fera entreprendre un retour en eau douce, vers sa rivière natale, après un séjour d'un à trois ans en milieu marin. Contrairement au saumon du Pacifique, le saumon atlantique peut survivre à la fraie et effectuer au cours de sa vie quelques allers et retours entre le milieu marin et sa rivière natale.

Un peu comme l'âge d'un arbre

C'est grâce à ses écailles, et plus précisément à la partie incrustée dans sa peau, que l'on pourra connaître l'histoire de chaque saumon. La partie externe et visible ne comprend qu'une faible portion de sa surface. Ses écailles sont minces, de forme ovale, et les contours sont lisses. Les écailles enveloppent et épousent le corps du poisson : leur forme varie selon leur emplacement corporel, par exemple, celles du dos sont plus effilées que celles situées sur les flancs. La croissance des écailles suivant de près celle du saumon, un examen microscopique nous permettra de découvrir ses variations saisonnières et annuelles. Ses « poussées » de croissance, ses ralentissements et même ses arrêts seront bien lisibles. À première vue, on pourrait comparer la lecture d'une écaille à celle d'un tronc d'arbre coupé où l'on évalue l'âge de celui-ci en dénombrant les anneaux de croissance annuels.

Circuli ou *annuli* ?

Tout au long des saisons, les variations de croissance laissent sur l'écaille des traces circulaires et concentriques, appelées *circuli*. La croissance du saumon est plus forte durant l'été, car la nourriture y est plus abondante qu'en hiver. Les *circuli* formés en été sont nombreux et plus espacés les uns des autres. Ils produisent une large zone claire, alors que les *circuli* d'hiver sont plus rapprochés et créent une zone sombre. En regardant un agrandissement d'écaille de saumon, on remarque des séries de zones claires et sombres en forme d'anneau : ce sont les zones annuelles de croissance ou *annuli*. En comptant le nombre d'*annuli* (années) sur une écaille, on peut connaître l'âge du saumon.

Décoder des secrets bien cachés

En plus de dénombrer ses années de vie, les écailles permettent de voir bien distinctement les deux milieux de vie du saumon : la partie centrale de l'écaille correspond à sa croissance en eau douce, et la partie périphérique est associée à la phase marine. La partie périphérique occupe beaucoup plus d'espace que la partie centrale puisque les saumons enregistrent une croissance spectaculaire en mer par comparaison à celle effectuée en rivière. Il est même possible d'apprendre, en examinant attentivement une écaille de saumon adulte, s'il en est à son premier retour en rivière pour se reproduire ou s'il a déjà frayé dans le passé. En effet, lors de son séjour en rivière, un saumon adulte jeûne pendant une période pouvant aller jusqu'à dix mois. Durant cette période de jeûne sévère, une partie des minéraux contenus dans l'écaille du poisson est réabsorbée par l'organisme, ce qui laisse une cicatrice d'érosion sur l'écaille que l'on appelle marque de fraie. En repérant la présence ou non de cicatrices, on peut dès lors préciser si le saumon revenait en rivière pour une première fois — un saumon vierge — ou s'il avait connu des fraies répétées — un saumon multipare.

Lorsque l'on connaît la date de capture d'un saumon, la lecture de son écaille nous permet d'interpréter son passé. L'année de sa naissance, de sa première migration en mer, de son premier retour en rivière pour frayer et à quel âge, le nombre de fois qu'il s'est reproduit, avec la précision des années et la durée de ses périodes d'engraissement en mer entre deux fraies. L'histoire de la vie du saumon est effectivement bien inscrite sur son écaille!

Perdue et remplacée

Au cours de sa vie, un saumon subit des éraflures : ces blessures occasionnent la perte d'écailles. Dans la peau, la cavité créée sera à nouveau occupée par une nouvelle plaque transparente appelée écaille régénérée. Cette écaille de remplacement laisse une zone centrale vide, mais elle poursuit sa croissance avec le dépôt des nouveaux *circuli*. La lecture de ces seules écailles régénérées nous empêche de connaître une partie de la vie du saumon. Pour avoir un aperçu de sa vie dès sa naissance, il faut donc sélectionner les premières écailles qui sont apparues sur son corps.

Saumon sous analyse statistique

En comparant différentes mesures sur l'écaille et sur le saumon, on peut connaître la longueur du poisson à différentes étapes de sa vie par rétrocalcul. Par exemple, on peut calculer quelle longueur il avait à son départ en mer comme saumoneau. Dans certains cas, des modèles statistiques complexes permettent même de connaître la provenance de certains saumons : il est parfois possible de savoir si le saumon provient d'une rivière de la rive nord du Saint-Laurent, du Saguenay ou de la rive sud du Saint-Laurent. Toutes ces analyses permettent d'en connaître davantage sur les populations de saumons et de poursuivre efficacement les recherches pour accroître leur protection.

Un très vieux saumon... qui a beaucoup voyagé

Cette photographie présente l'un des plus vieux saumons de la collection d'écailles du ministère des Ressources naturelles et de la Faune du Québec.

La partie centrale laisse voir quatre *annuli* associés à la croissance en rivière. La partie périphérique présente trois *annuli*, puis une première marque de fraie (MF), suivie par une année de croissance en mer. Apparaît ensuite une seconde marque de fraie, suivie encore une fois par une année de croissance en mer. Vient ensuite une troisième marque de fraie, suivie à nouveau d'une année d'engraissement en mer. Enfin, ce saumon revenait pour une quatrième reproduction lorsqu'il a été capturé le 17 août 1965 dans la rivière Matane. Cette femelle mesurait 1,75 m et pesait 15 kg.

La séquence de vie de ce saumon s'écrit selon des normes standardisées. La formule pour l'exprimer est la suivante : « 4,3. MF.1.MF.1.MF.1. ». Cette formule signifie : quatre années en eau douce, trois années en mer; puis trois marques de fraie espacées l'une de l'autre par une année en mer. Ainsi, ce poisson était âgé de 13 ans révolus. Au moment de sa capture, il était dans sa 14e année de vie. On en a déduit qu'il était né au printemps 1952 de parents qui ont frayé à l'automne 1951. Il a migré vers la mer au stade de saumoneau en 1956 et est revenu à l'été 1959 pour la reproduction automnale. Par la suite, il est parti en mer pour une année, soit 1960. En 1961, il est remonté en rivière et s'est reproduit une seconde fois. Il est retourné en mer et a passé l'année 1962 à s'engraisser. En 1963, il était de retour pour une troisième fois. Après la période de la fraie de cet automne-là, il est reparti pour une année en mer, soit l'année 1964. Enfin, à l'été de 1965, il était de retour en rivière pour une quatrième fois lorsqu'il a été capturé.

MÉTHODE DE LECTURE D'ÉCAILLE

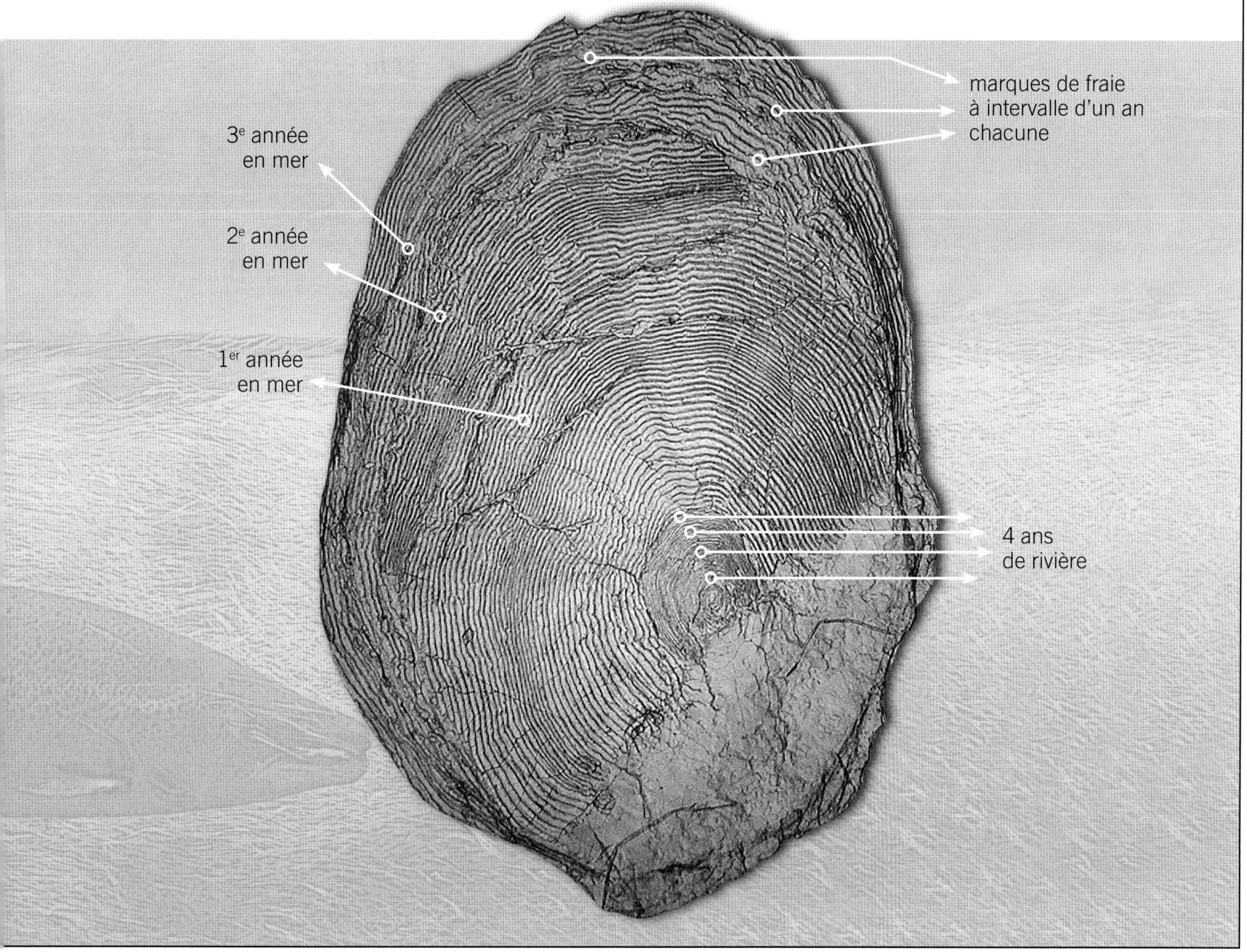

échappé à toute la génération de scientifiques qui a suivi. Il a fallu attendre les travaux de W. E. Ricker en 1954 et de P. F. Elson en 1957 et 1975, l'un sur le saumon du Pacifique, l'autre sur le saumon de la rivière Polett au Nouveau-Brunswick, pour que cette théorie de la capacité de support d'une rivière à saumon fasse l'objet de pareilles conclusions.

Sur certains points, Comeau était par contre dans l'erreur, notamment au sujet du lieu de séjour marin du saumon, et de la mention du béluga comme prédateur du saumon adulte. Alors que toutes ses autres affirmations étaient basées, selon ses dires, sur des dizaines, des centaines, voire des milliers d'observations, son opinion, qui doit ici être traitée comme telle, sur les migrations marines du saumon, s'était fondée sur très peu de faits observés. Pour lui, et contrairement, disait-il, à ce que certains pouvaient penser, le saumon n'allait pas dans l'océan Atlantique, du moins pas celui de la Côte-Nord. « Je suis d'opinion que le gros de notre saumon reste dans les eaux profondes du Saint-Laurent. » Cette conclusion se réclamait de quelques observations : un saumon avait été pris en profondeur dans un chalut à flétan au mois d'avril, au large des îles Caribou; Comeau avait constaté lui-même des restes de saumon dans des estomacs de phoques abattus aux mois de janvier et février au large de la Pointe-des-Monts. Mais ces déductions allaient être contredites vers le milieu des années 1930 par les travaux de G. Préfontaine, comme on le verra plus loin.

Sur la question du béluga, Comeau déclara sans ambages : « Il existe bien d'autres manières de protéger les saumons, par exemple, en intensifiant la capture du marsouin blanc ou noir. Ce sont les pires ennemis des gros poissons. » Il ne citait pas de preuves à l'appui de cette conviction qui a conduit, sans fondement scientifique, à un programme de chasse sélective pour réduire la population de bélugas du Saint-Laurent. Vadim D. Vladikov défit totalement cette « croyance » dans un article publié en 1946 sous le titre « Nourriture du marsouin blanc ». Ce travail comportait un chapitre sur la part du saumon dans l'alimentation de ce mammifère aquatique. Vladikov y démontrait que le saumon ne participait tout simplement pas à l'alimentation du béluga, ce qui apaisa les défenseurs qui, pour protéger une espèce, encourageaient à tort l'élimination d'une autre espèce de l'écosystème.

Comeau n'était pas un scientifique de formation, ni à proprement parler un naturaliste, de son propre aveu. Mais, nonobstant les quelques erreurs que nous avons relevées, il faut reconnaître qu'il avait un sens inné de l'observation, doublé d'une réelle passion pour les grands espaces naturels, et sa contribution à la connaissance du saumon doit être soulignée.

1920-1984 : L'ACCÉLÉRATION DU PROCESSUS D'ACQUISITION DES CONNAISSANCES

De 1920 à aujourd'hui, la connaissance scientifique sur le saumon a connu une accélération spectaculaire, en réponse, d'une part, aux besoins nouveaux de la société et, d'autre part, à une volonté des gens d'ici de participer à l'effort international de la recherche sur le saumon. Au cours de cette période, l'impulsion donnée à l'acquisition des connaissances, et notamment à la recherche, est venue de différentes sources : les organismes privés (les clubs de pêche), les universités, la société d'État Hydro-Québec et le gouvernement.

Le rôle des clubs privés et des organismes non gouvernementaux

Les clubs de pêche privés ont toujours manifesté un grand intérêt pour l'avancement de la connaissance. Ainsi, dès 1925-1930, les propriétaires de clubs privés sur les rivières Cascapédia et Moisie invitèrent-ils des scientifiques britanniques de grand renom, Calderwood en 1927 et 1930, et Menzies en 1926 et 1928, pour recueillir leur opinion quant à l'état de la ressource saumon sur les territoires qu'ils occupaient, afin de mieux orienter l'exploitation sportive. Ces scientifiques allaient pouvoir aussi les aider à formuler des recommandations au gouvernement sur la pêche commerciale, dont ils souhaitaient voir diminuer l'ampleur. D'ailleurs, les travaux de David L. Belding et Georges Préfontaine de 1937 à 1939 sur les migrations du saumon dans le golfe Saint-Laurent (voir ci-après) furent financés par des clubs de pêche privés.

Puis, vers la fin des années 1940 et le début des années 1950, Percy Nobbs, alors directeur de l'Association du saumon atlantique, publia une série de travaux sur l'état des pêches de saumon au Québec, ainsi que sur différents sujets connexes. Ces publications eurent à l'époque un certain effet sur les autorités gouvernementales relativement à la gestion des pêches. Nobbs, un architecte à la retraite d'origine écossaise, avait développé, sans être un scientifique de formation, une connaissance empirique du comportement migratoire du saumon en rivière. Il reçut du gouvernement le mandat de préparer les plans de plusieurs passes migratoires à saumon, dont celles de la rivière Matane et de la rivière de la Trinité.

En 1992, la Fédération québécoise pour le saumon atlantique (FQSA) organisa un colloque international sur le thème « Le développement du saumon atlantique : connaître les règles du jeu pour réussir ». Ce colloque regroupait des chercheurs et experts de plusieurs pays, qui avaient accepté l'invitation de la FQSA à venir partager leurs connaissances dans différents domaines liés à la gestion et à la biologie du saumon. Même si ce colloque ne traitait pas spécifiquement de la recherche en territoire québécois, il importe d'y faire référence parce qu'il fait la démonstration, de la place qu'allait désormais occuper la science dans la gestion de la ressource saumon. En effet, cet événement visait à informer les associations de pêcheurs sportifs, alors devenues délégataires du gouvernement du Québec en matière de gestion de la pêche sportive du saumon d'un grand nombre de rivières, des connaissances de base nécessaires à leur nouveau mandat.

Enfin, plus récemment, dans le cadre d'une collaboration avec les chercheurs du Centre interuniversitaire du saumon atlantique (voir plus loin), le Dr Fred Whoriskey, chercheur attaché à la Fédération du saumon atlantique, a entrepris au Québec et dans les provinces de l'Atlantique des recherches par télémétrie sur la vie du saumon en mer, qui est, actuellement, l'un des thèmes de recherche les plus importants dans tout l'Atlantique Nord.

Le rôle des universités

Les universités ont aussi contribué à la recherche sur le saumon, soit en concertation avec le gouvernement, soit spontanément par le truchement de chercheurs intéressés par cette espèce, soit encore en coopération avec d'autres universités dans le cas des stations de biologie dont nous parlerons un peu plus loin.

Entre 1937 et 1948, le gouvernement du Québec forma une commission d'étude sur le saumon atlantique pour faire la lumière sur les effets des pêches commerciales des provinces du Nouveau-Brunswick et de Terre-Neuve sur les populations de saumon du Québec. À l'époque, deux nouvelles pêcheries aux filets dérivants, l'une à Port-aux-Basques (Terre-Neuve) et l'autre au large de la baie de Miramichi (Nouveau-Brunswick), avaient suscité de nombreuses craintes chez les pêcheurs du Québec. Le professeur Georges Préfontaine, médecin de formation mais naturaliste de cœur et professeur à l'Université de Montréal, fut nommé responsable de la Commission de Québec pour l'étude du saumon. Il s'était associé pour cette occasion au Dr David L. Belding, un chercheur américain déjà renommé pour sa connaissance de cette espèce.

L'étude devait apporter des éclaircissements au sujet des voies de migration du saumon dans le golfe du Saint-Laurent et de l'impact des pêches commerciales des provinces de l'Atlantique sur le saumon du Québec. La Commission avait également un mandat plus global à l'égard de l'ensemble des stocks de saumon dans la province. Préfontaine avait élaboré un programme de recherche qui devait s'étendre à tout le Québec maritime afin de tenter d'apporter des réponses à l'apparent déclin des populations de saumons au Québec. La guerre de 1939-1945 rendit particulièrement difficile la réalisation de cet ambitieux programme, et Préfontaine y mit fin précipitamment.

Les travaux de Belding et de Préfontaine ont néanmoins permis d'établir les voies de migration du saumon adulte dans le golfe du Saint-Laurent lorsqu'il se dirige vers les rivières d'origine. Les observations des deux chercheurs demeurent toujours valables. Soulignons que leurs observations confirmèrent celles de Comeau sur l'existence de deux voies migratoires du saumon sur la Haute et la Moyenne-Côte-Nord du Saint-Laurent. Un peu plus tard, Robert Lagueux, en 1953, chercheur québécois affilié successivement au gouvernement du Québec et à l'Université Laval, et François Caron, en 1983, biologiste au service du gouvernement du Québec, permettront d'affiner encore davantage

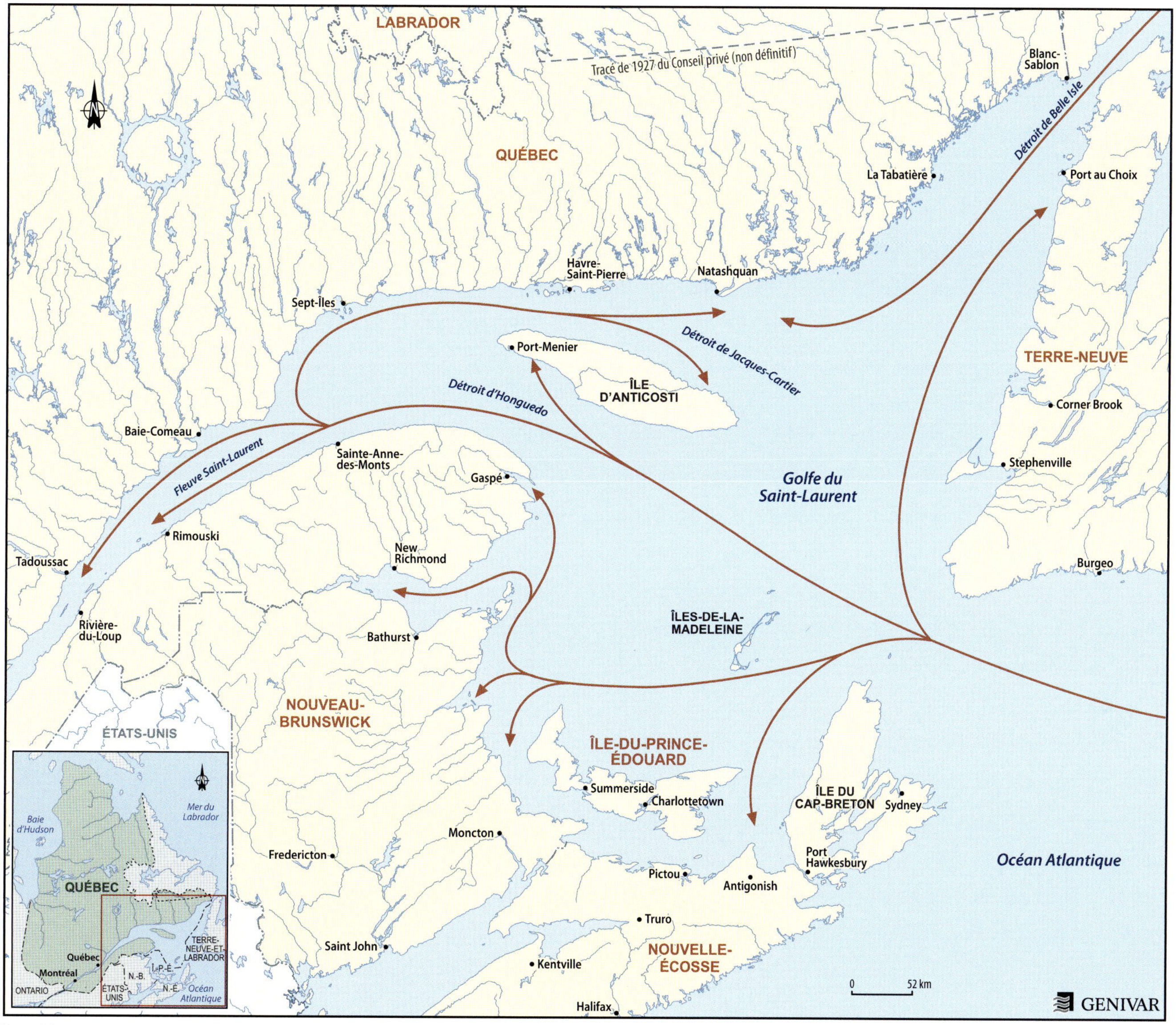

Reproduite avec l'autorisation de la Fédération du saumon atlantique.

Les voies de migration des saumons adultes vers leurs rivières d'origine, d'après les recherches de Belding et Préfontaine (1937 à 1939)

cette connaissance des migrations du saumon dans le golfe du Saint-Laurent.

De 1945 à 1955, l'Université McGill, sous l'égide de Max Dunbar, soutint un programme de recherche dans le nord du Québec. Dunbar, un océanographe, s'intéressait aux modifications climatiques de l'océan Atlantique Nord et à leurs effets sur la distribution des poissons, dont la morue et le saumon qui représentaient un intérêt commercial évident. L'un de ses élèves, Geoffrey Power, publia en 1969 une monographie très fouillée sur le saumon de l'Ungava, rédigée à partir de sa thèse de doctorat. Par la suite, au cours des années 1960, Power fut impliqué dans le développement de pêcheries commerciales au saumon dans l'Ungava, à titre de conseiller pour les populations inuites. Quant à Dunbar, il maintint jusqu'au milieu des années 1980 un intérêt pour le saumon du Nord. Il avait d'ailleurs formulé l'hypothèse que l'océan Atlantique, dans sa partie nordique, avait connu des périodes cycliques de réchauffement et refroidissement depuis plusieurs millénaires. À l'intérieur de ces grands cycles, il était d'opinion que les populations de saumon passaient par des variations cycliques d'abondance, suivant une périodicité moyenne de 77 ans (variation de 60 à 85 ans).

De 1985 à 1995, l'intérêt pour la recherche sur le saumon a grandi dans les différentes universités québécoises, mais d'une façon tout à fait spontanée et non organisée. Les thèmes de recherche traduisaient néanmoins certaines des préoccupations de gestion et de recherche de l'heure. Michel Legault, étudiant à l'Université du Québec à Chicoutimi, a rédigé un mémoire de maîtrise traitant des répercussions de l'élevage en milieu contrôlé sur l'évolution du comportement des jeunes saumons. Robert Marsan, étudiant à la maîtrise à l'Université du Québec à Rimouski, a déposé un mémoire sur l'utilisation des caractéristiques scalimétriques des saumons pour distinguer les différentes populations du golfe du Saint-Laurent. Gilles Tremblay, de la même université, a préparé un mémoire de maîtrise sur la croissance en mer du saumon atlantique. Pierre-Philippe Morin de l'Université Laval a soutenu une thèse de doctorat sur les questions d'empreintes olfactives chez le saumon au moment de la smoltification, un phénomène important à comprendre pour les ensemencements de saumoneaux. Pour sa part, Pierre-Michel Fontaine, de la même université, a défendu une thèse de doctorat sur la structure génétique et l'écologie comportementale du saumon atlantique. Enfin mentionnons le mémoire de maîtrise de Pierre D'Amours qui, bien que soumis à l'Université de Moncton (Nouveau-Brunswick), traite de rivières à saumon du Québec. Ce mémoire analyse l'évolution de certaines caractéristiques des structures de population des saumons de la Gaspésie d'après les relevés de pêche sportive.

L'époque des stations de biologie

De 1940 à 1965, ce fut l'époque des stations de biologie marine instituées par le gouvernement du Québec. Ces stations regroupaient des chercheurs gouvernementaux et des chercheurs universitaires.

Deux d'entre elles, celle de Port-Daniel, rattachée à la station mère de Grande-Rivière, et celle de Nabisipi, développèrent des programmes de recherche sur le saumon. Tant à Port-Daniel qu'à Nabisipi, l'un des objets des programmes de recherche était la reprise du travail amorcé par Préfontaine sur la biologie du saumon en eau douce.

Julien Bergeron et Léon Tremblay, deux chercheurs gouvernementaux attachés à la station de Grande-Rivière, effectuèrent leurs travaux à Port-Daniel. On y avait installé un dispositif de comptage du saumon qui permettait de dénombrer les smolts à la dévalaison et les adultes à la montaison. L'objectif de la recherche était de relier la production de la rivière en smolts au retour de saumons adultes. Il subsiste quelques publications qui font état des travaux réalisés dans le cadre de ce programme.

Quant à la station de Nabisipi, elle fut établie plus tardivement que celle de Grande-Rivière, c'est-à-dire en 1960. Deux chercheurs principaux y œuvrèrent : Gilles Shooner et Geoffrey Power. Bien entendu, les thématiques de recherche s'apparentaient au programme de la rivière Port-Daniel. Les travaux de Shooner l'amenèrent à produire un mémoire de maîtrise sur le phénomène de la précocité sexuelle chez les tacons. Le programme de recherche de Port-Daniel et celui de Nabisipi connurent toutefois une fin abrupte, à cause d'une nouvelle répartition des responsabilités administratives sur les pêches à l'intérieur des ministères du gouvernement du Québec.

Cependant, la présence de Power à Nabisipi lui avait permis d'acquérir une expertise des rivières et du saumon de la Côte-Nord. C'est pourquoi, en 1967, alors qu'il était professeur agrégé à l'Université de Waterloo en Ontario, l'Institut océanographique de Woods Hole lui demanda de prendre les rênes de la station de biologie de Matamek. En effet, cet institut américain avait reçu de la part d'un riche donateur (Johnson & Johnson) les fonds nécessaires pour effectuer des activités de recherche sur la rive nord du Saint-Laurent pour une période de dix ans. Informé de cette possibilité, W. M. Carter, alors biologiste au gouvernement du Québec, avait su intéresser cet institut à s'établir à Matamec, où il existait des bâtiments ayant appartenu, à une certaine époque, à la Compagnie de la Baie d'Hudson. Outre Power, deux autres chercheurs se sont succédé aux commandes de cette station de biologie : R. John Gibson et Robert J. Naiman.

Power savait que la construction d'un pont au-dessus de la rivière Moisie était imminente. Un large territoire de la Côte-Nord, jusqu'ici enclavé, allait désormais être ouvert au développement économique. Dans un souci d'établir une base de connaissances scientifiques sur le saumon de la Côte-Nord avant que ces nouveaux développements ne prennent forme, il mit sur pied un programme d'acquisition de connaissances de « sauvetage », pourrait-on dire. Il contribua à former une kyrielle de jeunes chercheurs qui s'intéressèrent au saumon de la Côte-Nord et à divers problèmes connexes. Ainsi, Karl Schiefier déposa, en 1969, une thèse de doctorat sur le saumon de la Côte-Nord et sur le phénomène de l'augmentation du nombre de madeleineaux dans les populations de l'espèce. Quelque dix ans plus tard, Alex T. Bielak reprit le travail de Schiefer pour étudier l'évolution des stocks, non seulement depuis les dix dernières années, mais également, dans certains cas, sur une période de 100 ans en utilisant les statistiques de captures sportives de clubs privés.

Gibson, le second directeur de recherche à Matamec, fit pour sa part plusieurs études sur le comportement des saumons juvéniles en rivière et sur les interactions entre différentes espèces de salmonidés. De fait, une autre des problématiques émergentes à l'époque concernait l'apparition de truites arc-en-ciel et même de truites brunes dans les rivières à saumon. Les incidences de la présence d'espèces non endémiques dans le fleuve Saint-Laurent est encore maintenant une question d'actualité. Gibson sut de surcroît intéresser les chercheurs universitaires québécois aux possibilités qu'offrait la station de Matamec pour l'étude du saumon sur la Côte-Nord, et aussi comme base de travail pour tout type de recherche dans cette région du Québec. C'est ainsi, par exemple, que des chercheurs de l'Université de Sherbrooke (J. M. Dubois et Daniel Clavet), de l'Université Laval (Marcel Frenette) et de l'Institut national de la recherche scientifique (Marcel Ouellet) vinrent ajouter, aux dimensions biologiques explorées par Gibson, les dimensions de l'environnement physique des milieux fluviatile et lacustre dont ils étaient des spécialistes.

Naiman, le dernier directeur de Matamec, réorienta la recherche vers l'étude écosystémique de l'ensemble du bassin hydrographique de la Matamec, tout en gardant une perspective « saumon ». En effet, l'ensemble des thèmes de recherche explorés par les directeurs de recherche précédents menait inéluctablement à un élargissement des sujets d'étude afin de mieux comprendre la dynamique des populations de saumon elles-mêmes. Malheureusement, Naiman ne put compléter son travail. En 1985, l'engagement décennal de l'institut océanographique de Woods Hole étant largement dépassé, les administrateurs américains de la station avaient pris la décision de recentrer leurs activités de recherche aux États-Unis, sur des sujets plus proches de la mission principale de l'établissement.

L'Institut océanographique de Woods Hole a bien tenté, sans succès, d'encourager le gouvernement du Québec et les universités québécoises à poursuivre le programme de recherche de cet écosystème représentatif du milieu boréal. Mais il n'y a pas eu preneur, notamment à cause de l'éloignement géographique de la station de Matamec par rapport aux grandes universités du Québec, et des coûts engendrés par le fonctionnement d'une telle station. Néanmoins, le ministère de l'Environnement de l'époque prit la sage décision de consacrer ce territoire « réserve écologique », ce qui allait avoir pour effet de le protéger contre toute forme de développement et de lui conférer un caractère de témoin d'un écosystème en milieu boréal. La création de la réserve écologique de la rivière Matamec, qui est dotée d'une base de connaissances scientifiques de premier niveau, aura été le plus bel héritage de cette station de biologie.

Au milieu des années 1990, à l'initiative de l'ALCAN, une station de recherche fut mise en service aux abords de la rivière Sainte-Marguerite (Saguenay). Elle regroupe des chercheurs de différentes universités québécoises sous la dénomination de Centre interuniversitaire de recherche sur le saumon atlantique (CIRSA). Les travaux de ces chercheurs donnent lieu à un foisonnement de publications et à l'explosion d'une diplomation rare dans ce domaine. On trouvera une présentation de cette station de recherche un peu plus loin dans ce chapitre.

Hydro-Québec

Le 30 août 1962, le gouvernement de Jean Lesage décidait « de demander au peuple du Québec un mandat péremptoire pour unifier les réseaux d'électricité de la province », ce qui fut fait en décembre de la même année. Le développement social et industriel du Québec appelait donc le développement des ressources hydro-électriques, ce qui amena la société d'État à examiner la possibilité d'harnacher un certain nombre de rivières, dont certaines rivières à saumon.

La société Hydro-Québec a investi d'énormes sommes d'argent dans des études d'avant-projet d'aménagement hydro-électrique sur des rivières à saumon. C'est ainsi que, entre 1980 et 1995, des travaux furent entrepris pour caractériser les habitats du saumon de l'ensemble des rivières de la Côte-Nord, pour étudier les caractéristiques démographiques et biologiques du saumon du fleuve Koksoak, et pour évaluer l'impact possible d'un projet hydro-électrique qui toucherait deux tributaires de la rivière Moisie. Depuis ce temps, Hydro-Québec poursuit ses efforts pour analyser les populations des rivières Bersimis et Romaine, sur la Côte-Nord. Notons que les travaux scientifiques réalisés par Hydro-Québec sont le plus souvent effectués à contrat par des firmes d'experts-conseils.

Il convient donc d'ouvrir une parenthèse sur le rôle joué par les scientifiques au service des firmes de consultation en environnement et ingénierie. Certaines de ces firmes ont développé une expertise de premier ordre sur le saumon atlantique. Nous citerons notamment les firmes Gilles Shooner Environnement et Naturam, qui ont toutes deux fusionné avec la société GENIVAR. Nous pouvons y ajouter les firmes Pesca Environnement, AIM et Environnement illimité. Les chercheurs employés par ces firmes, des diplômés des universités québécoises qui poursuivent des carrières scientifiques dans le secteur privé, contribuent à l'avancement de la connaissance scientifique sur le saumon, le plus souvent en réalisant des études d'impact relatives à des projets de développement susceptibles de toucher les rivières à saumon.

Les études sur le fleuve Koksoak apportèrent plusieurs connaissances nouvelles sur la biologie du saumon dans l'Ungava, où cette espèce se trouve à la limite septentrionale de son aire de répartition en Amérique du Nord. Les travaux de Jean A. Robitaille et de Gilles Shooner, de Gilles Shooner Environnement, d'Yvon Côté et d'Imre Babos, du ministère du Loisir, de la Chasse et de la Pêche du Québec, et de Gaétan Hayeur, d'Hydro-Québec, montrent que, de façon tout à fait surprenante, on trouvait sur les mêmes tronçons de rivière des saumons d'eau douce, des saumons à migration marine et une forme intermédiaire, représentée par des saumons à migration estuarienne. C'est comme si l'espèce, en marge de son écoumène et dans des conditions extrêmes, avait adopté une stratégie pluraliste pour assurer sa survie, une situation qui a également été constatée dans les rivières du nord de la Russie.

La caractérisation des habitats de saumon juvénile sur la Côte-Nord conduisit au raffinement de la technique d'évaluation de l'habitat par photo-interprétation, ce qui enclencha plusieurs développements nouveaux dans ce domaine, autant sous l'aspect du repérage des habitats que sous celui de leur modélisation mathématique (Michel Leclerc, INRS). Ces recherches ont conduit à l'élaboration d'un modèle complexe d'habitat des jeunes saumons et à des simulations informatiques des effets pressentis du détournement des deux tributaires de cette rivière. Enfin, les études sur la Moisie de Frédéric Lévesque (GENIVAR) aboutirent, pour la première fois, à une évaluation scientifique de l'abondance du saumon dans cette rivière par hydroacoustique. Tout compte fait, le projet de développement hydro-électrique sur la Moisie ne vit pas le jour, mais les retombées des études préliminaires, du point de vue de l'évolution des connaissances sur le saumon, demeurent un acquis indiscutable.

La recherche gouvernementale actuelle

Avec les années 1970, à la faveur de la modernisation de la fonction publique québécoise et du mouvement de « déclubage », et parallèlement au développement de la pêche sportive au saumon, le gouvernement du Québec a senti la nécessité de recruter des biologistes pour assurer la gestion scientifique de cette espèce. Des postes de biologistes-chercheurs et de biologistes-gestionnaires des populations de saumon furent créés, les uns pour favoriser l'accroissement des connaissances nécessaires à la gestion des stocks, les autres pour évaluer les populations de saumon et gérer les activités de pêche.

Les travaux de Bertrand Tétrault et d'Yvon Côté réalisés entre 1970 et 1977 permirent de déterminer la contribution des stocks québécois aux pêches du Groenland et de Terre-Neuve, dans le cadre d'une action concertée avec les provinces maritimes du Canada afin d'obtenir une réduction des captures à ces deux endroits. La réalisation de programmes d'inventaires de saumon juvénile a conduit à une première évaluation de l'habitat des alevins et tacons dans les rivières du Bas-Saint-Laurent et de la Gaspésie. Des méthodes d'énumération des saumons adultes ont été mises en place dans un très grand nombre de rivières, afin d'évaluer le potentiel reproductif de chacune des cohortes annuelles

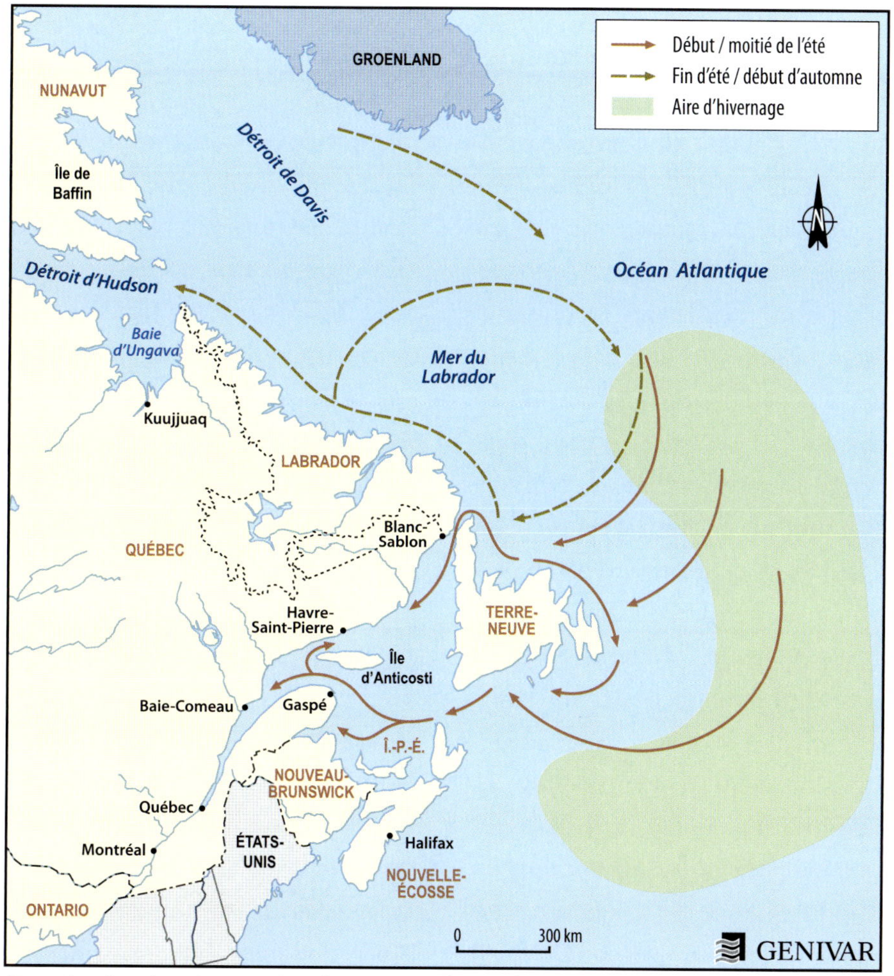

Les voies de migration marine du saumon du Québec adaptées d'une carte de Pêches et Océans Canada et d'après Y. Côté (1972 à 1980).

de saumons. Toute cette activité d'acquisition de connaissances a débouché sur l'élaboration d'un premier modèle de gestion de l'exploitation sportive « rivière par rivière » et à son expérimentation dans la région du Bas-Saint-Laurent — Gaspésie au cours des années 1980-1984, en s'appuyant sur les concepts élaborés par Camille Pomerleau, Yvon Côté et Grégoire Ouellet en 1978. Ce modèle a été appliqué à la grandeur du Québec à partir de 1984 comme l'ont rapporté Nicole Samson et Jean-Pierre leBel en 1990 et Charles Banville et Gilles Shooner en 1992.

Parallèlement aux études portant sur les stocks de saumons, d'importants efforts de recherche sont également faits à l'époque pour tenter d'évaluer quantitativement le résultat des ensemencements de saumons juvéniles dans les rivières du Québec. En effet, depuis les travaux pionniers de Richard Nettle, la salmoniculture a pris, au Québec, une part importante dans les techniques de gestion des populations de saumon. Serge Gonthier et Yvon Côté ont rapporté en 1986 le résultat de ces travaux à l'occasion d'un colloque sur l'élevage et l'ensemencement du saumon atlantique. Il en résultera un ajustement des pratiques d'élevage et des normes d'ensemencements de saumons juvéniles. Cependant, l'opportunité d'intervenir par le biais de jeunes saumons produits en élevage contrôlé demeure toujours un sujet d'actualité.

Les nouvelles connaissances qu'apportent la génétique (voir plus loin les études du CIRSA) et l'étude de la dynamique de populations depuis une vingtaine d'années indiquent cependant que la pisciculture, tout en étant l'un des outils dont doit disposer le gestionnaire des pêches, n'est pas pour autant la panacée et doit être utilisée avec circonspection. Nonobstant le fait que la pisciculture n'a plus la faveur qu'elle avait dans l'arsenal des gestionnaires de stocks de saumon, on se doit de mentionner le nom d'Yvan Turgeon, biologiste du gouvernement du Québec, qui contribua au cours des trente dernières années à l'amélioration des méthodes d'élevage du saumon au Québec afin de produire les poissons les plus aptes à soutenir les populations indigènes de saumon.

À partir de 1984, François Caron dirigea un programme de recherche sur deux rivières dites « témoins », l'une sur la Côte-Nord (rivière de la Trinité), l'autre en Gaspésie (rivière Saint-Jean), afin d'assurer un suivi plus détaillé des populations de saumon, d'affiner le modèle de gestion et de le fonder sur plus de données provenant des rivières à saumon du Québec. En 1999, François Caron proposa effectivement l'adoption de nouveaux seuils de conservation et de cibles de gestion pour les rivières à saumon du Québec.

Le suivi de l'évolution des stocks de saumons depuis 1984

À la suite de l'abolition du Conseil du saumon, qui depuis 1968 avait centralisé la collecte des statistiques de captures de saumon, autant pour la pêche sportive que pour la pêche commerciale, cette tâche avait connu un certain flottement en 1982 et 1983. Puis, en 1984, dans la foulée des nombreuses modifications apportées à la gestion du saumon cette année-là, la responsabilité de produire ces statistiques annuelles fut confiée à l'équipe de François Caron, qui sut améliorer, élargir et publier chaque année une base de données « saumon ». Effectivement, même si le gouvernement avait recueilli régulièrement jusque-là des données statistiques, celles-ci n'avaient pas fait l'objet d'une divulgation publique, de sorte que plusieurs informations importantes demeuraient, et demeurent encore aujourd'hui, dans les dossiers administratifs du gouvernement, exception faite de blocs de données qui ont pu être publiées à l'occasion de travaux particuliers de recherche.

L'ensemble de ces données statistiques, associé aux nombreuses autres observations à caractère scientifique qui ont été accumulées depuis 1984, permet à présent d'avoir une vision plus précise de l'évolution des populations de saumon depuis cette date. Nous avons dit précédemment que les populations de saumon du Québec avaient subi des hauts et des bas et que, depuis une quarantaine d'années, elles étaient probablement en déclin, mais il n'y a pas d'analyse scientifique pour soutenir cette affirmation. Le travail réalisé par François Caron et ses collaborateurs apporte les premiers éléments de réponse à cette question de l'évolution des stocks de saumon.

Comment dénombrer les saumons dans une rivière

Outre la pêche sportive, le fait le plus impressionnant observé depuis des siècles chez le saumon atlantique est le retour des adultes dans leur rivière d'origine, franchissant les rapides des cours d'eau ou encore se rassemblant, parfois en grand nombre, dans certaines fosses aux eaux limpides. Les scientifiques ont rapidement vu dans ce phénomène un avantage incomparable pour suivre annuellement les effectifs de saumons de retour pour la fraie.

En effet, si l'on connaît le nombre d'individus qui remontent une rivière, par exemple en les comptant dans une passe migratoire ou en les capturant dans un piège situé près de l'embouchure, et que l'on en soustrait le nombre de ceux capturés en rivière, on obtient le nombre de reproducteurs disponibles. On peut également, dans les rivières aux eaux claires, descendre toute la section utilisée par le saumon et compter le nombre de saumons présents dans le cours d'eau juste avant la période de reproduction à partir d'un canot ou, encore mieux, en plongée, en utilisant un masque et un tuba. Lors de ces observations, on peut distinguer par leur taille les madeleineaux (saumons qui reviennent après un seul hiver en mer) des grands saumons (qui ont passé deux ou trois hivers en mer). La désignation de grands saumons inclut également des saumons qui vont frayer pour la première fois et certains individus qui ont frayé au cours des années précédentes et qui reviennent pour frayer à nouveau.

L'évolution du nombre de reproducteurs et du nombre de retours depuis 1984

Les saumons remontent dans 118 rivières au Québec, dont certaines en milieu peu accessible — on pense ici à l'Ungava, à la Basse-Côte-Nord et à certaines rivières aux eaux fortement teintées par les acides humiques, ce qui rend impossible l'observation directe des saumons. Le comptage des saumons ne peut donc pas se faire dans toutes les rivières. À l'instigation de François Caron, Jérôme Guillouët, dans un travail réalisé en 1993, a montré qu'il y avait une forte corrélation entre certaines variables : par exemple et comme il semble logique, le nombre de saumons capturés par les pêcheurs sportifs est proportionnel à l'effort de pêche et à l'abondance de l'espèce. Il y a souvent une correspondance importante quant à l'abondance des saumons dans les rivières d'une même région en une même année, ce qui nous permet, à partir de rivières où le comptage est possible, d'extrapoler pour obtenir une évaluation assez fidèle de l'abondance du saumon dans les rivières avoisinantes. Il est donc possible d'évaluer avec une certaine fiabilité statistique le nombre d'individus qui reviennent en rivière et, par conséquent, le nombre de reproducteurs qui y sont laissés pour la fraie.

Les remontées totales de saumon pour une rivière donnée se calculent de la façon suivante : on cumule d'abord toutes les captures de saumon, en pêche autochtone, sportive et commerciale, lesquelles font toutes l'objet d'une déclaration obligatoire. On ajoute ensuite à ces chiffres un nombre de saumons qui pourraient ne pas avoir été déclarés et une estimation des captures accidentelles en mer faites par des engins qui visaient d'autres espèces. Le calcul se complète par l'addition du nombre de saumons qui, ayant échappé à tous les modes d'exploitation, sont disponibles pour la reproduction. Bien entendu, la précision de ce calcul n'est pas absolue, de sorte qu'il faut en tenir compte dans l'analyse des données — mais le portrait global obtenu est sans doute assez représentatif de la réalité.

Les deux illustrations ci-contre montrent : l'une, la variation annuelle du nombre de saumons dans les montaisons depuis 1984, tant pour les madeleineaux que pour les grands saumons; l'autre, la variation annuelle du nombre des reproducteurs laissés en rivière. L'examen de ces graphiques appelle un certain nombre de commentaires. Tout d'abord, on note que les remontées de grands saumons ont connu un fort déclin depuis le début des années 1990, passant de 80 000 à 60 000, puis à 40 000 au cours des dix dernières années. Par contre, le déclin des madeleineaux n'est pas aussi prononcé, n'étant passé que de 40 000 à 30 000.

Autre remarque intéressante, le nombre de reproducteurs a connu une baisse moins importante que celle qu'on a observée pour les cohortes auxquelles ils appartiennent, particulièrement dans le cas des grands saumons. L'explication en est assez simple : des mesures restrictives sont prises au besoin pour réduire la capture de grands saumons en pêche sportive, notamment en obligeant leur remise à l'eau dans certaines circonstances. Ces mesures ont permis de réduire le taux d'exploitation des saumons de retour en rivière, et ainsi d'y maintenir à un meilleur niveau l'effectif des reproducteurs.

La détermination d'un seuil de conservation par rivière

Connaître la variation interannuelle du nombre de reproducteurs constitue déjà un indice fort intéressant de l'évolution des populations de saumon. Mais gérer un stock est une tout autre affaire. Combien doit-on laisser de saumons en rivière pour assurer le renouvellement des stocks ? Pour

ÉVALUATION POUR L'ENSEMBLE DU QUÉBEC DU NOMBRE DE RETOURS DE SAUMON AVANT LA PÊCHE ET DU NOMBRE DE SAUMONS REPRODUCTEURS, 1984-2007

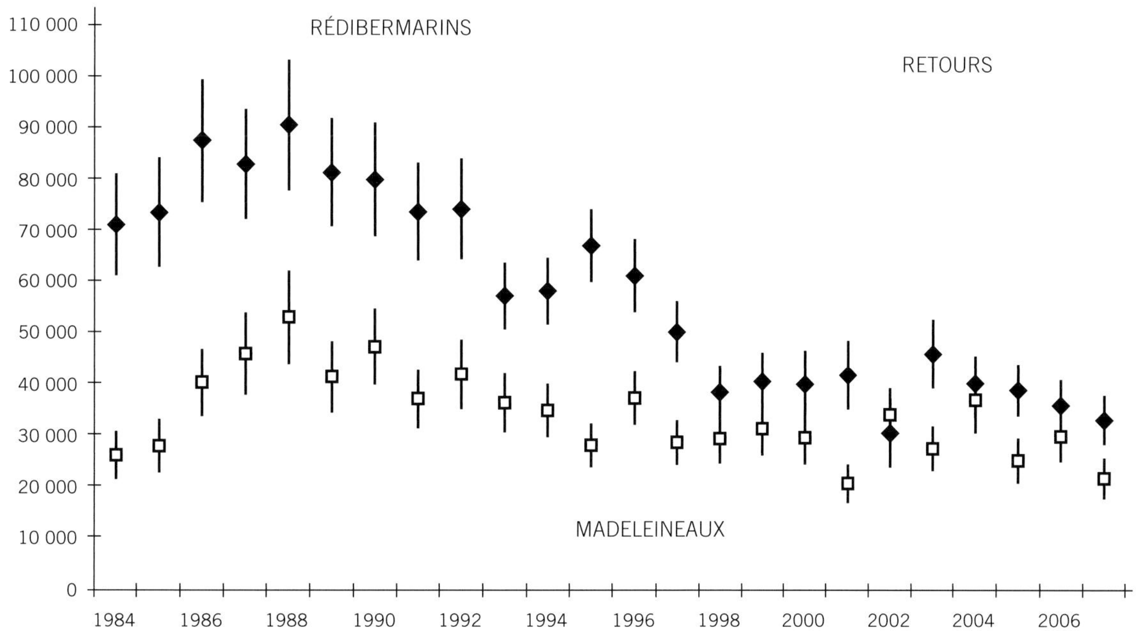

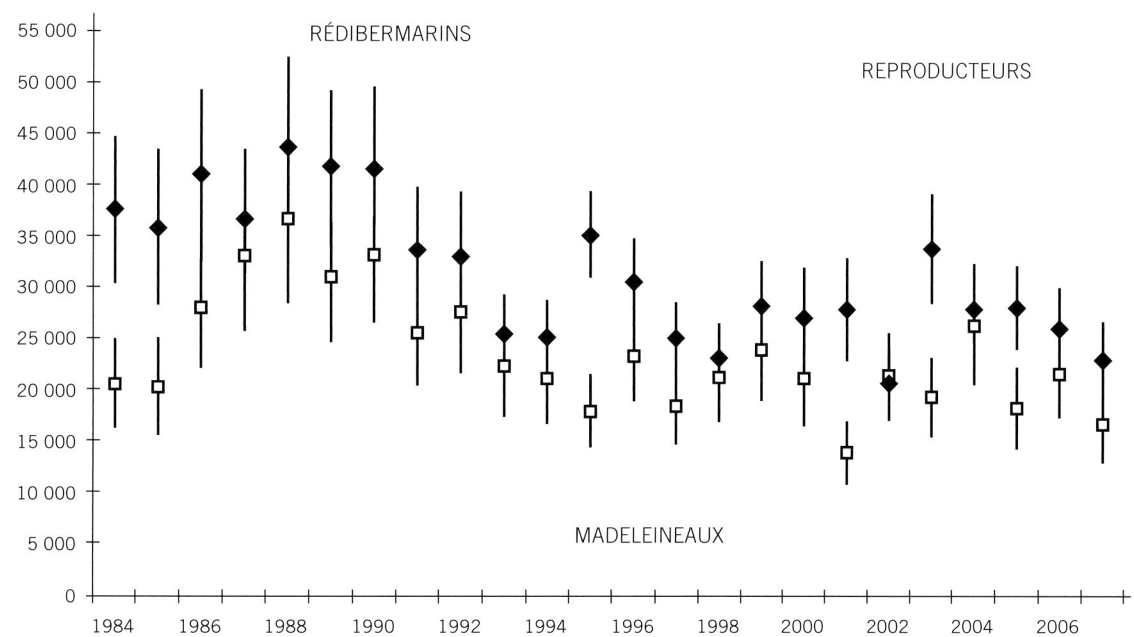

RELATION ENTRE L'ABONDANCE DES SAUMONS REPRODUCTEURS
ET CELLE DE LEUR DESCENDANCE À L'ÉTAT ADULTE

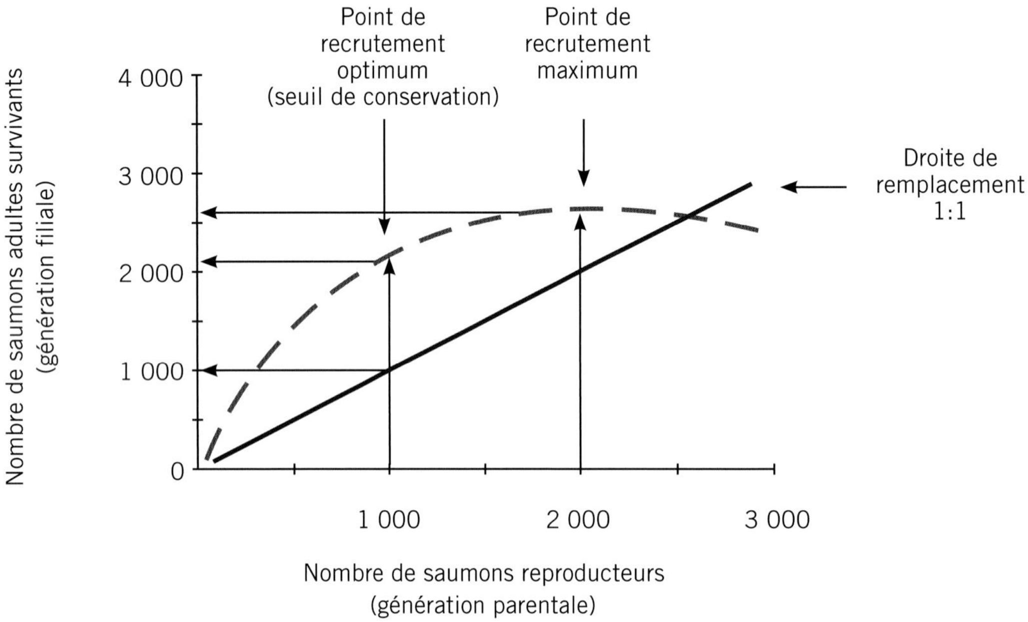

répondre à cette question, il faut d'abord vérifier s'il y a un lien entre l'abondance des reproducteurs et le nombre de saumons adultes qui en sont issus quelques années plus tard (traits espacés sur le graphique ci-haut). Des séries temporelles de données fiables étaient disponibles pour six rivières représentatives. François Caron et ses collaborateurs procédèrent donc à l'analyse de ces données, qui démontraient justement l'existence d'un lien entre le nombre de reproducteurs et leur descendance après quelques années. De plus, ces travaux permirent aux chercheurs de définir un seuil de conservation, c'est-à-dire le nombre minimal de saumons qu'il faut conserver en rivière pour obtenir un point de recrutement optimum dans les générations futures. Lorsqu'une cohorte de saumons se situe au-delà de ce seuil minimal, l'exploitation du stock devient possible. En deçà de cette valeur, il faut protéger les saumons contre toute forme d'exploitation pour en assurer la conservation.

Comme l'intention de la gestion est de tenir compte spécifiquement de chacune des rivières à saumon sur la base de ses propres caractéristiques, il a fallu trouver une méthode d'extrapolation des résultats de ces six rivières représentatives à appliquer à l'ensemble des rivières du Québec. Le seuil de conservation devait alors s'exprimer non pas en nombre de saumons, mais en nombre d'œufs nécessaires pour assurer la perpétuation du stock. Ce nombre d'œufs a été ensuite calculé par rapport à la quantité et à la qualité des habitats favorables à la production de saumons juvéniles pour ces six rivières.

Grâce à cet exercice, on a pu établir une norme pour assurer le renouvellement des populations de saumon. Ainsi, en moyenne, à des fins de conservation, il faut assurer une déposition de 1,67 œuf par unité de production salmonicole (une unité correspond à l'équivalent d'un mètre carré d'habitat de qualité optimale pour le saumon juvénile). Par la suite, connaissant la quantité d'habitat favorable à la production de jeunes saumons pour chacune des rivières, une donnée relative facile à obtenir par photo-interprétation, il suffit d'appliquer la norme de conservation au nombre total d'unités salmonicoles calculé pour connaître le nombre d'œufs requis. De là, cette valeur peut être traduite, au besoin, en nombre de reproducteurs requis pour la conservation de la ressource dans chaque cas respectif.

La gestion du saumon se fait donc sur cette base de calcul. Là où le nombre de reproducteurs est inférieur au seuil de conservation, des mesures restrictives sont prises pour réduire, voire interdire, la capture de grands saumons. *A contrario*, lorsque le nombre de reproducteurs est suffisant, on autorise la capture des madeleineaux et des grands saumons.

Les rivières témoins

Les calculs dont il est fait état précédemment doivent tenir compte à la fois des facteurs d'habitat et des caractéristiques biologiques des saumons juvéniles et adultes. Par exemple, en ce qui concerne les habitats, tous ne sont pas propices aux jeunes saumons dans une rivière à saumon; des distinctions s'imposent. En outre, il faut être en mesure de relier l'importance et la qualité des habitats à l'abondance de la production de saumoneaux qui émigrent vers la mer. En ce qui concerne les caractéristiques biologiques des saumons adultes, il faut savoir distinguer les mâles des femelles, dont la proportion n'est pas la même chez les madeleineaux que chez les grands saumons. Il faut aussi évaluer la fécondité des femelles. Il faut de plus savoir si ces caractéristiques sont stables dans le temps, ou si elles varient; dans ce dernier cas, il faut savoir en fonction de quoi. Bref, il existe une foule de déterminants qui entrent dans les calculs de dynamique des populations de saumons.

C'est pourquoi, au cours des vingt dernières années, François Caron et son équipe ont compilé un nombre important de données sur l'évolution des populations de saumon pour deux rivières témoins. Il n'aurait pas été réaliste de chercher à obtenir toutes les données requises à la gestion des stocks de saumon pour toutes les rivières du Québec, ce qui explique la décision de choisir deux rivières témoins, en deux régions biogéographiques différentes. L'une était située au sud du Saint-Laurent (la rivière Saint-Jean, près de Gaspé), et l'autre, sur la rive nord (la rivière de la Trinité, à mi-chemin entre Baie-Comeau et Sept-Îles). À ces deux endroits, des données ont été amassées sur l'abondance annuelle des montaisons de saumons, ainsi que sur la proportion de madeleineaux et de grands saumons, la proportion des mâles et des femelles, la fécondité des femelles, l'abondance des saumoneaux en migration printanière. De la sorte, on a pu relier le nombre de saumons reproducteurs au nombre des saumoneaux émigrants. Des données ont également été recueillies sur les caractéristiques d'habitats, ce qui a permis d'affiner la définition d'habitat propice à la production de jeunes saumons.

À titre d'exemple, les données accumulées depuis vingt ans montrent que les madeleineaux comprennent un très faible nombre de femelles : seulement 1 % dans les rivières au sud du Saint-Laurent comme la Saint-Jean, et 10 % sur la rive nord, dans la rivière de la Trinité. Les résultats indiquent que les caractéristiques peuvent varier quelque peu d'une année à l'autre, mais demeurent relativement stables dans le temps. Ainsi, le nombre d'œufs déposés lors de la fraie dépend largement du nombre de grands saumons, d'où l'importance de ce segment de population dans la gestion des stocks.

En 2000, les résultats observés sur vingt ans dans les rivières témoins ont été utilisés pour revoir et affiner la méthodologie d'évaluation du seuil de conservation pour les rivières du Québec, de même que pour refaire les calculs relatifs à cette valeur en employant des données plus précises qu'auparavant. Ce travail a fait l'objet d'une présentation, à l'échelle internationale, au Conseil international pour l'exploration des mers (CIEM), et sert à présent de base de gestion pour le saumon du Québec.

La grande boîte noire de la mer s'ouvre

Les travaux réalisés sur les rivières témoins démontrent que les rivières en général ont continué à produire un nombre élevé de jeunes saumons au moment de la migration marine. Ce fait est attribuable à la fine gestion des cours d'eau qui est faite au Québec, laquelle a permis de maintenir le nombre de reproducteurs aussi près que possible du seuil de conservation et souvent même de le dépasser, même si les retours de saumons adultes ont continué de diminuer.

Or, le déclin des stocks de saumons s'est produit non seulement au Québec, mais a été observé dans toute l'Amérique du Nord et dans les pays de l'Atlantique Nord, comme le rapportait le CIEM en 2007. C'est ce qui amène la plupart des chercheurs à conclure que le déclin des stocks serait dû à une diminution de la survie en mer, diminution elle-même causée soit par une dégradation de l'habitat marin au sens large, soit par une augmentation du nombre de prédateurs du saumon. Dans les deux cas, ce ne sont actuellement que des hypothèses, auxquelles la recherche tente d'apporter des réponses.

Si la vie des saumons en rivière est relativement bien connue, ce n'est que récemment, à mesure des avancées technologiques, que l'on a commencé à en savoir davantage sur la vie des saumons lorsque s'amorce leur migration vers la

François Martin, un récepteur VR2 à la main.

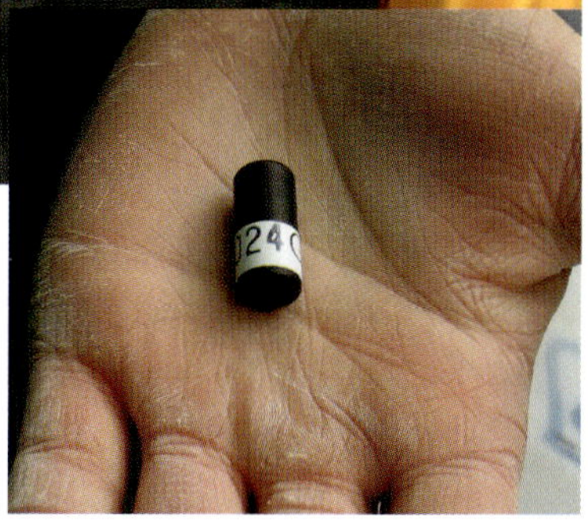

Un des émetteurs utilisés durant l'expérience.

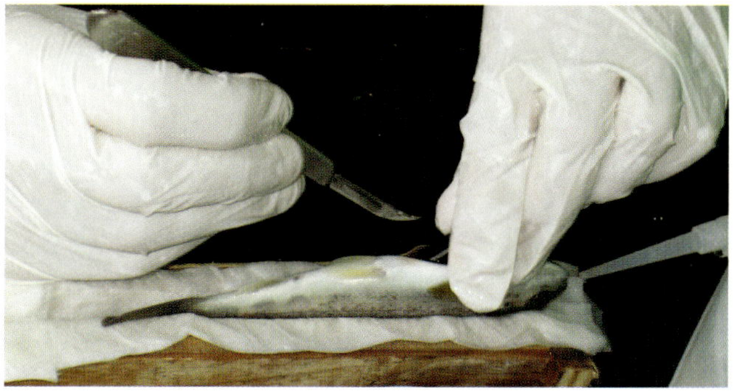

Un saumoneau sur la table d'opération.

mer. Ainsi, on a réussi à implanter des émetteurs ultrasoniques dans la cavité abdominale de saumoneaux et de saumons noirs (saumons au stade postfraie). Par ailleurs, des appareils de repérage ont été déployés dans l'estuaire du Saint-Laurent et dans la baie de Gaspé, ainsi qu'entre le Labrador et l'île de Terre-Neuve.

Au sortir de la rivière, le déplacement des saumoneaux est relativement passif, se faisant principalement de nuit au gré du courant. Lorsqu'ils atteignent la zone de marée, leurs déplacements pour sortir de l'estuaire sont encore en fonction des courants, surtout au jusant de la marée, de jour ou de nuit, mais tout de même avec une préférence pour la nuit. Dès que les saumoneaux perçoivent l'eau salée, leur comportement change, et leurs mouvements s'accélèrent en direction du milieu marin. Voilà essentiellement ce que nous savons, pour le moment, du premier départ des jeunes saumons vers la mer.

Qu'en est-il des saumons qui effectuent leur seconde migration après avoir frayé ? La migration de 24 saumons noirs, capturés dans l'estuaire de la rivière York entre le 2 et le 4 mai 2007, a également fait l'objet d'un suivi télémétrique. Après avoir été libérés, ces saumons sont demeurés quelque temps aux environs de leur site de capture. Puis, en l'espace d'un mois, entre le 9 mai et le 9 juin, ils sont sortis de l'estuaire pour atteindre la baie de Gaspé, qu'ils ont quittée en moins de quatre jours. Treize de ces saumons ont ensuite été repérés entre le 1er et le 15 juillet par une équipe dirigée par le Dr Fred Whoriskey dans le détroit de Belle-Isle, à l'endroit où la distance entre Terre-Neuve et le continent est de 20 km. Ces saumons noirs ont donc mis de 29 à 62 jours pour parcourir au moins 650 km (distance calculée en ligne droite), ce qui porte leur vitesse minimale de croisière entre 0,5 et 1,0 km/h. Ces saumons sont passés au large aussi bien que près des côtes, mais presque tous à moins de 2 mètres de la surface.

François Caron avait déjà établi en 1983 que des saumoneaux quittaient le golfe du Saint-Laurent en empruntant principalement cette voie. Robert Lagueux, en 1953, en était arrivé à la même conclusion pour les saumons au stade postfraie. Toutefois, les données obtenues par télémétrie sont infiniment plus précises et révèlent, grâce à cette technologie, beaucoup plus d'informations sur le comportement des saumons que la méthode de marquage utilisée lors des premières recherches. Cette percée et le progrès qui s'ensuivra pourront très certainement permettre de lever le voile sur un stade de vie du saumon à l'égard duquel les connaissances scientifiques restent très limitées.

La génétique révèle encore davantage

D'importantes études sur la génétique du saumon ont fait l'objet d'une coopération entre le laboratoire de Louis Bernatchez, de l'Université Laval, et les divers gouvernements impliqués dans la gestion du saumon au Québec, dans les Maritimes et au Groenland. Plusieurs informations peuvent être tirées de ces études, dont celles-ci, qui semblent particulièrement importantes pour la gestion des stocks.

Mélanie Dionne et ses collaborateurs ont montré tout récemment que chaque rivière possédait au moins un stock de saumon qu'il est possible de distinguer génétiquement; certaines grandes rivières possèdent plus d'un stock, chaque tributaire important pouvant avoir un stock particulier, comme c'est le cas pour les tributaires Ouapetec et Nipissis de la rivière Moisie. Même si le bagage génétique des saumons d'une rivière est légèrement distinct de celui d'une rivière voisine, on peut tout de même regrouper les saumons du Québec en sept grandes régions, de ce point de vue.

Cette information étant acquise, il devenait logique d'étendre l'investigation au-delà des frontières québécoises. Depuis plusieurs années, une équipe internationale, à laquelle participe le Québec, échantillonne les saumons capturés au Groenland. Il importe de savoir si certaines régions du Québec sont plus vulnérables à l'exploitation en mer que d'autres. Une étude menée par Marika Gauthier-Ouellet en 2008 a permis de constater que ce n'était pas le cas. Les saumons en provenance du Québec y sont capturés en proportions similaires, quelle que soit leur région d'origine, sauf peut-être ceux de l'Ungava. Dans ce dernier cas, on sait aussi que le cycle de vie des saumons de cette région est tout à fait particulier, que certains individus demeurent dans les estuaires de la baie d'Ungava au lieu de migrer loin des côtes et, conséquemment, qu'ils doivent moins contribuer aux pêches faites dans les eaux du Groenland, que ceux qui proviennent d'autres régions du Québec.

Le CIRSA donne un nouvel élan à la recherche

La réalisation d'une idée

Au milieu des années 1990, Gilles Duhaime et Jacques Gagnon, deux grands passionnés du saumon et de la pêche au saumon, constatant le déclin des populations de saumon et ne pouvant se résoudre au fait que le Québec n'ait aucun programme universitaire de recherche consacré à cette espèce, décidèrent de relancer l'idée d'une station de recherche qui lui serait consacrée. Profitant du soutien indéfectible de la compagnie ALCAN, leur ancien employeur, et avec l'appui de la Fédération québécoise pour le saumon atlantique (FQSA), ils réussirent à convaincre les dirigeants du ministère des Ressources naturelles et de la Faune du Québec (à l'époque nommé ministère de l'Environnement et de la Faune), de la Fondation de la faune du Québec, du ministère du Développement économique du Québec ainsi que de Développement économique Canada, du bien-fondé d'un investissement dans le secteur de la recherche universitaire sur le saumon, et de l'opportunité pour ces organismes de contribuer aux fonds de démarrage de cette nouvelle entreprise de recherche.

Parallèlement, il fallait établir le créneau de recherche spécifique de cette station et intéresser les différentes universités du Québec à ce projet. Au terme de consultations auprès d'un certain nombre de personnes, la mission retenue pour la future station fut définie comme : l'étude des facteurs environnementaux et génétiques qui contrôlent la production des saumons en eau douce à tous les paliers de l'écosystème. L'idée du projet eut vite fait de rallier les dirigeants de plusieurs universités. En effet, en l'espace de quelques mois, il a été possible de réunir une équipe pluridisciplinaire de chercheurs venant de cinq universités québécoises. L'équipe initiale était composée de Julian Dodson (U. Laval) comme directeur de recherche, Louis Bernatchez (U. Laval), Daniel Boisclair (U. Montréal), Michel Lapointe (U. McGill), Michel Leclerc (INRS), Asit Mazumder (U. Montréal), Joseph Rasmussen (U. McGill) et Marco Rodriguez (UQAR), auxquels se sont joints par la suite Normand Bergeron (INRS), Pierre Magnan (UQTR) et André St-Hilaire (INRS). Formée de spécialistes en biologie, géomorphologie, écohydraulique, hydrologie et géomatique, cette équipe allait pouvoir aborder de façon exhaustive l'étude du saumon atlantique et de son habitat.

La première programmation (1995-1999)

À l'été 1995, le résultat de ces efforts donna lieu à l'inauguration officielle du Centre interuniversitaire de recherche sur le saumon atlantique (CIRSA) et de sa station de recherche située sur les bords de la rivière Sainte-Marguerite, près de Sacré-Cœur-sur-le-Fjord-du-Saguenay.

Profitant des infrastructures exceptionnelles d'hébergement et de travail offertes par la station de recherche, des groupes d'étudiants, de stagiaires et de professeurs entreprirent des projets de recherche portant sur le thème central de la programmation scientifique initiale du CIRSA. Cinq thèmes furent étudiés dans ce cadre : (1) la qualité de l'habitat; (2) le réseau trophique; (3) la génétique des populations; (4) la structure démographique des populations; (5) le déterminisme de l'anadromie chez l'omble de fontaine, ses implications pour la gestion et ses interactions avec le saumon. Durant cette période, ce sont plus de vingt projets de recherche interreliés qui furent menés à bien, principalement sur la rivière Sainte-Marguerite.

La programmation de seconde génération (2000-2005)

En 2000, des ajustements au programme de recherche furent décidés afin de mieux répondre aux attentes des instances gouvernementales et des gestionnaires de rivières à saumon. La nouvelle orientation reflétait mieux les préoccupations des responsables de la gestion et de la conservation des populations de saumon des rivières du Québec et d'ailleurs. Ainsi, les travaux de recherche furent étendus à un plus grand nombre de rivières situées dans plusieurs régions de la province (Saguenay, Côte-Nord, Gaspésie, Charlevoix), dans le maintien cependant d'un caractère de recherche fondamentale qui avait pour objectif une production scientifique de haut niveau. Les projets de recherche furent alors regroupés sous trois grands thèmes : (1) la qualité et l'aménagement des habitats; (2) l'efficacité des méthodes de repeuplement; (3) le déterminisme de l'abondance des stocks.

Le programme de troisième génération (depuis 2006)

En 2006, ce programme a de nouveau fait l'objet d'une réorientation, pour permettre de mieux cibler les préoccupations contemporaines, comme le développement durable et la conservation de la biodiversité. En plus de poursuivre ses travaux de recherche sur un grand nombre de rivières du Québec, le CIRSA a élargi ses activités à plusieurs autres espèces de salmonidés et à leurs écosystèmes. À partir de là, les projets de recherche du CIRSA ont été axés sur les thèmes suivants : (1) les habitats et la productivité (intégration du micro-habitat au paysage fluvial, dynamique des populations, cycle vital, migrations); (2) les caractéristiques de base des stocks de saumon québécois (documentation de l'abondance, croissance, caractéristiques biologiques, structure démographique et migration à tous les stades de vie de l'espèce); (3) la conservation de la diversité génétique et phénotypique des salmonidés (gestion génétique des stocks, adaptation aux milieux fluvial et marin, structure des communautés, espèces menacées); (4) les impacts anthropiques sur les salmonidés et leurs écosystèmes (effets des coupes forestières, urbanisation, agriculture, hydroélectricité, aquaculture côtière, changements climatiques;

(5) le développement d'outils d'analyse et d'intervention (logiciels, techniques de restauration).

Quelques-uns des résultats obtenus

Depuis ses débuts en 1995, le CIRSA a produit de multiples résultats de recherche, qui ont été publiés dans les plus prestigieuses revues scientifiques et présentés dans les congrès scientifiques nationaux et internationaux.

Sur le plan de la qualité et de l'aménagement des habitats fluviaux, le CIRSA a effectué une percée marquante en développant une nouvelle approche de modélisation de l'habitat des poissons, qui intègre la modélisation hydrodynamique 2D des vitesses de courant et l'utilisation d'une nouvelle approche probabiliste de sélection des habitats par les saumons juvéniles. Cette nouvelle approche est désormais fréquemment utilisée dans les études d'impact reliées aux modifications de débit des rivières à saumon.

Des études sur la qualité des frayères à saumon, menées tant sur le terrain qu'en laboratoire, ont permis de démontrer l'effet négatif important des sédiments fins de la taille des argiles et des limons sur la survie des embryons de saumon pendant la période d'incubation. Pour contrer la détérioration de la qualité du substrat de fraie par la sédimentation fine, des approches novatrices de nettoyage du substrat ont été mises au point par les chercheurs du CIRSA.

Ces derniers ont également étudié les perturbations à long terme de l'habitat, associées à la rectification des cours d'eau pour les nécessités de la construction de routes. En effet, une étude portant sur les méandres abandonnés lors de la construction, en 1960, de la route reliant Sacré-Cœur à Chicoutimi, a démontré que la réaction de la rivière aux coupures de méandres effectuées a engendré, depuis une cinquantaine d'années, une incision du lit de la rivière d'environ 1 mètre dans sa partie en amont, et une accumulation de sédiments fins pouvant atteindre 2 mètres dans la partie en aval du secteur touché. De plus, ce processus d'ajustement de la rivière, toujours perceptible bien qu'atténué depuis quelques décennies, a fait doubler la taille des sédiments du lit dans le secteur en amont, et a accéléré de façon massive le transport de sable dans tout le secteur. Cette situation met en péril l'utilisation des frayères dont le substrat est devenu, par endroits, trop grossier pour permettre aux femelles de creuser leur nid et, ailleurs, trop ensablé pour permettre aux œufs de « respirer », de se développer et d'éclore.

L'intégration récente, aux outils d'analyse des habitats, de la notion de structure du lit de la rivière à l'échelle des segments de vallée a fait ressortir l'importance de « séquences sédimentaires » qui se répètent de tronçon en tronçon le long du profil de la rivière. Grâce au développement d'une nouvelle méthode de quantification de l'habitat basée sur l'utilisation de photographies aériennes à haute résolution, il a été possible de déceler la présence de ces séquences sédimentaires à grande échelle. Les chercheurs du CIRSA ont prouvé que les séquences sédimentaires jouaient un rôle

VARIATION DE L'ABONDANCE DES TACONS EN RELATION AVEC LA GRANULOMÉTRIE LE LONG DES SÉQUENCES SÉDIMENTAIRES DE LA RIVIÈRE SAINTE-MARGUERITE

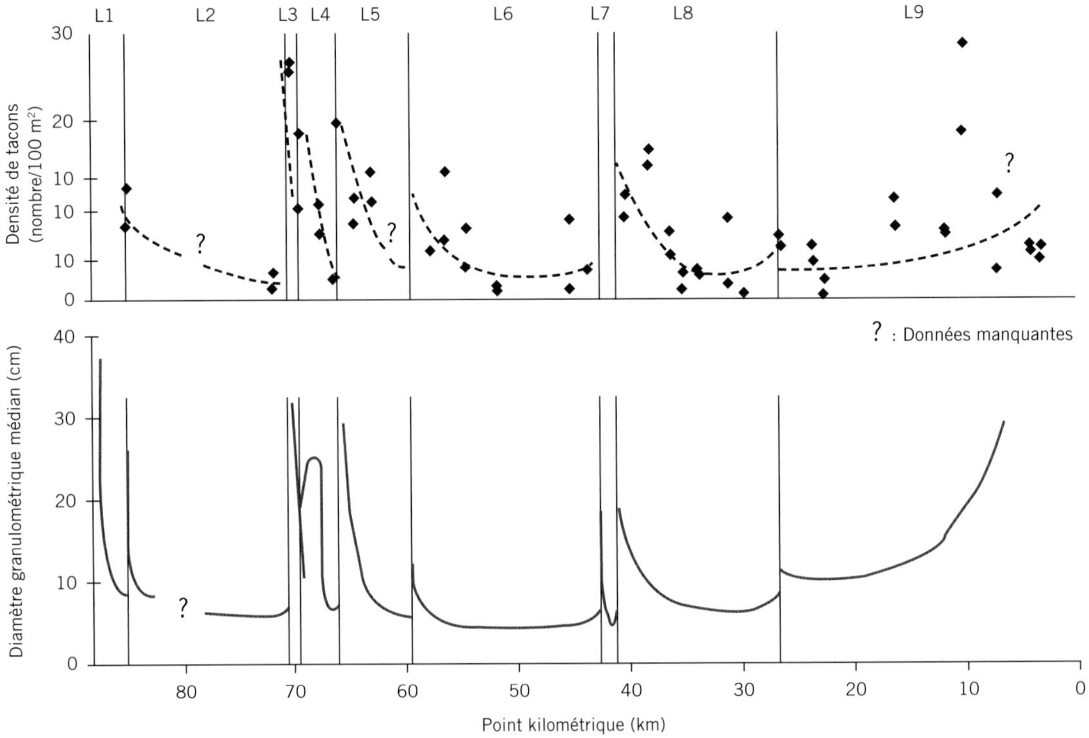

Données de Judith Bouchard, étudiante du laboratoire de Daniel Boisclair, UdeM

primordial dans la distribution spatiale du saumon à ses différents stades de développement. Ainsi, les tacons (saumons juvéniles d'un an et plus) se concentrent dans la partie supérieure des séquences sédimentaires, là où la taille des sédiments du lit est plus grande, tandis que les frayères tendent à être localisées dans les parties centrales des séquences, là où le substrat est assez fin pour être creusé par la femelle, mais où la proportion de sables et de silts est assez faible pour ne pas diminuer la survie des embryons pendant l'incubation.

Les chercheurs du CIRSA ont aussi innové en développant la technologie des transpondeurs passifs (*PIT-tags*) pour le suivi du mouvement des poissons en rivière. Cette technologie a permis de mieux comprendre les déplacements journaliers des saumons juvéniles, de même que leurs réponses aux changements environnementaux, comme le passage des crues, la formation de la glace et les étiages estivaux et hivernaux.

De 2000 à 2004, le CIRSA a instauré un ambitieux projet portant sur la rivière Cascapédia et ses tributaires, et visant à établir les seuils d'exploitation forestière compatibles avec la conservation du saumon. Ainsi, les poissons, les invertébrés benthiques, proies des tacons, ainsi que les sédiments du lit, ont été échantillonnés pendant trois ans, en des centaines de sites en aval de coupes forestières, de différentes superficies, différents âges et contextes topographiques. Cette étude a révélé que les populations de saumon pouvaient être perturbées par des intensités de coupes bien inférieures à celles qui étaient permises à l'époque sur ce territoire.

Sur le plan de la structure démographique des populations de saumon, les études du CIRSA ont constaté que le cycle vital du saumon atlantique était caractérisé par la présence de tacons mâles précoces, qui entrent en compétition avec les mâles adultes lors de la reproduction et parviennent à fertiliser jusqu'à 20 % des œufs.

L'un des plus vastes programmes de recherche de ces dernières années a pour objet l'étude à plusieurs échelles spatiales de la structure génétique de 55 populations de saumon atlantique de l'est du Canada, afin de proposer des unités de conservation pour l'aire de distribution canadienne de cette espèce. Les premiers résultats indiquent que la majorité des rivières à saumon présentent des différences génétiques significatives entre elles, mais qu'il est possible, comme nous l'avons mentionné plus haut, d'identifier sept régions basées sur les distances génétiques observées. De plus, ces sept groupements génétiques sont associés à des caractéristiques environnementales différentes, suggérant ainsi qu'ils pourraient représenter autant de stocks adaptés localement à ces environnements.

Un autre sujet d'étude a trait aux effets controversés, sur la santé et sur la diversité génétique des

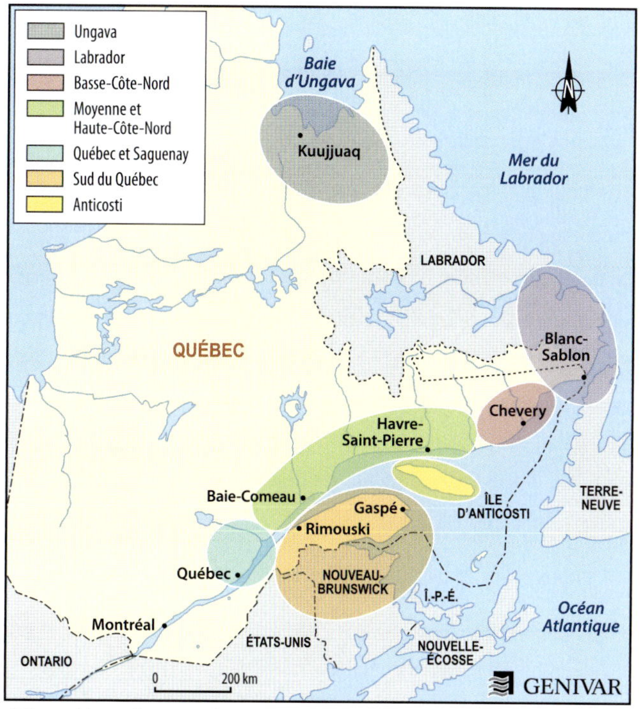

Répartition des populations génétiques de saumon, d'après les recherches de M. Dionne (2008).

populations sauvages de saumons, des ensemencements répétés de saumons juvéniles d'élevage pratiqués dans certaines rivières. Des études sur la rivière Malbaie ont ainsi révélé que la contribution globale à la reproduction par des individus ensemencés a connu une augmentation au fil des années, et que le succès reproducteur des géniteurs de réintroduction y est uniformément plus élevé que celui des géniteurs sauvages. Des études génomiques suggèrent, de surcroît, qu'on ne peut pas présumer d'une rapide dilution des différences génétiques entre saumons d'élevage et saumons sauvages lorsque ces derniers se reproduisent de façon naturelle. En effet, les recherches ont démontré que, en ce qui a trait au niveau d'expression des gènes, les hybrides entre saumons sauvages et ceux d'élevage ne sont pas nécessairement intermédiaires, mais qu'ils pouvaient présenter de nouvelles caractéristiques distinctes de chacune des populations parentales. Il existe donc la possibilité à la fois d'une perte de variabilité génétique et d'une diminution des adaptations naturelles aux conditions environnementales propres à chaque rivière.

La formation des chercheurs

L'un des principaux fers de lance du CIRSA a été et demeure la formation universitaire des étudiants. Depuis ses débuts, le Centre a conduit 14 étudiants au doctorat et 39 étudiants à la maîtrise, et plusieurs étudiants du premier cycle ont été initiés à la recherche en tant qu'assistants. Actuellement, 12 étudiants poursuivent leurs études de doctorat et 12 poursuivent leurs études de maîtrise. Au total, depuis 1995, plus de 270 étudiants de 1er, 2e et 3e cycle universitaire ont reçu au CIRSA une formation de pointe en recherche sur les problèmes scientifiques et les techniques d'étude du saumon et de son milieu, assurant déjà la relève chez les consultants et auprès des agences gouvernementales intéressées par la gestion de cette espèce tant prisée. Les membres du CIRSA ont publié jusqu'à présent 125 articles dans des revues scientifiques reconnues, 52 rapports et articles sans comité de lecture et 51 thèses ou mémoires déposés par ses étudiants diplômés.

Conclusion

En ce début du XXIe siècle, notre société entre inéluctablement dans l'ère de l'adaptation aux « changements globaux », climatiques, écosystémiques et socioéconomiques. Les bouleversements de nos habitudes, de nos attentes historiques, de nos schèmes de pensée et de nos façons de faire s'accélèrent. Les décennies qui viennent exigeront donc que nous acquérions la compréhension la plus profonde possible des multiples interconnections qui rattachent société, écosystèmes et populations de saumon. Il faudra aussi faire preuve de beaucoup d'imagination et de rigueur pour exploiter les techniques les plus novatrices de conservation des stocks et de suivi de la santé des populations de cette espèce.

Faire face à un monde inconnu ou à des situations changeantes de l'environnement afin d'assurer sa survie, servir les besoins de la société, prévoir pour l'avenir, voilà donc le sens profond de tout effort d'acquisition de connaissances et de toute démarche scientifique, désormais. Ces mêmes motivations existaient dans les sociétés amérindiennes à l'époque du contact avec les premiers Européens. Elles étaient présentes chez ces derniers face au Nouveau Monde à découvrir. Elles continuent de justifier tous les processus d'acquisition de connaissances et de recherche dans notre société moderne. La réalité saumon n'échappe pas à cette règle.

Toutefois, à l'encontre des sociétés généralistes comme l'étaient celles des Amérindiens, nos sociétés actuelles confient à des spécialistes de la recherche le travail du développement de la connaissance. Ces chercheurs disposent d'un arsenal de moyens pour établir des faits scientifiquement admis : ils observent la réalité, ils remettent continuellement en cause ce qui semble être un acquis, ils vérifient et contre-vérifient les observations, ils recoupent les informations de différentes sources et ils utilisent des techniques toujours renouvelées d'observation pour regarder sous d'autres angles encore les mêmes réalités. En effet, comme le veut le proverbe, on ne gère bien que ce que l'on connaît bien.

Le programme éducatif Histoire de saumon (développé par la FQSA et la FSA) permet aux élèves de l'école primaire d'acquérir des notions de base sur la biologie du saumon et de poser un geste concret pour la sauvegarde du saumon.

Rivières aux feuilles
2006

St-Gilles

Chapitre 3

Les rivières à saumon du Québec dans l'art canadien et québécois

Marc-Antoine Jean

Si les rivières à saumon font partie du paysage québécois depuis les débuts de la colonie — le paysage étant la représentation et la perception que l'être humain se fait de l'espace —, elles sont apparues bien plus tard dans les images du nouveau continent. Ce n'est qu'après la Conquête et l'arrivée de l'armée britannique que les fosses et les rivières à saumon trouvent leur voie dans l'histoire de l'art canadien.

Les prémices du paysage au Canada

La peinture de paysage fait son entrée au pays avec les militaires britanniques en 1759. De nombreux officiers avaient reçu une formation artistique à l'Académie militaire de Woolwich, en Angleterre, sous la direction, entre autres, du peintre réputé Paul Sandby. Cette formation, essentiellement à l'aquarelle, était nécessaire afin de mettre en images, bien avant l'avènement de la photographie, l'inventaire des possessions acquises aux mains des Français en Amérique du Nord. Ce besoin nécessitait précision et justesse sur le plan de la topographie. « Pour un conquérant, posséder un pays ne se fait pas seulement par les armes. Tous les moyens culturels doivent y contribuer. Le paysage, judicieusement employé, peut faciliter implantation et possession et même, à la limite, l'assimilation ou, ce qui est plus grave parce que plus subtil, l'acculturation. »

C'est ainsi que des images de la ville de Québec et des régions avoisinantes, telles que la Côte-du-Sud, la Côte-de-Beaupré et bien d'autres, furent produites et envoyées en Angleterre. Ce sont également ces images qui vont servir à répandre l'idée d'un territoire grandiose, propice à accueillir de nouveaux habitants qui, eux, parleraient la langue de Shakespeare.

À la fin du XVIIIe siècle et au début du XIXe, le romantisme, né en Allemagne et en Angleterre en réaction à la rigidité du classicisme, bat son plein en Europe. Le règne de l'imagination et de la sensibilité sur toutes les autres facultés s'oppose alors au cadre formaliste, structuré et rigide du classicisme. Ces idées romantiques vont peu à peu gagner la France, l'Espagne et le reste de l'Europe, puis, bien évidemment, l'Amérique. C'est ainsi que la conception d'une nature sublime et sauvage subjuguant les hommes allait influencer la peinture de paysage.

Le territoire canadien s'agrandit, cependant que les expéditions pour capturer les paysages inexplorés de l'Ouest deviennent de plus en plus longues et périlleuses. C'est ainsi qu'une nouvelle génération de peintres explorateurs est née en Amérique. Bien que ces paysages s'éloignent toujours plus des rivières à saumon québécoises, il n'est pas anodin de mentionner l'importance qu'ont eue ces peintres dans l'histoire de l'art canadien. De plus, certains d'entre eux n'ont pas manqué de représenter des paysages québécois, les intégrant ainsi dans la grande peinture canadienne.

Une nouvelle esthétique s'installe au Québec

Au XIXe siècle, une toute nouvelle esthétique du paysage apparaît au Québec. La peinture anglaise fait école. Les artistes d'ici se sont rapidement intéressés aux paysages à l'anglaise et ont cherché d'une certaine manière à se les réapproprier.

On se met bientôt à idéaliser les lieux représentés, comme pour vouloir les transformer en lieux idylliques. Joseph Légaré a fort probablement été l'un des peintres québécois ayant le plus marqué son époque et l'histoire. Il est du moins le premier peintre paysagiste québécois.

Cette volonté de réappropriation du territoire par l'art va bientôt donner naissance à l'une des particularités régionales des paysages peints au Québec. Bien loin de l'impressionnante solitude des sublimes panoramas canadiens, le paysage québécois va devenir habité. On peint les petits villages — qui n'a jamais vu de peinture des magnifiques petits villages ancestraux de Charlevoix? —, et les habitants qui y vivent, ces travailleurs des champs qui sont les véritables héritiers des terres représentées. C'est ainsi qu'on associe désormais le paysage aux habitants et aux bonnes vieilles valeurs « canadiennes-françaises » indéniablement reliées à la ruralité. Cette voie domina la peinture au Québec jusqu'à la deuxième moitié du XXe siècle.

Les peintres topographiques anglais ont donc créé la peinture de paysages au Canada, un genre qui allait marquer plus tard l'histoire de l'art canadien, grâce à une génération de peintres explorateurs, le Groupe des Sept, et aux peintres québécois de la Fondation La Norditude.

THOMAS DAVIES, LE PARFAIT REPRÉSENTANT DES PREMIERS PEINTRES TOPOGRAPHIQUES ANGLAIS

Thomas Davies (1737-1812) était à la fois peintre aquarelliste et militaire de carrière. Contemporain de Paul Sandby, un peintre professionnel établi à Londres, Davies ne pouvait s'adonner à la peinture que durant ses loisirs, lors de ses voyages à l'étranger.

« On l'a parfois appelé le Douanier Rousseau du XVIIIe siècle. La vision naïve, les « fautes » de dessin et la stylisation, très poussée chez lui, s'allient à une attrayante technique picturale. » Cette façon de peindre avec ampleur les paysages du Canada, qui deviendra notamment prédominante dans l'art du Groupe des Sept, ouvre la voie à la peinture des paysages dans l'histoire de l'art canadien.

Les rivières à saumon du Québec apparaissent tôt dans la production de Thomas Davies. Réalisés lors de son quatrième et dernier passage en Amérique du Nord, qui débute en 1786, ses croquis de l'époque suggèrent qu'il a fait escale à l'île de Madère et aux Antilles avant d'arriver dans la Vieille Capitale. Sa production d'images du pays ne s'amorcera qu'un an plus tard, cette série d'aquarelles marquant « l'apogée de son évolution stylistique ».

Cette image de 1790, qui fait partie de la série réalisée autour de la ville de Québec à partir de 1787, montre une scène de villégiature aux abords de la Jacques-Cartier. Non seulement y retrouvons-nous des pêcheurs à la mouche en arrière-plan, mais nous pouvons également y apercevoir au premier plan, de chaque côté de l'image, des gens qui pratiquent la randonnée avec leur chien, bâton de marche à la main. À l'extrême droite de l'image, toujours au premier plan, nous pouvons voir un couple étendu sur un rocher qui profite de la fin de la journée.

Cette image dépasse les besoins d'information visuelle d'une œuvre topographique. En effet, le rythme proposé naïvement par Davies laisse transparaître son goût pour le pittoresque, teinté à la rigueur de romantisme. On s'aperçoit que les fissures du rocher au premier plan forment une sorte de carrelage à peine désorganisé qui nous conduits vers la rivière. Les lignes produites par les strates et les fissures dans la roche de l'autre côté du cours d'eau sont également présentées avec beaucoup de régularité. La réponse à ces lignes dans l'eau est présentée avec à peine plus de sinuosité, formant ainsi un jeu de contre-courbes très statique.

Vue du bassin à saumons et de la rivière souterraine à Jacques-Cartier, près de Québec 1790

Aquarelle sur mine de plomb sur papier vergé
34,6 x 51,7 cm
Musée des beaux-arts du Canada

Musée des beaux-arts du Canada, Ottawa

Il y a donc une forme d'idéalisation du paysage, comme si l'artiste cherchait ici à domestiquer la nature en l'associant aux activités de pêche et de randonnée. Cette nature puissante et nouvellement conquise est donc occupée. Par la présence de ces pêcheurs à la mouche, on comprend bien qu'il s'agit d'Anglais. Cette occupation d'un territoire domestiqué lance également un appel que l'on pourrait traduire par : « Venez profiter d'une nature paisible qui désormais nous appartient. » D'autre part, l'omniprésence de l'épaisse forêt, même si elle est représentée presque en aplat, laisse deviner qu'au-delà des berges la nature reste bel et bien sauvage. Cette forêt impénétrable, où seule s'enfonce la rivière à la gauche de l'image, garde quand même tous ses droits.

James Patterson Cockburn, témoin privilégié de la ville de Québec

James Patterson Cockburn (1778-1847) est sans aucun doute l'officier britannique ayant le plus laissé sa marque dans l'histoire de l'art au Québec. Ses images de la ville de Québec et de ses environs sont nombreuses et surprenantes. Elles sont également d'une importance majeure d'un point de vue historique, puisqu'elles présentent la ville comme elle est alors réellement et, le plus souvent, vue de plusieurs angles.

Cockburn entreprend sa formation à l'Académie militaire de Woolwich en 1793, où il apprend le dessin et l'aquarelle auprès de Paul Sandby. En 1795, il entre dans l'Artillerie royale avec le grade de second lieutenant. Il obtient son grade de major en 1814. Ce n'est qu'en 1821 qu'il fait son premier voyage au Canada. Il avait auparavant été en poste au cap de Bonne-Espérance, en Afrique, et avait pu voyager en n'oubliant jamais ses cours de dessin de Woolwich, rapportant ainsi plusieurs esquisses. « En Europe, à la manière d'un parfait gentilhomme de l'époque romantique, il put admirer les paysages pittoresques, les beautés et les curiosités de la nature. »

En 1826, Cockburn est nommé commandant de l'Artillerie royale au Canada, dont le quartier général se trouve à Québec. C'est le point de départ de toute une série d'images réalisées dans les environs. Contrairement à Davies, « Cockburn ne faisait pas partie de ces aquarellistes anglais qui idéalisaient ce qu'ils voyaient et transposaient dans les œuvres des paysages tels qu'ils auraient souhaité les voir. Il choisissait plutôt un point d'observation lui permettant de faire une bonne composition et s'en tenait à ce qu'il voyait ». C'est ainsi que ses compositions nous apparaissent beaucoup plus naturelles.

Dans les écrits de James Patterson Cockburn, on peut lire ce passage : « Une autre excursion agréable peut être faite au pont de la Jacques-Cartier, à vingt-sept milles de Québec, ce qui constitue une plaisante promenade. À la Jacques-Cartier, la rivière et le paysage rocheux sont pittoresques et, lorsque c'est la saison, vous pouvez faire une très bonne pêche au saumon près de la maison où vous logez. » Cette description de la rivière nous

Jacques-Cartier Bridge, in Canada
1827

Aquarelle
48.6 cm x 31.9 cm
Archives nationales

© Archives nationales du Canada

rappelle intuitivement l'image réalisée par Thomas Davies plus de 30 ans plus tôt. Il est également fascinant de lire que la pêche du saumon fait partie de l'appréciation de la beauté de la nature. « Les officiers se rendaient régulièrement chaque été au poste de péage Déry à Pont-Rouge », en aval duquel l'on retrouvait une fameuse fosse de l'époque, le Grand Rets.

Malgré l'impression de grandeur que donne la nature dans cette œuvre, on n'en remarque pas moins les qualités topographiques de l'art de Cockburn. On constate aisément que l'artiste a voulu garder l'essence du lieu et en représenter les caractéristiques propres, comme la stratigraphie de la roche, peinte avec beaucoup plus de naturel que chez Davies.

Dans cette autre aquarelle, l'art de Cockburn apparaît bien différent de celui de son prédécesseur. La nature, même si elle est bien présente, est beaucoup moins étouffante. Le traitement, profondément romantique, est également beaucoup moins cursif. Au premier plan, un pêcheur solitaire tente d'apprivoiser, voire de dompter la rivière avec sa canne, un peu comme le ferait un dompteur de lions avec son fouet. S'il veut y arriver, ce pêcheur complètement entouré par la nature puissante et sublime de la Jacques-Cartier devra entrer en communion avec elle.

La Jacques-Cartier
1828

Aquarelle
31,1 cm x 50,4 cm
Archives nationales du Canada, Ottawa

© Archives nationales du Canada

Cornelius Krieghoff, peintre de la vie quotidienne

Hollandais d'origine, Cornelius Krieghoff (1815–1872) immigre aux États-Unis en 1836. Il y rencontre sa femme, Émilie Gauthier, une Canadienne française avec laquelle il déménage au Canada en 1840. Il s'installe à Québec en 1853.

Même s'il n'est ni français ni anglais, sa place dans l'histoire de l'art canadien est très importante, puisqu'il est le premier à peindre les habitants du Québec. Il a été « sensible à l'image des gens ordinaires » dans leurs façons de vivre, notamment lors des fêtes et des célébrations, des moments heureux qui rythmaient leur vie où le dur labeur prenait beaucoup d'espace. C'est une peinture sympathique au mode de vie des Québécois d'antan. Krieghoff a, en quelque sorte, redonné aux Canadiens français leur terre en n'omettant pas de peindre le lien intrinsèque qui les unit à leur pays. Cette façon semble vouloir compléter les paysages de Légaré, qui témoignent du regard d'un Canadien français sur son propre pays.

Krieghoff ne peint pas seulement des scènes de la vie des Canadiens. Une grande partie de son œuvre a pour sujet les Amérindiens, notamment les Hurons autour de Québec. Sa peinture reste toujours remplie de détails anecdotiques, une sorte de réflexion sur sa propre vie d'aventurier romantique vivant toujours en marge de la société, bien qu'il fréquente aussi bien les hautes classes anglophones de Québec que les habitants canadiens-français et les Hurons.

Si Cornelius Krieghoff a représenté plusieurs rivières et cours d'eau dans l'ensemble de son œuvre, cette représentation de la fosse du Grand Rets sur la Jacques-Cartier offre un intérêt particulier pour quiconque s'intéresse au saumon. Non seulement s'agit-il d'un paysage représentant une rivière à saumon, mais cette fosse a déjà été peinte plus de 30 ans auparavant par Cockburn à partir d'un point de vue semblable.

Tout comme chez ce dernier, on y observe un pêcheur taquinant le saumon devant la fosse. Il est fort intéressant de reconnaître les similitudes entre les deux images, quoique Krieghoff ait cherché à « romantiser » sa composition en y peignant une épaisse forêt qui domine le pêcheur, représenté beaucoup plus petit ici que dans l'œuvre de Cockburn. Une certaine mélancolie se dégage de cette nature qui semble si épaisse qu'on ne peut y pénétrer. Les rochers sont peints avec les mêmes caractéristiques géologiques, bien qu'ils se détachent dorénavant beaucoup moins du reste de la nature, pour former un tout uniforme. Seul le pont en arrière-plan témoigne de la possession du territoire par l'homme. Il ne s'agit plus du vieux pont à péage en bois construit en 1800 que l'on voyait sur l'image de Cockburn, mais plutôt du tout nouveau pont en acier, qui a été érigé en 1860.

Le saut du saumon, pont Déry, rivière Jacques-Cartier
1863

Huile sur toile
33.9 cm x 47.1 cm
Musée McCord, Montréal

oto © Musée McCord

Frederick Arthur Verner, le peintre des Amérindiens

Frederick Arthur Verner (1836–1928) est un peintre originaire de l'Ontario. Il séjourne en Angleterre de 1856 à 1862 : il y fait ses études à la Hetherleys Academy pour s'engager ensuite dans le 3rd West York Regiment de l'armée britannique. De retour à Toronto en 1862, il gagne sa vie comme photographe. L'appareil photo a d'ailleurs été un outil indispensable pour lui durant toute sa carrière de peintre. C'est également à cette période qu'il a commencé à peindre les Ojibwés de l'Ouest.

Verner a, depuis le début, suivi les traces de Paul Kane (1810-1871), un peintre autodidacte de Toronto qui est spécialisé dans la peinture de scènes de l'Ouest canadien et des indigènes qui y vivaient. Les deux peintres sont d'ailleurs de bons amis. La démarche artistique de Verner, tout comme celle de Kane, nécessite de longues expéditions. Cette caractéristique aura une influence marquée dans le reste de l'histoire de l'art canadien et québécois.

Les expéditions de Verner l'ont amené à peindre des paysages du Québec, ce qui lui donne une place dans l'histoire du paysage québécois au sein de l'art canadien.

Pour une rare fois (à l'exception de chez Davies), les pêcheurs ne sont plus seuls, mais ils forment un groupe de trois. Ils sont au premier plan, au centre de l'image. Pendant que l'un d'entre eux a les deux pieds dans la rivière et taquine le poisson, les deux autres l'observent, assis sur la berge. L'un, en rouge, semble tenir un bâton (une canne, peut-être?), tandis que l'autre, à sa gauche, a les mains vides. On peut supposer qu'il s'agit là d'un groupe de pêcheurs; ce que l'on peut toutefois affirmer, c'est que le seul pêcheur est observé par ses deux compagnons. Dans un cas comme dans l'autre, la pêche sportive est devenue une activité un peu plus sociale.

Tout comme chez ceux qui l'ont précédé, on sent chez Verner le désir de représenter l'immensité et l'impénétrabilité de la forêt, cette dernière couvrant plus de la moitié de l'espace pictural. Comme chez Krieghoff, les éléments naturels sont peints avec une grande justesse. Il semble également qu'il ait cherché à définir la fosse comme un lieu bien distinct. Depuis le petit rapide à gauche formant une entrée bien étroite cintrée de rochers, la fosse semble s'ouvrir sur un espace circulaire bordé d'épais rochers qui forme une enceinte protégée et tranquille. Il y a là une véritable motivation chez l'artiste à vouloir saisir l'essence du lieu à travers sa représentation. D'un lieu sauvage indomptable, nous sommes passés à un lieu où l'homme est en harmonie avec la nature ambiante, une nature toute désignée pour apporter la paix aux hommes.

Fosse à saumons sur la rivière Godbout
1877

Huile sur toile
68 cm x 122 cm
Musée national des beaux-arts du Québec, Québec

© Musée national des beaux-arts du Québec

Le Groupe des Sept, ou le renouveau pictural du paysage canadien

Bien qu'ils n'aient pas peint les rivières à saumon du Québec, les artistes du Groupe des Sept ont eu une influence majeure sur toute la peinture paysagère dans tout le pays. Né en 1913 à Toronto, le groupe formé des peintres Arthur Lismer, J. E. H. MacDonald, Frederick Varley, Franz Johnston, A. Y. Jackson, Lawren Harris et Franklin Carmichael a créé une nouvelle esthétique et renouvelé le paysage canadien. Dès le début, prétextant que le Canada devait être peint avec plus de force, ils cherchent à rejeter le formalisme et l'académisme européen. Il en résulte des images d'une nature sauvage et puissante, inhabitée, au traitement assez brut et aux coloris très variés. Cette façon de peindre la nature dans sa plus grandiose expression, d'une manière maintenant typiquement canadienne, marque un tournant dans l'histoire de l'art canadien.

Le peintre Tom Thomson est lui aussi très intéressant. Même s'il n'a pu véritablement en faire partie en raison de son décès prématuré, son esthétique fait de lui un très proche parent du Groupe.

La diversité québécoise

À cette époque, le paysage québécois s'était détaché de l'esthétique canadienne, mais il n'aura fallu que quelques années pour que cette dernière rattrape la Belle Province. Bien que toujours influencé par les tendances empreintes de romantisme et par la recherche et le besoin d'exprimer la « puissance inhérente de la nature », le paysage québécois est « marqué profondément par une “culture” spécifique, historiquement et sociologiquement. Le paysage québécois est donc une Nature, rejointe, modifiée, humanisée, civilisée par une Culture. » Le paysage québécois est habité, il représente la vie qui se passe ici, suivant en cela les traces de Krieghoff. Des scènes de vie, des anecdotes se retrouvent donc ainsi dans le paysage qui est en quelque sorte un endroit « où l'on vit ». Le Groupe des Sept a bien, à quelques reprises, peint des hameaux de pêcheurs dans les Maritimes et quelques fermes de l'Ontario, mais il n'en reste pas moins que l'essence de son esthétique se trouve dans la peinture de la nature désolante et désolée de la baie Georgienne.

Du côté québécois, l'académisme est lui aussi en perte de vitesse, faisant place à une forme d'impressionnisme, que les historiens de l'art ont péjorativement qualifiée de « peinture naïve ». Toutefois, à l'instar des peintres de Toronto qui ont voulu rejeter l'académisme européen, les peintres du Québec ont cherché à développer leur esthétique propre en témoignant de leur expérience des espaces naturels et habités. Contrairement au Groupe de Sept, les peintres québécois n'ont jamais formé de groupes structurés au sein d'une stricte idéologie. Il s'est donc développé une pluralité de styles et de points de vue propres à chacun des artistes.

René Richard réalisant une esquisse à l'embouchure de la rivière George en 1951. Cette photo fut prise par le botaniste Jacques Rousseau à l'insu du peintre, ce dernier refusait toujours de se faire prendre en photo alors qu'il peignait.

René Richard, le peintre de Baie-Saint-Paul

René Richard (1895–1982) est l'un des noms les plus connus de la peinture de paysage de la modernité québécoise. D'origine suisse et ayant immigré en Alberta à l'âge de 15 ans, il mène une vie de coureur des bois qui l'amène à produire de nombreuses esquisses. En 1927, il part pour Paris afin d'y suivre des cours de peinture. C'est là qu'il fait la rencontre du peintre Clarence Gagnon, un autre paysagiste bien connu au Québec. Ce dernier le persuade d'entreprendre une carrière artistique à son retour au Canada. Cette carrière sera ponctuée de nombreuses expéditions au Québec et dans le reste du pays. Il a entre autres accompagné le botaniste Jacques Rousseau lors de son expédition aux monts Torngat, ils avaient alors remonté vers la péninsule Québec-Labrador par la rivière Koroc à partir de la rivière George. C'était en 1951. Alain Hébert disait d'ailleurs :

« Ce fut d'ailleurs le premier peintre à venir illustrer les paysages du Nunavik, dont le cratère de la Pingualuit. Il a tant peint et dessiné sur place que dans son roman La montagne secrète Gabrielle Roy, qui rappelait cette période de la vie de son ami, souligne que les Inuits le surnommaient alors *l'Homme au crayon magique* ».

Son installation à Baie-Saint-Paul, dans Charlevoix, a eu une influence tout aussi marquée sur son œuvre.

Cette œuvre s'inscrit dans la partie de sa vie passée à peindre Charlevoix. La rivière Malbaie nous est montrée ici au sein de la vallée. La rivière, au premier plan, s'engouffre ensuite non loin du centre de la toile dans un tourbillon de différentes lignes de fuite : les bords de la rivière, le haut des collines et la ligne dessinée par les arbres sur le ciel. Malgré des couleurs utilisées assez en aplat et un coup de pinceau parfois très large, l'effet de profondeur n'en est pas pour autant amoindri.

C'est le jeu de la lumière qui vient donner à la vallée tout son relief. Si la partie droite de l'image présente une zone plus ombragée, c'est tout le contraire sur l'autre rive (à gauche). Cette opposition de lumière est particulièrement appuyée dans la partie la plus éclairée, c'est-à-dire le tournant de la rivière qui s'ouvre vers la droite dans la fuite de la perspective : Richard y laisse quelques bas rayons d'un soleil de fin de journée venir frapper directement les rochers dans une lumière éblouissante. Sans nécessairement montrer l'ouverture de la rivière, cette lumière indique cette ouverture vers un espace plus grand. L'endroit où se résorbe la spirale de la perspective donne ainsi beaucoup de mouvement à cette nature.

Les peintres de la Fondation La Norditude et leurs contemporains

On trouve dans ce groupe d'artistes les peintres Jacques Hébert, Marcel Fecteau, Louis Tremblay, Bruno Côté, Paul « Tex » Lecor et St-Gilles. Ce groupe a été mis sur pied dans les années 1990 pour participer à la sauvegarde du parc des Grands Jardins, dans la région de Charlevoix, grâce au don de certaines de leurs toiles à la Fondation La Norditude.

Rivière Malbaie
1945

Huile sur masonite
49,53 cm x 64,67 cm
Galerie Perrault, Québec

Photo © Fondation René Richard et Galerie Perreault

Jacques Hébert, l'aquarelliste

Jacques Hébert est un peintre aquarelliste de Québec qui réside au village de Saint-Joseph-de-la-Rive pendant la saison estivale. À cause de sa spécialisation, sa production artistique se différencie beaucoup de celle de ses contemporains. En raison de sa formation, Jacques Hébert s'insère dans une tradition et une culture artistiques américaines où l'on trouve des artistes tels que Frank Webb, Tony Couch, Carlton Plummer, John Pike et George Carpenter.

Cependant, son traitement des grands espaces, du Nord du Québec jusqu'en Nouvelle-Écosse, en passant par Charlevoix, en fait un représentant à part entière de l'art canadien. C'est d'ailleurs l'un des cofondateurs, avec Jean-Paul Ladouceur et Maurice Domingue, de la Société canadienne d'aquarelle (SCA) en 1982. L'objectif de la SCA est de redonner à l'aquarelle, un art très en vogue aux États-Unis, son importance dans l'art canadien.

Nous pouvons ici contempler un paysage de bord de rivière en automne, comme en témoigne le choix des couleurs. Cette rivière semble s'engouffrer dans d'imposantes montagnes. La composition de l'image est très simple. Au tout premier plan, à gauche de l'image, on aperçoit des arbres morts sur la berge. Ces arbres ajoutent de la profondeur au tableau en allégeant l'effet de compression des montagnes qui remplissent la plus grande partie de l'espace pictural. De plus, cela crée une distance avec les canots et le pêcheur que l'on trouve au plan suivant.

La rivière, tranquille et bordée de rochers, se dirige alors vers un horizon subtil que l'on aperçoit au tiers inférieur de l'image. C'est à cet endroit que les montagnes viennent s'empiler les unes sur les autres et clore l'espace. Seuls quelques arbres, frêles et dénudés, viennent les empêcher, comme une clôture, de dominer complètement l'espace de l'homme. Une portion de ciel située dans le coin supérieur droit vient redonner un peu d'air, mais sa couleur menaçante aura tôt fait de nous rabattre vers les montagnes.

Ce qui impressionne dans les œuvres de Jacques Hébert, c'est la luminosité et la transparence qui peuvent être attribuées à la spontanéité de l'exécution de ses images. Cela permet à l'artiste de jouer avec de judicieux effets de miroir, comme on peut le voir dans la réflexion des montagnes et des arbres dans l'eau paisible de la rivière. Cet effet de trompe-l'œil est atténué à la ligne d'horizon par les rochers pâles au bord du cours d'eau. Ce miroitement nous trompe non seulement à la verticale, mais aussi à l'horizontale, en rendant difficile pour le spectateur de tracer précisément la ligne entre l'eau et la berge. C'est là tout le génie de l'utilisation de la transparence chez Hébert. L'opposition créée par les couleurs chaudes et plus terreuses à gauche et par celles, plus froides, à droite confère beaucoup de dynamisme à la composition.

Si, par son traitement plastique, l'œuvre de Jacques Hébert peut s'insérer dans la tradition

Sommet
1997

Aquarelle
31,75 cm x 38,10 cm
Collection privée

américaine de la côte Est, sa composition et son thème s'inspirent directement de la conception romantique de la nature sublime et puissante partagée par les Davies, Krieghoff, Verner et bien d'autres. À ce titre, ces caractéristiques font de Jacques Hébert un acteur important de l'évolution de l'art paysager au Canada.

Marcel Fecteau, peintre et guide de pêche

C'est à l'âge de 14 ans que Marcel Fecteau réalise ses premiers croquis pour apaiser son besoin de créativité. Son parcours artistique l'amène ensuite à œuvrer pendant de nombreuses années dans le domaine du design commercial et de la publicité, tant en sculpture qu'en peinture.

Si son travail artistique est surtout consacré à la représentation de la ruralité québécoise, il y en a également une partie qui comprend certaines représentations des grands paysages du Québec et du nord du pays. Ce goût de la grande nature, Marcel Fecteau le tient de son expérience comme guide de pêche dans l'Outaouais.

Cette œuvre s'inscrit dans les paysages sauvages du Québec de Marcel Fecteau. Sur le bord d'une rivière, on aperçoit au premier plan vers la gauche un homme (un pêcheur?) hissant son canot à travers les rochers de la berge. Cette rivière coule de la partie supérieure gauche de l'image dans un mouvement de demi-cercle vers la partie inférieure droite. La limite ainsi créée par la rivière est le seul obstacle avant la rive opposée qui occupe près de la moitié de l'espace pictural. On y voit un large rocher, lui-même surmonté d'une forêt dense, confinant ainsi le périmètre d'action de l'homme uniquement à la rivière. Seules quelques couleurs dans le coin supérieur droit laissent supposer que nous sommes en automne.

Le titre de ce tableau assez intimiste suggère qu'il s'agit d'un lieu peu fréquenté, mais que l'homme qui s'y trouve a apprivoisé ce coin de pays. Le point de vue en surplomb témoigne d'un désir de faire découvrir la quiétude d'un lieu particulier, comme dans la représentation de la rivière Godbout par Verner. Cet aspect d'appropriation de la nature se traduit aussi par l'absence de désir du protagoniste de vouloir dompter ces eaux à grands coups de canne. S'agit-il vraiment d'une appropriation de la nature ou davantage d'un abandon à cette quête sans fin ? Le dos tourné à la rivière, l'homme a l'air résigné face à la domination de la nature et semble croire que la compréhension de celle-ci se fera par le respect qu'il lui témoignera.

Ma rivière secrète
2005

Huile sur toile
60,96 cm x 76,20 cm
Collection privée

Louis Tremblay, un disciple de René Richard

Né en 1949 à Baie-Saint-Paul, le peintre Louis Tremblay évolue dans le giron de René Richard pendant sa jeunesse, car son père est un ami du célèbre paysagiste. Il grandit donc dans un milieu culturel très riche qui l'amène à s'intéresser très jeune à la peinture.

Cette scène de pêche témoigne du regard d'un artiste qui est aussi un pêcheur de saumon. C'est une rivière qu'il a déjà peinte à maintes occasions. Malgré la scène qui s'y passe, la plus grande partie inférieure du tableau est consacrée à la fosse elle-même, laissant les premiers plans libres de toute activité. Le tableau est séparé horizontalement en deux par la ligne que crée la rive opposée de la rivière. C'est à cette hauteur, à gauche, que se trouve le pêcheur, accroché à un salmonidé. Tout le mouvement dans le paysage (hormis l'action) est créé par la rupture de cette ligne horizontale à gauche par le rapide qui vient joindre les deux parties de l'image. Malgré la petite taille du pêcheur dans l'ensemble, l'action prend ici beaucoup d'importance à cause de la présence de la ligne du pêcheur en plein centre du tableau. Cette ligne correspond d'ailleurs presque exactement à la diagonale entre le coin supérieur droit et le coin inférieur gauche.

Si l'influence de René Richard est très perceptible chez plusieurs peintres contemporains, elle l'est d'autant plus dans l'œuvre de Louis Tremblay. On reconnaît une certaine largeur du coup de pinceau et une palette dont les couleurs, utilisées avec une certaine épaisseur, viennent rappeler le travail de Richard. Chez Tremblay, on distingue néanmoins une utilisation plus poussée du dessin : les lignes, plus fines, permettent de rendre l'action avec plus de justesse.

Fosse à Napoléon, rivière du Gouffre
1999

Huile sur toile
60,96 cm x 76,20 cm
Collection privée

Bruno Côté,
le peintre des grands espaces

Né à Québec en 1940, Bruno Côté ne s'initie à la peinture que dans les années 1960, inspiré en grande partie par son amour de la nature. Il travaille d'abord dans le domaine de la publicité, mais décide en 1978 de se consacrer entièrement à l'art et s'installe dans la région de Charlevoix. C'est dans ce milieu propice à la création artistique, comme ce fut le cas pour beaucoup d'autres peintres, avant et après lui, qu'il réalise, en 1979, son premier vernissage.

Les années 1980 l'amèneront à voyager partout au Canada, lors d'expéditions dans les grands espaces à la recherche des splendeurs naturelles, comme l'avaient fait avant lui Verner, Kane, le Groupe des Sept et bien d'autres parmi ses prédécesseurs. Influencé par le Groupe des Sept, Bruno Côté en a gardé la puissance et la virtuosité des coloris. Il occupe une place importante dans l'évolution de la peinture de paysage au pays.

Le spectacle magnifique et grandiose de l'eau d'une cascade jaillissant à travers les rochers occupe tout le centre de l'image. La rivière, malgré le titre de l'œuvre, est reléguée à un rôle secondaire. La source, qui occupe le point central, se déverse avec fracas dans la rivière, en passant par la gauche de l'image.

Les rochers sont cernés, sur les côtés et vers le haut, par des arbres aux couleurs d'automne. Bien qu'il n'y ait aucune percée vers le ciel, la lumière est très présente, et les couleurs sont dans des tons très vifs. Toute la virtuosité de l'artiste réside dans cette aptitude à donner beaucoup de luminosité et de transparence en utilisant un coup de pinceau somme toute assez dur, employant les couleurs presque en aplat. Non seulement ces qualités sont-elles présentes dans les arbres et les rochers, mais également dans l'eau très translucide.

Cette architecture de roches nous est présentée comme un monument ou un temple à la gloire de l'eau, source de vie, qui semble jaillir de son cœur. Un peu à la manière des grands monuments des temps passés, peints par les peintres romantiques allemands dès le début du XIXe siècle, cette source semble être à l'écart du temps, lui-même rythmé par l'écoulement de l'eau, alors que les arbres n'y échappent pas. C'est aujourd'hui l'automne. Hier, c'était l'été et demain, ce sera l'hiver. Des arbres tomberont et d'autres pousseront, cependant que la source coulera inexorablement.

La dernière fosse
2004

Huile sur toile
76,20 cm x 91,44 cm
Collection privée

Paul « Tex » Lecor, le peintre chansonnier

Paul « Tex » Lecor entreprend sa formation artistique en 1951, à l'âge de 18 ans, à l'École des beaux-arts de Montréal, où il aura pour enseignants des peintres tels que Jacques de Tonnancour et Stanley Cosgrove. Il termine ses études en 1957. À cette époque, Lecor a déjà beaucoup voyagé, notamment dans l'Ouest canadien, au Québec, et tout particulièrement en Gaspésie, où il a travaillé comme capitaine de caboteur pendant six étés.

Il se fait connaître au cours des années 1960 et 1970, davantage par ses chansons et comme animateur de télévision, tout en poursuivant son parcours artistique et en développant un style figuratif propre. Au début des années 1970, il fera l'expérience du Nord et de ses habitants à titre de pilote de brousse. Cette rencontre avec la nature sauvage aura une influence sur son travail de peintre.

C'est le souci du détail et de l'anecdote, bien présent dans sa musique, qui va caractériser son œuvre. Au cours des années 1980, celle-ci prend la forme qu'on lui connaît maintenant, avec ses riches coloris et ses lumières éclatantes.

C'est dans cette production post-1980 que l'on trouve *Que Dieu me vienne en aide !* On assiste ici à une scène de pêche au saumon dans une fosse non identifiée. Deux pêcheurs à gué se tiennent au centre gauche de l'image, à côté de leur canot. Celui de gauche tient au bout de sa ligne un grand saumon sautant, au premier plan à droite de l'image. Le trait est bien large et le traitement des formes rappelle même parfois un style figuratif, plus propre à l'illustration qu'à la peinture de paysage. L'ensemble est illuminé de couleurs qui jouent dans des teintes très variées. Sur le plan de la composition, on réalise que l'image est séparée en deux par une ligne horizontale médiane. On remarque que la forêt n'est plus l'élément dominant et impénétrable qu'il était au XIXe siècle. Certes, les arbres sont présents, mais le paysage s'ouvre en arrière-plan sur des lignes diagonales d'abord rocheuses, et ensuite vers la forêt tout au fond, là où on aperçoit un ciel timide. Ces lignes donnent beaucoup de dynamisme au mouvement déjà présent dans l'action de la scène. Finalement, dans le coin inférieur droit, la quiétude qui devrait régner à l'endroit où l'eau de la rivière se calme dans la fosse est soudainement brisée par un mouvement dont les formes en torsade évoquent la vivacité et la puissance du saut d'un animal. Ici, l'expérience de la nature passe inévitablement par l'expérience d'une pêche que l'artiste est parfaitement à même de nous communiquer.

Le paysage sert de décor à l'événement qui se déroule sur la rivière. La nature n'est plus le personnage principal, mais est reléguée au rôle d'instrument. Cela est parfaitement cohérent avec le passé d'illustrateur de Paul « Tex » Lecor et avec son goût pour l'anecdote, caractéristique d'une bonne partie de son œuvre.

Que Dieu me vienne en aide!
1998

Acrylique sur toile
50,8 cm x 60,96 cm
Collection privée

St-Gilles, le peintre de la Grande Aventure

Très tôt, Gilles Côté préfère fréquenter les ateliers d'artiste plutôt que les salles de classe. Il entre ainsi en contact avec l'art paysager grâce à Arthur Genest, à Paul Brien, à Mario Mauro et à Bruno Côté, qui aura un rôle marquant auprès de l'artiste en lui faisant découvrir la peinture en plein air. Rejetant l'idée d'une formation générale européenne, il obtient un diplôme en esthétique de présentation au Cégep de Sainte-Foy. Il s'agit là d'une nouveauté au Québec : un authentique artiste québécois, exécutant une peinture d'ici, apprise ici.

Son premier vernissage a lieu en 1979 à Québec, sous la présidence de Francesco Iacurto. Il y présente des esquisses et des aquarelles. L'événement est un tel succès que toutes les pièces de l'exposition sont vendues. St-Gilles a par contre bientôt à faire face à la réalité du marché de l'art à la fin des années 1970 et au début de la décennie suivante. L'aquarelle n'ayant plus la cote, il décide de passer à l'huile.

Depuis les années 1990, St-Gilles s'impose comme l'un des peintres importants parmi ses contemporains. En 1999, il décide de parcourir le Canada à la recherche de sites exceptionnels en vue de monter une exposition permanente de plus de cent tableaux de grand format. C'est *La grande aventure canadienne*. « *La grande aventure canadienne* réinvente aussi à sa manière le parcours emprunté par le légendaire Groupe des Sept. »

« À l'époque du Groupe des Sept, relate-t-il, la baie Georgienne n'était pratiquement pas habitée. Aujourd'hui, les villages sont nombreux et elle est envahie par des milliers de touristes chaque année. Je crois que ma peinture incarne à sa façon l'esprit dans lequel Tom Thomson et d'autres ont tenté d'exprimer le côté sauvage et brut de cette contrée. Comme ces peintres canadiens de la première heure, je m'efforce d'exprimer les sentiments que m'inspire cette terre telle que j'ai appris à la connaître, la magie qui s'en dégage et l'émerveillement qui m'envahit devant l'immensité et la beauté de la nature canadienne. »

Aux abords de la rivière Sainte-Marguerite, au Saguenay, la journée de pêche vient de se terminer. La lumière du jour tombe doucement. Le jour pointe encore dans les arbres éclairés par le dernier rayon à travers l'ouverture du paysage au fond, mais la lumière chatoyante du feu, au premier plan à droite, nous indique que la nuit s'installe, avec sa gamme de couleurs très particulières.

Nous assistons ici à une transition temporelle, un entre-temps sur deux plans différents. Il y a tout d'abord le temps humain, celui que les hommes passent d'abord à pêcher sur la rivière, puis à s'installer sur la berge pour veiller. La transition, ici, est toute simple et assez subtile. Par le biais des deux personnages, l'artiste arrive à créer un chevauchement entre ces deux moments où le pêcheur débarque du canot avec sa canne, et celui où il commence à préparer le feu.

Fin du jour, rivière Sainte-Marguerite
2007

Huile sur toile
76,20 cm x 91,44 cm
Collection privée

Il y a aussi le temps imposé par le rythme de la nature, le temps qui passe sans que les hommes en aient le contrôle. C'est un élément de la nature qui sera toujours indompté, comme la dernière trace du romantisme passé. Cette transition entre le jour et la nuit est perceptible au même endroit, à travers les couleurs, et passe par les actions des hommes. Si le feu, à peine pris, impose déjà son coloris nocturne, tout laisse croire que les teintes gagneront en intensité au fur et à mesure que le feu prendra de l'ampleur et que les derniers rayons du soleil, maintenant lointain, s'estomperont, emportant avec eux ces couleurs diurnes qui errent encore dans le feuillage des arbres.

À la recherche de la beauté de la nature

Depuis maintenant près de 250 ans d'histoire de l'art du paysage au Canada et au Québec, les artistes ont toujours la même volonté de vivre l'expérience des grands espaces et le désir d'explorer des territoires vierges afin de peindre pour la première fois certains des plus beaux points de vue que nous offre la nature. Malgré tous les moyens techniques de la modernité, que ce soit la facilité des transports ou la photographie, qui permet de conserver en mémoire certaines expéditions, il n'en reste pas moins que le peintre d'aujourd'hui, à l'instar des peintres d'hier, cherche à reproduire en pleine nature ce que notre patrimoine naturel a de plus beau. Constatons toutefois qu'il y a de moins en moins de peinture en plein air parmi la relève. Les peintres de demain seront forcément beaucoup moins nombreux à sillonner les grands espaces à la recherche de nouvelles splendeurs.

Plusieurs excellents artistes absents de ce texte ont pu, à leur tour, présenter de magnifiques images des rivières du Québec. Ce chapitre, qui ne prétend pas être exhaustif, vise à montrer comment pouvaient s'insérer les rivières à saumon dans l'histoire de l'art québécois et canadien. Il est intéressant de constater que, à travers les paysages montrant des rivières à saumon du Québec, on arrive à cerner les caractéristiques principales de l'évolution du paysage dans un sens plus large.

Rivière Sainte-Marguerite
2008

Paul « Tex » Lecor

Deuxième partie

La pêche sportive au saumon

Rivière Matane, en couleur d'automne. Surnommée la rivière école, la Matane est la plus accessible des rivières à saumon du Québec et l'une des plus productives.

Chapitre 4

Les rivières à saumon du Québec

Jean-Pierre Mailhot et Yvon Côté

Pour notre plus grande chance, l'étendue du territoire québécois favorise l'expression de la nature : la multiplicité des reliefs et des particularités géographiques propres à chaque région nous fait constamment découvrir des paysages à couper le souffle. Dans cet ensemble, les rivières québécoises forment le « réseau sanguin » du Québec. Ce système hydrographique, par ses ramifications diverses, joue un rôle primordial quant à la diversification et à la multiplication de la vie, tout en faisant la joie des pêcheurs.

Chaque rivière est différente

Pour les pêcheurs, la rivière n'a pas qu'un rôle fonctionnel. Ils attachent beaucoup d'importance à la qualité de leurs lieux de pêche. L'un des grands plaisirs des saumoniers réside dans la relation harmonieuse qu'ils entretiennent avec les milieux visités. Quiconque a déjà contemplé une rivière à travers les lueurs de l'aurore tout en s'apprêtant à lancer sa première mouche à l'eau connaît cette paix de l'esprit qui nous envahit lorsque l'on prend conscience des merveilles de la nature. En savourant ces moments, nos sens sont submergés par les saveurs et les odeurs ambiantes. Tous les pêcheurs chérissent ces chances de rapprochement avec un monde immensément plus grand qui les dépasse.

Plusieurs critères font que chaque rivière diffère des autres. Le climat, qui joue un rôle prédominant quant à la température de l'eau, détermine aussi grandement le type de végétation, la faune et la variété des animaux que l'on trouve en bordure des cours d'eau. Une rivière plutôt ombragée, sillonnant le creux des montagnes ou coulant sous le couvert des arbres, sera plus froide qu'une rivière davantage exposée au soleil.

La nature du substrat rocheux et des sols influe sur la composition chimique de l'eau des rivières. Par exemple, le Bouclier canadien, qui s'étend sur une grande partie de la rive nord du Saint-Laurent, est constitué de roches d'origine granitique, peu sensibles au lessivage, ce qui contribue à leur faible minéralisation et à leur caractère légèrement acide. À l'inverse, les rivières du Bas-Saint-Laurent et de la Gaspésie possèdent des eaux fortement minéralisées puisqu'elles coulent sur des terrains d'origine sédimentaire qui libèrent facilement leur contenu en minéraux. Cela leur confère un caractère légèrement alcalin.

La limpidité et la coloration de l'eau sont deux caractéristiques distinctes des eaux d'une rivière. La première correspond à un phénomène physique. La seconde, à un phénomène chimique. En effet, en période de forts débits comme au printemps, les cours d'eau — autant ceux de la Côte-Nord que de la rive sud du Saint-Laurent —, ont tendance à charrier davantage de sédiments et de résidus arrachés aux berges et aux rives des rivières. Leurs eaux deviennnent alors turbides.

Les eaux des rivières coulant sur le Bouclier canadien offent une coloration variant normalement du jaunâtre au rougeâtre, en réponse à deux phénomènes chimiques différents. D'une part, il y a un effet lié à leur contenu en tannins et en acides humiques provenant du drainage des nombreux lacs, marais et tourbières présents dans cette région, ce qui entraîne une couleur rougeâtre. D'autre part, l'oxydation des minéraux ferro-magnésiens présents en grande quantité dans les sédiments du lit des rivières contribue à la coloration jaunâtre des eaux des rivières de cette région.

À l'opposé, les eaux des rivières de la Gaspésie s'écoulant des montagnes ou provenant de la nappe phréatique et des sources souterraines sont généralement plutôt claires, voire incolores. Quiconque a déjà fréquenté les abords de la rivière Bonaventure peut témoigner de l'apparence cristalline de l'eau.

Le pêcheur doit tenir compte à la fois de la coloration et de la limpidité de l'eau et adapter sa stratégie de pêche et son choix de mouche en conséquence afin de s'assurer des meilleures chances de succès.

La topographie davantage accidentée de certains cours d'eau provoque la dénivellation et, par conséquent, influe sur la rapidité du courant et l'oxygénation de l'eau. Un fort tirant d'eau associé

Rivière Godbout (Côte-Nord). L'eau des rivières du Bouclier canadien varie du jaunâtre au rougeâtre.

Rivière Bonaventure (Gaspésie). Les rivières de la Gaspésie sont reconnues pour leur limpidité et leur couleur parfois émeraude.

à des vitesses élevées accentue le phénomène d'érosion de la rivière et marque le relief comme une cicatrice naturelle. Certaines rivières s'écoulent en torrents furieux, déchaînés en permanence, alors que d'autres s'écoulent paisiblement comme si le temps n'avait pas d'emprise sur elles. Le pêcheur doit toujours adapter sa manière d'approcher la rivière aux particularités rencontrées sur son chemin. Il peut l'aborder à gué ou en canot. Il changera sa façon de pêcher en fonction de la végétation qui l'entoure et des obstacles naturels.

Enfin, celui qui veut aller taquiner le saumon a parfois à parcourir plusieurs kilomètres en véhicule ou doit faire de longues marches afin d'accéder aux fosses les plus prisées. Il devra peut-être entrer dans la rivière, avec de l'eau jusqu'à la taille pour la franchir ou pour y pêcher efficacement. Chaque rivière possède ses caractéristiques propres et offre ses défis, petits ou grands : certaines attirent les pêcheurs plus intrépides ou peuvent décourager les moins aventureux.

La répartition géographique des rivières québécoises

Selon diverses estimations, le Québec possède près de 3 % des réserves mondiales d'eau douce. Le réseau hydrographique québécois comprend un grand nombre de rivières dont seulement 118 accueillent du saumon dans leurs eaux. Les rivières à saumon du Québec occupent la plus grande partie de l'est et du nord du Québec. On les retrouve dans le Bas-Saint-Laurent et la Gaspésie, dans les régions de Québec, Charlevoix et Saguenay, sur la Côte-Nord, à l'île d'Anticosti et en Ungava.

Dans le réseau des rivières à saumon québécoises, une cinquantaine de cours d'eau ne sont pas accessibles par la route. Principalement situées dans des régions éloignées du centre du Québec, — sur la Basse-Côte-Nord, sur l'île d'Anticosti et autour de la baie d'Ungava — on n'y accède que par avion ou par bateau. Les autres régions salmonicoles comprennent les quelque 65 rivières qui, étant localisées en milieu habité, sont accessibles par voie terrestre.

La Gaspésie et le Bas-Saint-Laurent

Le territoire couvrant la Gaspésie et le Bas-Saint-Laurent compte 29 rivières, dont certaines figurent parmi les plus productives du Québec d'après le registre des captures sportives de saumons (voir le tableau plus loin). Les paysages de ces régions forment la partie septentrionale de la chaîne des Appalaches. L'assise rocheuse de ces régions est constituée d'une grande variété de roches sédimentaires (leur formation remonte à quelque 500 millions d'années), fortement plissées, qui ont connu comme le reste du Québec un remodelage à la suite de la dernière glaciation. Les vallées ont vu leur profil en « V » s'adoucir en forme de « U » et leur base se recouvrir de sédiments granulaires apportés par les eaux de fonte des glaciers. Les rivières ont sculpté graduellement leur lit dans ces sédiments, au gré du retrait marin régi par le

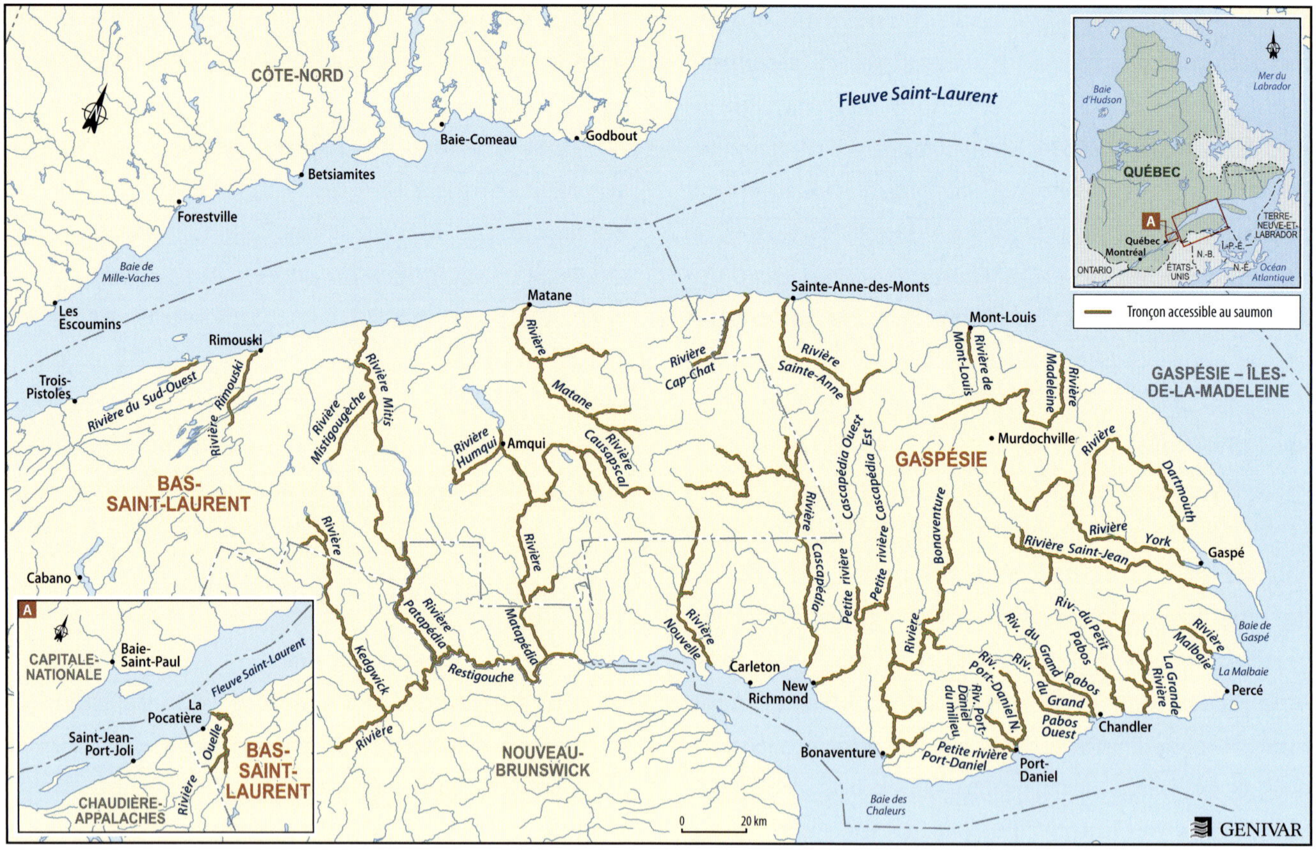

Rivières à saumon du Bas-Saint-Laurent — Gaspésie. Les traits surlignés indiquent le parcours du saumon adulte, d'après J. P. leBel et M. Dorais, MRNF.

relèvement du relief comprimé sous le poids de la calotte de glace au cours de millions d'années.

Les rivières de la Gaspésie sont reconnues pour leur limpidité et leur couleur parfois émeraude qu'elles doivent à la nature et à la variété des graviers qui composent leur lit. Leur profil est en pente généralement régulière présentant peu d'obstacles infranchissables pour le saumon. L'habitat y est idéal, tant pour la croissance des tacons que pour la montaison et la reproduction des adultes. Le pêcheur a quant à lui l'avantage de pouvoir aisément observer le saumon lorsqu'il pêche dans ces eaux cristallines.

Rivière Matapédia. L'une des grandes rivières de la Gaspésie, près de sa confluence avec la Restigouche.

Rivière Grande-Rivière. Exemple d'une petite rivière à saumon de la Gaspésie aux eaux claires.

Rivière Darmouth. Malgré leur profil en long régulier, certaines rivières de la Gaspésie présentent des obstacles à la migration du saumon.

La Côte-Nord

La Haute, la Moyenne et la Basse-Côte-Nord réunissent 64 rivières structurées par un réseau de fractures du socle granitique. Le territoire y est sévère, tout comme le climat. Les rivières, parfois encaissées dans les parois rocheuses, viennent s'écouler sur le socle granitique du Bouclier canadien qui confère aux eaux de cette région leur couleur caractéristique.

L'époque glaciaire a contribué à remodeler le paysage de la Côte-Nord comme en Gaspésie, mais de façon différente. La calotte de glace a surtout exploité le réseau de faiblesses du socle dans son écoulement, évidant en partie les zones fracturées et sculptant leurs parois en forme d'auge. La topographie relativement uniforme du Bouclier a par ailleurs favorisé la création de nombreuses étendues lacustres et de systèmes fluviaux lents lors du retrait des glaces, abandonnant ainsi sur place une

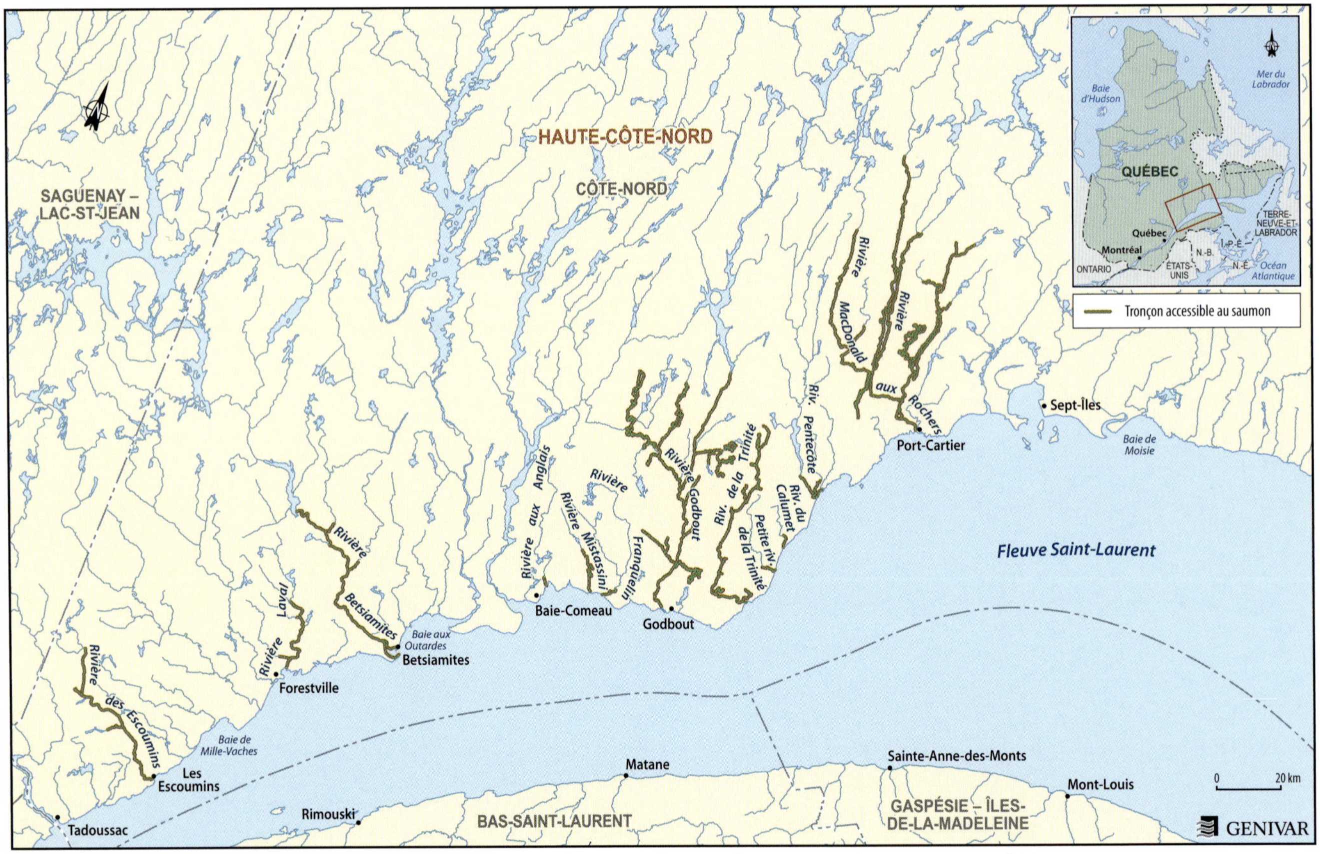

Rivières à saumon de la Haute-Côte-Nord. Les traits surlignés indiquent le parcours des saumons adultes, d'après F. Barnard, MRNF.

Rivière Trinité. Exemple typique d'une petite rivière de la Côte-Nord dont le lit est composé de roches aux formes arrondies par le passage des glaciers.

Rivières à saumon de la Moyenne-Côte-Nord et d'Anticosti. Les traits surlignés indiquent le parcours des saumons adultes, d'après F. Barnard, MRNF.

Rivière Mingan. Les chutes sur les rivières de la Côte-Nord posent un défi au saumon.

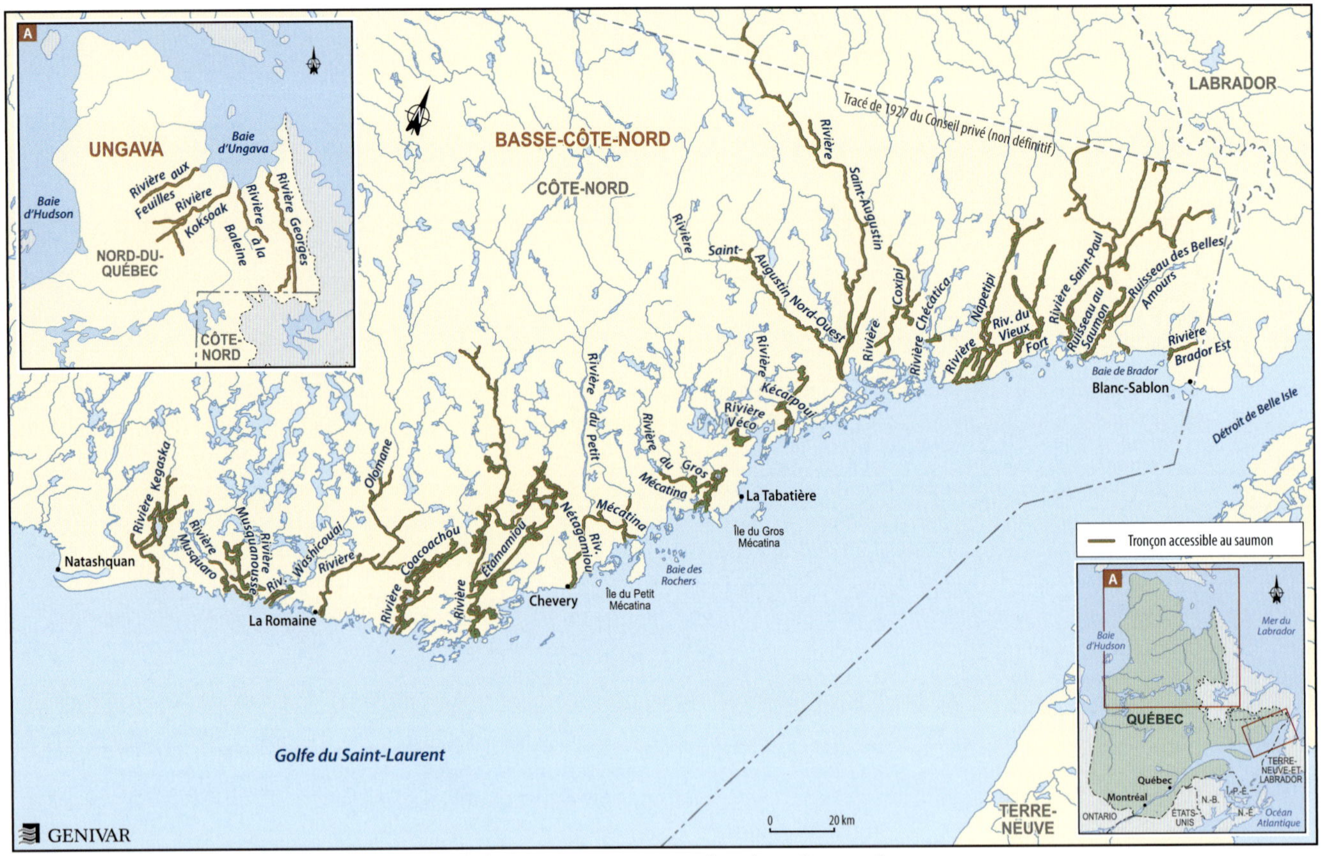

Rivières à saumon de la Basse-Côte-Nord et de l'Ungava. Les traits surlignés indiquent le parcours des saumons adultes, d'après F. Barnard et D. Vandal, MRNF.

grande quantité de sédiments à granulométrie fine (sable et graviers). Le profil en marches d'escalier des rivières témoigne du système de fractures, et les longs tronçons sablonneux qui les caractérisent sont un héritage de ce passé géologique. Les meilleurs habitats salmonicoles se retrouvent souvent un peu à l'amont et un peu à l'aval des zones de rapides créés par cette topographie étagée.

À la hauteur de Port-Cartier, on franchit le 50e parallèle. Nous sommes alors en pleine forêt boréale, et la végétation témoigne des rigueurs d'un climat austère. Cependant, les abords des rivières, plus chauds et plus humides, forment des micro-climats qui sont plus propices au développement de la vie : la flore y est plus diversifiée, et les arbres, plus grands. Pour le saumon, cet environnement implique le franchissement de longues distances et le saut de nombreux obstacles souvent périlleux. Pour le pêcheur, l'accessibilité, la distance à parcourir en rivière et l'espoir de la présence du saumon sous cette onde ambrée constituent tout un défi.

Rivière Musquanousse. Au-delà des chutes et des cascades, de grandes étendues d'eau lacustre caractérisent, par endroits, les rivières de la Basse-Côte-Nord.

Le Saguenay et Québec - Charlevoix

Les régions de Québec et du Saguenay comptent respectivement trois et cinq rivières à saumon. Les cours d'eaux étroits de ces régions trouvent leurs sources et s'écoulent sur le massif laurentien. C'est pourquoi leurs eaux présentent les mêmes caractéristiques physicochimiques que celles des rivières de la Côte-Nord. Le fjord du Saguenay est l'un des paysages les plus caractéristiques de cette région. C'est une gigantesque fracture du socle qui a été utilisée par les glaciers lorsque leurs eaux s'écoulaient vers le sud, adoucissant ses aspérités et lui donnant la forme en auge caractéristique de leur passage. Si la Sainte-Marguerite est si accessible, c'est parce qu'elle coule dans une vallée perchée, parallèle au Saguenay, formée par le même évènement structurel. Comblée en partie par des sédiments fluvioglaciaires et marins, cette vallée permet un accès facile par la route à l'intérieur des terres.

Rivières à saumon de Québec - Charlevoix et Saguenay. Les traits surlignés indiquent le parcours des saumons adultes, d'après M. Arvisais et M. Vallentine, MRNF.

Étant donné que les routes quadrillent l'ensemble du territoire, les rivières y sont des plus accessibles. Voisines des milieux urbains, ces rivières furent les premières à être popularisées aux fins de la pêche sportive et possèdent en conséquence un long historique de pêche.

La rivière Sainte-Marguerite, formée simultanément au fjord du Saguenay, coule dans une vallée perchée, délimitée par de hautes montagnes.

Rivière à Mars. Au-delà de leurs premières chutes, les rivières Petit-Saguenay, Saint-Jean et À Mars coulent en pente douce sur le plateau laurentien, offrant un habitat idéal au saumon.

Rivière Malbaie. Les Hautes Gorges de la Malbaie marquent la limite de migration du saumon dans cette rivière.

La Dordogne (France) et la Jacques-Cartier (Québec) : *deux rivières unies par la passion et la complémentarité*

Pierre Dulude et Guy Pustelnik

La passion, c'est bien connu, est une maladie « générative » et contagieuse. Elle est à l'origine d'une belle histoire ayant débuté au début des années 1980, alors que deux passionnés du saumon, constatant l'intérêt et les retombées positives des jumelages de villes et de parcs, eurent l'idée de promouvoir l'idée de jumeler aussi des rivières où l'on tentait de réintroduire le saumon.

Pour convaincre leurs autorités respectives, ils organisèrent alors un colloque franco-québécois sur la restauration de rivières à saumon, événement marquant qui eut lieu à Bergerac, sur le bord de la Dordogne, en mai 1985. Ce colloque fut l'occasion de la signature d'un document liminaire témoignant des volontés respectives de jumeler les rivières Dordogne et Jacques-Cartier, ainsi que de la pose d'une plaque commémorative à la maison du barrage par Mme Huguette Bouchardeau, alors ministre de l'Environnement en France. Ces actions lançaient les échanges entre le Québec et la France afin de faciliter la réussite des deux projets de restauration du saumon amorcés en même temps à la fin des années 1970.

L'entente de jumelage des deux rivières, officiellement signée en décembre 1989, affirma les volontés respectives des deux pays de restaurer le saumon tout en impliquant activement les populations riveraines. Fait intéressant à souligner, l'entente ouvrait la perspective d'autres jumelages de rivières.

Parallèlement, deux plans d'action furent successivement conçus et réalisés entre 1986 et 1993, gravitant autour de l'importante complémentarité d'expériences qu'offrent ces échanges. Ces plans d'action ont permis la réalisation de missions centrées sur des aspects techniques, comme le repeuplement et le reconditionnement des saumons, les passes migratoires pour les poissons, les systèmes réglementaires en vigueur, la mise en valeur des rivières de tenure privée et le développement d'indices de qualité globale de l'eau. Des missions concernant les aspects pédagogiques, comme des échanges d'enseignants et de classes, autant que sociaux, impliquant les communautés riveraines des deux vallées, et économiques furent également réalisées. Ces échanges multiples et divers ont largement contribué à alimenter la passion autour des rivières, du saumon et de tout l'univers qui entoure leur restauration et leur mise en valeur.

Ces missions furent ainsi l'occasion pour des scientifiques, des pêcheurs, des enseignants, des élus, des gestionnaires et des jeunes de découvrir le monde fascinant du saumon dont la présence dans nos rivières a marqué le fil de l'Histoire et même de la préhistoire! Encore une fois, l'imprégnation temporaire dans un contexte étranger et la mise en contact de passionnés de différents domaines se sont avérées stimulantes pour ces « missionnaires », leur insufflant ainsi une dose supplémentaire d'énergie en faveur de cette espèce mythique dans leurs activités respectives.

Outre des rapports de missions spécialisées, le jumelage a fourni aux deux rivières et aux deux pays une visibilité importante à plusieurs colloques internationaux. Il a également fait l'objet de reportages télévisuels, notamment au réseau France 3 (*Le défi écologique* en 1990 et *Retour aux sources* en 1991).

Si les plans d'action et leurs missions ont été passablement délaissés à partir de 1994, le jumelage est resté fidèle à la devise du Québec (« Je me souviens ») et les échanges se sont poursuivis sur une base plus informelle, vacancière ou autre, notamment autour de la gestion de l'eau, de la restauration des poissons migrateurs et des zones humides. Encore là, la complémentarité des expériences, pour peu qu'on s'y intéresse, contribue activement à aider chacune des parties dans la résolution de ses problèmes spécifiques liés à l'eau, aux rivières et à la restauration du saumon.

Espèce qui a toujours fasciné l'homme et fait rêver tellement de gens, le saumon contribuera toujours à rapprocher ses passionnés, où qu'ils se trouvent sur la planète.

Rivière Jacques Cartier. La Gorge Déry à Pont-Rouge.

Rivière Dordogne. Les falaises de La Roque-Gageac.

50 ANS DE COOPÉRATION FRANCO-QUÉBÉCOISE AUTOUR DU SAUMON ATLANTIQUE

Guy-Noël Chaumont et Yvon Côté

En 1951, un jeune Français récemment immigré au Canada du nom de Guy-Noël Chaumont, attiré par la nature sauvage et les grands espaces, chasseur et pêcheur à ses heures de loisir, réalise que le Québec et la France partagent une belle ressource, le saumon atlantique. Fervent pêcheur de saumon et membre fondateur de l'Association protectrice du saumon de la Loire-Allier (APS), il sollicite, au nom de Henri Parrain, président de l'APS, l'accord de Charles Frémont, surintendant des Parcs et Réserves fauniques, pour que soient expédiés des œufs de saumon en France. Depuis la pisciculture de Gaspé, de 1952 à 1962, un million d'œufs de saumon seront expédiés à la pisciculture du Parc Dumoulin, créée et exploitée par son père, Joseph Chaumont, pour le compte de la Société de pêche de Riom. Ce dernier fait éclore les œufs d'origine québécoise et empoissonne l'Allier, tributaire de la Loire.

Une seconde expédition d'œufs de saumon vers la France aura lieu de 1978 à 1986, sous l'impulsion, encore une fois, de Guy Chaumont qui convainc Yves Duhaime, alors ministre du Tourisme, de la Chasse et de la Pêche, de l'opportunité d'une telle action. Près d'un million d'œufs sont alors envoyés de nouveau en France, en provenance cette fois de la pisciculture de Tadoussac, d'abord pour la rivière l'Allier, puis pour la restauration de la rivière Dordogne. Dès cette époque, Chaumont énonce l'idée que la France devra éventuellement se doter d'équipements modernes de salmoniculture.

Coïncidence ou résultat des ensemencements d'alevins de saumon d'origine québécoise, toujours est-il que dès la fin des années 1950, on observe une augmentation des captures de saumon dans l'Allier. Encore plus étonnant, en avril 1991, le généticien William S. Davidson, de l'Université Memorial de Terre-Neuve, à qui l'ingénieur Robin Cuinat avait fait parvenir des échantillons de saumons de l'Allier, trouve que 15 % de l'échantillon est de provenance nord-américaine, liant ainsi les envois d'œufs d'origine québécoise à des saumons adultes de retour sur l'Allier après leur séjour marin. Ajoutons toutefois que quelques années plus tard, un autre échantillonnage comportant ses limites, il faut le dire, n'a pu confirmer ce premier résultat, qui attend toujours une validation.

Au fil des années 1960 et 1970, Guy Chaumont continue d'entretenir sur une base personnelle des contacts avec les pêcheurs de saumon français et l'administration française en matière de pêche. C'est ainsi qu'il invite les uns après les autres un certain nombre de personnalités du monde français de la pêche à visiter les rivières à saumon du Québec, les piscicultures à saumon et les réserves de chasse et de pêche afin de les inciter à suivre l'exemple du Québec en matière de gestion piscicole. Parmi les invités de Guy Chaumont, on compte son père, Joseph Chaumont, Henri Parrain, Lucien Bonenfant, un pêcheur sportif émérite fort connu à l'époque, Jean Gladel, alors nouveau président de l'APS, et Paul Boyer, journaliste, rédacteur en chef de la revue *Connaissance de la Pêche*.

Une étape critique est franchie en 1973 quand René Richard, président français de l'Association internationale pour la défense des rivières à saumon, impressionné par la qualité de la pêche sportive du saumon d'ici lors d'un séjour au Québec, propose aux autorités gouvernementales québécoises la mise en place de missions d'échanges entre la France et le Québec. René Richard prend des contacts avec le consulat de France à Québec et avec les autorités administratives et politiques en France. Quelques années plus tard, la première mission franco-québécoise est autorisée par la Commission permanente de coopération franco-québécoise.

En 1978 et 1979, le biologiste Yvon Côté et son collègue Yvan Turgeon, un spécialiste de l'élevage du saumon, se rendent en France pour s'enquérir des actions prises par le gouvernement français dans le cadre du Plan quinquennal Saumon et constater sur place les pratiques d'élevage de salmonidés en pisciculture. Ils y rencontrent Jean-Pierre Tane, un ingénieur des Eaux et Forêts, qui a développé, depuis, une amitié indéfectible à l'égard du Québec et fait partie de plusieurs missions scientifiques et techniques. Plusieurs des idées qui furent incluses plus tard au Québec dans le Programme de développement économique du saumon, notamment celle de la participation des associations de pêcheurs dans les actions de valorisation des milieux aquatiques, tirent leur origine de ces premières missions exploratoires en France.

Au début des années 1980, c'est au tour des Français de venir visiter le Québec. Des représentants de l'administration française et du secteur de la recherche viennent voir à leur tout ce qui se fait au Québec en matière de gestion des rivières à saumon. L'ensemble de ces échanges donne lieu en 1983 à la publication de leurs rapports de visite dans le numéro 50 de la revue *Saumons*.

Dès lors, les autorités gouvernementales françaises et québécoises réalisent que la coopération franco-québécoise, par le biais de missions d'échanges, peut devenir un instrument d'émulation, de perfectionnement et de progrès dans le secteur de la gestion piscicole des deux côtés de l'Atlantique. Les Français s'intéressaient aux réalisations techniques du Québec en matière de salmoniculture, alors que les Québécois voulaient s'enquérir des processus de régionalisation et de délégation des responsabilités de gestion de la pêche en France à des associations de pêcheurs. C'est ainsi qu'aux missions de courte durée se sont ajoutées des missions de longue durée et la tenue de deux colloques, l'un en France, l'autre au Québec. Les deux parties ont pu échanger sur les plans de restauration des rivières (Colloque sur la restauration des rivières à saumon, tenu à Bergerac en 1985) et sur les progrès dans le développement des nouvelles technologies (Colloque sur la place des technologies nouvelles dans la gestion du poisson et de ses habitats, tenu à Montréal en 1992).

Dans la foulée du colloque de Bergerac, il a été décidé de procéder au jumelage de rivières à saumon et d'associations de rivière : la Jacques-Cartier à la Dordogne, la Matane à la Sioule, le Comité de restauration de l'Etchemin à l'APS Loire-Allier. Le jumelage Jacques-Cartier — Dordogne a été particulièrement fécond en retombées de toutes natures en regard de la restauration des milieux aquatiques (voir l'autre encadré à la page 134) grâce à la complicité et à l'amitié qui se sont développées entre le Québécois Pierre Dulude et son collègue français Guy Pustelnik.

Guy Chaumont qui, pendant tout ce temps, suivait avec intérêt les résultats des idées qu'il avait lancées dès les années 1960, croit alors que le temps est venu d'inclure également à ces échanges les associations de pêcheurs à la base. À la fin des années 1980, il organise donc la venue au Québec de représentants des pêcheurs. Mentionnons les noms de Gérard Tendron, directeur général du Conseil supérieur de la pêche, Camille Solelhac, président de l'Union nationale des fédérations d'associations de pêcheurs, et bien d'autres tels que Jacques Delarue, Robert Gascouin et Maurice Juillet, tous des présidents de différentes fédérations d'associations de pêcheurs. Constatant les progrès technologiques du Québec en matière de pisciculture du saumon, ils croient que la France doit se doter d'un équipement moderne de production salmonicole.

De concert avec Guy Chaumont, les représentants des pêcheurs français élaborent un plan d'action et conviennent, chacun dans sa sphère d'influence, de travailler à sa réalisation. La stratégie est simple et s'énonce en six points :

1. Sensibiliser les autorités politiques françaises à la nécessité d'une intervention majeure dans le domaine du saumon;
2. Obtenir l'appui de la toute jeune Union européenne en formation, pour laquelle l'environnement est une priorité;
3. Trouver des budgets auprès des instances publiques concernées et intéressées;
4. S'appuyer sur le modèle québécois pour la mise en place d'un établissement piscicole moderne;
5. Former le personnel responsable de cet établissement;
6. Tout au long de ce processus, s'appuyer sur la coopération franco-québécoise.

En décembre 1990, Louis Eyraud, adjoint au maire de Brioude et député à l'Union européenne, épaulé localement par Paul Josenci, président de l'Association des pêcheurs de Brioude, propose à Michel Barnier, ministre de l'Environnement, la création en France d'un centre piscicole moderne à l'image de la pisciculture de Tadoussac au Québec. L'idée fait son chemin et le projet est finalement accepté par l'administration française. Le site de Chanteuges, ▶

En octobre 2005, lors du Colloque de Bergerac - 20e anniversaire, Pierre-Paul Turcotte, le président de la Société de gestion de la rivière Matane, s'est vu remettre par les organisateurs de l'évènement un Makila d'Honneur, célèbre bâton de marche jadis utilisé au pays basque. Ce Makila sera transmis annuellement, pendant dix ans, à différentes associations québécoises de pêcheurs qui auront contribué de façon exemplaire à la sauvegarde du saumon atlantique. Au terme d'une décennie en sol québécois, soit en 2015, le Makila entreprendra le voyage de retour vers la France, où il transitera également d'association en association pour dix ans encore. Le Makila d'Honneur est désormais le symbole qui unit les saumoniers de France et du Québec dans leur marche commune pour la sauvegarde des rivières à saumon.

d'abord proposé par Paul Josenci, est retenu. Dès lors, on sollicite, par le biais de la coopération franco-québécoise, l'appui technique d'Yvan Turgeon que l'on jumelle à Patrick Martin, le premier directeur du centre piscicole de Chanteuges. La compétence de ces deux experts et leur ténacité auront raison des multiples difficultés de parcours jalonnant la réalisation de ce projet. Le 10 juillet 2001 est inaugurée la pisciculture de Chanteuges, actuellement le centre piscicole le plus moderne de l'Union européenne. L'un des objectifs poursuivis par cet établissement est de soutenir la restauration des rivières à saumon de France.

Tout au long des années 1990 et au début des années 2000, la poursuite des missions de coopération franco-québécoise, en plus d'avoir été indispensable à la mise en route de la salmoniculture de Chanteuges, a contribué à la réalisation d'autres projets. Plusieurs missions dans le sens Québec-France ont été organisées pour étudier l'approche de gestion par bassin versant déjà implantée en France depuis quelques décennies et dont le Québec s'est inspiré pour établir sa propre politique en cette matière. Les rivières à saumon ont fait figure de proue lors de la mise en place de la gestion par bassin versant au Québec, largement grâce aux échanges qui se sont établis entre la Fédération québécoise pour le saumon atlantique (FQSA) et l'Association internationale de défense du saumon atlantique (AIDSA), et aux moyens offerts par la Commission permanente de coopération franco-québécoise. Autre exemple, les Français, inspirés par le rôle joué au Québec par la Fondation de la faune du Québec, créent la Fondation Saumon en France. Et finalement, par un curieux retour des choses, le directeur de la pisciculture de Chanteuges, Patrick Martin, a été invité récemment par le gouvernement québécois à contribuer à l'implantation de la norme ISO 9000 dans la gestion des établissements piscicoles québécois, tout comme il l'a fait à Chanteuges.

Le centre piscicole de Chanteuges (France).

Le centre piscicole de Tadoussac.

L'île d'Anticosti

Anticosti, île sauvage, mystérieuse, envoûtante. Terre des ambitions déçues de grands explorateurs et d'aventuriers, mais néanmoins véritable joyau du golfe du Saint-Laurent par son environnement à la fois marin et continental. Les Innus montagnais l'avaient nommée *Notiskuan*, c'est-à-dire là où on chasse l'ours. Les Micmacs l'appelaient quant à eux *Notisgotek*, « l'avant-terre ». Il est possible que la dénomination Anticosti provienne de l'expression *ante coste*, selon un concept qui s'apparente à l'appellation micmaque.

L'île d'Anticosti est la plus grande des îles du Saint-Laurent. Elle est formée de roches sédimentaires, majoritairement des calcaires, aussi vieilles que les roches de la Gaspésie, mais non déformées. L'île est ce que l'on appelle une « cuesta », c'est-à-dire que son relief tabulaire est légèrement incliné vers le sud, produisant un paysage de falaises du côté nord et d'estrans étalés sur son côté opposé. Sur les 24 rivières qui y serpentent, près des deux tiers coulent sur cette table et débouchent sur sa rive sud. Celles qui franchissent le front de la « cuesta » sont les plus spectaculaires, avec un lit encaissé dans les strates de roc et des chutes uniques.

Pour le saumon, la dimension relativement modeste de la majorité des bassins hydrographiques et les contraintes hydrologiques qui s'y rattachent constituent un défi. Pour le pêcheur, pratiquer son activité dans cet environnement unique constitue un privilège exceptionnel.

Rivière Jupiter. Le rêve de tout saumonier, se trouver seul au pied de cette falaise du 30e Mille.

L'Ungava

Pays rude où le climat règne en maître sur la vie des espèces qui ont réussi à s'y adapter, l'Ungava recèle des paysages qui nous laissent deviner ce à quoi pouvaient ressembler nos territoires de la forêt boréale juste après la glaciation. Le relief d'un plateau parsemé de lacs aux berges festonnées par les nombreuses formes de dépôts fluviaux-glaciaires parfaitement visibles est traversé par des vallées majeures et secondaires qui constituent le réseau hydrographique des grandes rivières de l'Ungava.

Le saumon de l'Ungava a dû recourir à un ensemble de stratégies de survie uniques pour s'adapter à cet environnement où la période estivale est très courte. Certains saumons limitent leur migration aux estuaires de leur rivière natale, d'autres entreprennent une migration marine qui les mènera dans les eaux baignant le Groenland. De retour en rivières, plusieurs de ces saumons se reproduisent deux années consécutives, sans même redescendre vers la mer, un phénomène que l'on ne retrouve que dans certaines rivières de Russie situées à la même latitude. La croissance des saumons juvéniles y est aussi plus lente que dans les rivières du sud, à cause de la faible période de croissance. On y trouve des tacons de 5, 6 ou même 7 ans, alors que la règle est de 2, 3 ou 4 dans les rivières du sud du Québec. Cependant, le saumon adulte y est tout aussi combatif pour le pêcheur qui a la chance de pêcher à ces latitudes.

Rivière George. Coulant sur une distance de 400 kilomètres dans la norditude québécoise elle est l'une des plus longues et des plus majestueuses rivières à saumon du Québec.

La fréquentation des rivières

L'accessibilité physique au territoire est un facteur prépondérant dans la fréquentation des rivières à saumon par les pêcheurs sportifs. Prenons pour exemple l'année 2007. Selon les statistiques du ministère des Ressources naturelles et de la Faune, l'effort de pêche a été de 57 098 jours-pêche au Québec. Ils se répartissent entre la Gaspésie (39 921 jours-pêche), la Haute et la Moyenne-Côte-Nord (8 378 jours-pêche), la région du Saguenay (3 446 jours-pêche) et les quatre autres zones salmonicoles (5 353 jours-pêche).

L'achalandage en Gaspésie est impressionnant, car il représente près de 70 % de la fréquentation totale au Québec en 2007. Précisons aussi que les deux rivières les plus fréquentées, la Matapédia et la Matane, comptent pour 26 % du total québécois. De plus, si on leur ajoute les trois suivantes — les rivières Bonaventure, Cascapédia et York —, nous obtenons presque la moitié, soit 49 %, du total de la fréquentation au Québec durant cette année.

Dans les autres zones géographiques, sur la Moyenne-Côte-Nord, la Moisie (2 530 jours-pêche) représente plus de la moitié (52 %) de l'achalandage de cette région, alors qu'au Saguenay, la rivière Sainte-Marguerite compte pour 62 % du total de jours-pêche de la région. Ces chiffres nous révèlent une tendance à la concentration de l'achalandage dans un petit nombre de rivières-phares dans chaque région.

Les captures de saumons en 2007

Au cours de 2007, les captures de saumons ont été de 3 737 madeleineaux et de 3 263 saumons rédibermarins pour 7 000 prises rapportées. En ajoutant les remises à l'eau, qui s'élèvent à 6 343, le nombre total de captures a été de 13 343. Le rendement de la pêche dans une rivière est proportionnel à l'importance de son bassin hydrographique et à l'effort de pêche qu'on y déploie. Ainsi deux rivières, la Matapédia et la Matane, qui sont parmi les plus grandes de la région du Bas-Saint-Laurent — Gaspésie, comptent pour plus de 36 % des 7 000 prises enregistrées. Or ces deux rivières se démarquent aussi par leur niveau de fréquentation qui s'élève à près de 15 000 jours-pêche en 2007. Ainsi un fort achalandage n'est pas synonyme de mauvais résultats de pêche. Dans ces deux rivières, soulignons que le taux de déposition des œufs dans les frayères par les saumons reproducteurs est très élevé, ce qui pourrait expliquer, au moins en partie, cette productivité exceptionnelle.

STATISTIQUES DE PÊCHE SPORTIVE PAR RIVIÈRE POUR L'ANNÉE 2007							
Rivière	**Madeleineau nombre**	**Rédibermarin nombre**	**Total**	**Effort jours-pêche**	**Succès capt./j.-p.**	**Remises à l'eau**	**Succès ajusté**
Rive sud du Saint-Laurent							
Ouelle	48	6	54	234	0,23	0	0,23
Rimouski	112	0	112	639	0,18	33	0,23
Mitis	93	64	157	1 104	0,14	51	0,19
Matane	489	596	1 085	7 267	0,15	44	0,16
Cap-Chat	36	0	36	608	0,06	52	0,14
Sainte-Anne	101	60	161	1 603	0,10	239	0,25
Madeleine	51	32	83	566	0,15	89	0,30
Dartmouth	47	76	123	1 163	0,11	0	0,11
York	142	308	450	4 008	0,11	107	0,14
Saint-Jean	78	40	118	1 717	0,07	327	0,26
Malbaie	6	0	6	73	0,08	14	0,27
Grande-Rivière	35	23	58	718	0,08	70	0,18
Du Petit Pabos	18	0	18	136	0,13	37	0,40
Du Grand Pabos	10	0	10	368	0,03	79	0,24
Du Grand Pabos Ouest	20	0	20	111	0,18	49	0,62
Port-Daniel Nord	5	0	5	27	0,19	1	0,22
Bonaventure	208	158	366	4 352	0,08	244	0,14
P. Rivière Cascapédia	47	0	47	1 213	0,04	157	0,17
Cascapédia	39	64	103	4 684	0,02	683	0,17
Nouvelle	12	0	12	336	0,04	8	0,06
Matapédia	435	709	1 144	7 614	0,15	259	0,18
Causapscal	3	56	59	354	0,17	16	0,21
Patapédia	38	20	58	846	0,07	25	0,10
Kedgwick	1	2	3	180	0,02	0	0,02
Total partiel	**2 074**	**2 214**	**4 288**	**39 921**	**0,11**	**2584**	**0,17**
Rive nord du Saint-Laurent							
Du Gouffre	69	0	69	1 349	0,05	75	0,11
Malbaie	33	0	33	388	0,09	8	0,11
Petit Saguenay	13	0	13	303	0,04	25	0,13
Saint-Jean	26	0	26	656	0,04	21	0,07
À Mars	13	0	13	368	0,04	23	0,10
Sainte-Marguerite	50	0	50	1 615	0,03	81	0,08
Sainte-Maguerite N.-E.	56	0	56	504	0,11	83	0,28
Escoumins	10	0	10	373	0,03	54	0,17
Laval	1	1	2	65	0,03	0	0,03
Godbout	64	0	64	683	0,09	125	0,28
De la Trinité	123	0	123	931	0,13	32	0,17
Pentecôte	17	16	33	300	0,11	0	0,11
Aux Rochers	120	34	154	1 131	0,14	115	0,24
Moisie	4	108	112	2 530	0,04	379	0,19

(Suite)

STATISTIQUES DE PÊCHE SPORTIVE PAR RIVIÈRE POUR L'ANNÉE 2007							
Rivière	**Madeleineau nombre**	**Rédibermarin nombre**	**Total**	**Effort jours-pêche**	**Succès capt./j.-p.**	**Remises à l'eau**	**Succès ajusté**
Jupitagon	2	2	4	19	0,21	0	0,21
Magpie	1	1	2	10	0,20	0	0.20
Saint-Jean	28	131	159	809	0,20	89	0.31
Mingan	12	45	57	249	0,23	0	0.23
Romaine	1	7	8	42	0,19	0	0.19
De la Corneille	10	3	13	75	0,17	32	0.60
Piashti	4	1	5	30	0,17	9	0.47
Watshishou	1	7	8	153	0,05	189	1.29
P. Rivière Watshishou	10	3	13	38	0,34	13	0.68
Nabisipi	15	25	40	59	0,68	3	0.73
Aguanus	7	16	23	160	0,14	6	0.18
Natashquan	72	360	432	721	0,60	0	0.60
Kégaska	29	2	31	90	0,34	0	0.34
Musquaro	65	6	71	110	0,65	0	0.65
Musquanousse	15	6	21	41	0,51	0	0.51
Washicoutai	8	8	16	142	0,11	0	0.11
Étamamiou	188	58	246	257	0,96	39	1.11
Du Gros Mécatina	79	3	82	130	0,63	47	0.99
Véco	22	1	23	64	0,36	0	0.36
Kécarpoui	11	2	13	60	0,22	35	0.80
Saint-Augustin	0	2	2	6	0,33	0	0.33
Napetipi	38	0	38	113	0,34	101	1.23
Du Vieux-Fort	30	1	31	175	0,18	176	1.18
Saint-Paul	52	29	81	657	0,12	1 064	1.74
Ruisseau au Saumon	1	0	1	3	0,33	0	0.33
Ruisseau des Belles-Amours	11	0	11	30	0,37	0	0.37
Brador Est	5	0	5	14	0,36	0	0.36
Total partiel	**1 316**	**878**	**2 194**	**15 453**	**0,14**	**2 824**	**0.32**
Anticosti							
Aux Saumons	30	3	33	290	0,11	14	0.16
De la Chaloupe	31	3	34	149	0,23	9	0.29
Ferrée	15	1	16	21	0,76	2	0.86
Jupiter	189	1	190	496	0,38	212	0.81
La Loutre	8	0	8	133	0,06	2	0.08
Total partiel	**273**	**8**	**281**	**1 089**	**0,26**	**239**	**0.48**
Ungava							
Georges	16	35	51	271	0,19	22	0.27
Koksoak	24	86	110	297	0,37	647	2.55
Aux Feuilles	34	42	76	67	1,13	27	1.54
Total partiel	**74**	**163**	**237**	**635**	**0,37**	**696**	**1.47**
Total	**3 737**	**3 263**	**7 000**	**57 098**	**0,12**	**6 343**	**0.23**

Source : Anonyme. 2008. *Bilan de l'exploitation du saumon en 2007.* Ministère des Ressources naturelles et de la faune. Québec.

ÉVOLUTION DES CAPTURES SPORTIVES DE SAUMON AU QUÉBEC, DE 1984 À 2007							
Année	Rive sud Saint-Laurent	Rive nord Saint-Laurent	Anticosti	Ungava	Total	Effort de pêche	Succès capt./j.-p.
1984	4 361	4 504	1 596	1 173	11 634	42 061	0,28
1985	4 823	5 731	1 904	1 074	13 532	45 478	0,30
1986	7 006	7 370	1 663	1 496	17 535	53 258	0,33
1987	6 260	7 085	1 054	2 365	16 764	54 168	0,31
1988	9 185	8 511	1 206	2 406	21 308	61 188	0,35
1989	7 691	6 628	729	1 759	16 807	63 071	0,27
1990	8 199	9 798	863	1 408	20 268	67 719	0,30
1991	7 816	7 571	802	985	17 174	66 447	0,26
1992	10 561	8 543	704	377	20 185	69 060	0,29
1993	9 645	6 691	729	414	17 479	69 478	0,25
1994	10 683	6 284	761	411	18 139	71 592	0,25
1995	6 200	4 733	365	494	11 792	59 420	0,20
1996	8 601	6 248	1 070	392	16 311	62 356	0,26
1997	5 917	5 070	414	426	11 827	61 222	0,19
1998	5 262	4 118	515	492	10 387	58 034	0,18
1999	4 663	3 411	257	584	8 915	55 219	0,16
2000	4 999	3 894	391	525	9 809	57 165	0,17
2001	5 295	3 336	333	740	9 704	57 674	0,17
2002	5 924	2 803	316	418	9 461	54 465	0,17
2003	5 323	3 099	287	620	9 329	57 047	0,16
2004	6 968	3 095	162	887	11 112	60 085	0,18
2005	4 271	2 549	174	619	7 613	56 789	0,13
2006	4 896	2 396	324	460	8 076	56 163	0,14
2007	4 288	2 194	281	237	7 000	57 098	0,12

Source : Anonyme. 2008. *Bilan de l'exploitation du saumon en 2007.* Ministère des Ressources naturelles et de la faune. Québec.

La popularité de la remise à l'eau

Quand on examine les statistiques de prises de saumon, l'année 2007 semble être l'année qui aura vu le moins de captures enregistrées dans les 24 dernières années. Par contre, il convient de relativiser ces chiffres, puisque parallèlement à la pêche traditionnelle, la pratique de la remise à l'eau s'est accrue fortement au cours de cette période. C'est, d'une part, un gage de conscientisation des pêcheurs sportifs, mais, d'autre part, à certains endroits, cette pratique s'avère une nécessité afin de préserver la ressource. Les chiffres sur le nombre de remises à l'eau démontrent une constante progression de cette pratique. À titre d'exemple, les données de 1998 indiquaient 2 978 saumons graciés, alors que celles compilées en 2007 nous en donnent 6 343, soit une progression de 213 % en dix ans. En ajoutant le nombre de remises à l'eau aux résultats de 2007, on obtient un total de 13 343 captures. Prêtons attention à ces chiffres, car ils indiquent qu'en 2007, on a obtenu des résultats comparables à ceux de l'année 1998 si l'on tient compte du phénomène des remises à l'eau, aussi appelé graciation des saumons. Voilà certainement un signe que cette pratique permet de préserver la ressource tout en accordant à davantage de pêcheurs la joie d'avoir un majestueux saumon au bout de leur ligne !

Chapitre 5

Souvenirs et conseils pratiques d'un saumonier

Gérard Bilodeau

Retour sur un voyage de pêche d'il y a presque 30 ans

30 août 1980. En ouvrant les yeux, je constate que l'intérieur de la tente est complètement clair, signe évident que le jour s'est levé. La veille, après avoir parcouru quelques kilomètres en canot sur la Patapédia et pêché dans plusieurs fosses, Bernard Monna, de Saint Pierre de l'île d'Orléans, et moi avions décidé d'installer notre abri de fortune sur une partie de la rive surplombant la fosse La Baignade.

Un bruit familier attire mon attention. Des saumons probablement stimulés par les lueurs du jour levant exécutent des sauts dans la fosse. De tels comportements sont chose courante en fin de saison, comme si l'approche de la fraieson excitait davantage ces grands poissons migrateurs. On aurait dit que tous les saumons de la fosse s'étaient donné le mot pour nous tirer de notre torpeur tellement leur agitation était grande. « N'y a-t-il pas meilleure façon de se réveiller » pensai-je, alors que je me libérais peu à peu des bras de Morphée.

Je sors de la tente pour admirer le spectacle. C'est incroyable : il y a plus d'une centaine de saumons répartis un peu partout dans la dernière moitié de la fosse. Je les aperçois très bien dans l'eau lisse et claire. Les plus agités d'entre eux font exploser la surface de l'eau à tour de rôle comme

Le camp du 11e Mille sur la Patapédia tel qu'il était en 1980.

s'ils s'étaient donné le mot. Une telle quantité de saumons est exceptionnelle dans cette rivière. Mais les pêcheurs ayant fréquenté les rivières à saumon du Québec durant l'été de 1980 se rappelleront très bien la quantité phénoménale de saumons qui ont remonté les rivières cette année-là. Un conflit de travail chez les pêcheurs commerciaux de Terre-Neuve a permis alors à des milliers de saumons de contourner l'île de Terre-Neuve au cours de leur migration sans être interceptés « accidentellement » par les navires de pêche. En conséquence, les fosses de la Patapédia, comme celles des autres rivières à saumon, avaient littéralement regorgé de saumons, à la grande joie des saumoniers.

Je réanime les braises du feu de la veille et commence à préparer le petit-déjeuner. Comme nous sommes seuls sur ce secteur de la rivière, nous ne sommes pas pressés. À cette époque, la plupart des saumoniers qui fréquentaient ce secteur de la Patapédia planifiaient leur descente en canot de manière à pêcher dans cette magnifique fosse à la fin de la première journée, de camper sur place et de pêcher quelques heures tôt le lendemain matin.

Ce matin, le ciel est clair. En cette fin d'août, l'air frisquet annonce que ce secteur connaîtra dans quelques jours ses premières gelées automnales. Une forte rosée recouvre la végétation. Cette abondante humidité accentue les odeurs habituelles de la forêt; je respire à pleins poumons afin de profiter de ces agréables odeurs. Le crépitement du bois sec léché par les flammes et l'odeur du café tirent mon compagnon de pêche hors de la tente.

Après avoir avalé un copieux petit-déjeuner, nous préparons nos équipements avec une certaine fébrilité. Les saumons sont toujours actifs, tant à la queue de la fosse que dans le rapide, à sa tête. Préférant la noyée, mon compagnon choisit le rapide pour pêcher. Ce choix fait mon affaire, car j'ai une nette préférence pour la sèche. « Juste avant que le soleil ne touche la fosse de ses rayons, je pourrai faire flotter ma mouche sans trop les effrayer », que je me dis. Quand l'eau est basse dans les rivières, mon approche est guidée par un seul mot : la discrétion. Mon vieil ami François de B. Gourdeau, qui a été mon mentor à la pêche du

François de B. Gourdeau a été mon mentor.

saumon au milieu des années 1970, m'a souvent répété qu'il se tenait toujours le plus loin possible des saumons quand le niveau de l'eau était bas : « La plupart des pêcheurs ont la mauvaise habitude d'entrer dans l'eau afin de s'approcher des saumons. Les saumoniers ne réalisent pas que dans de telles conditions, le saumon vit un stress parce que son habitat devient plus restreint. Il est donc préférable de prendre position loin des saumons, quitte à faire des lancers plus longs pour les atteindre. »

C'est en gardant ces précieux conseils en tête que je prends position en aval afin de conserver la plus grande distance possible entre les saumons et moi. Volontairement, j'exécute quelques lancers un peu en bas des premiers saumons afin de me réchauffer et de me donner un rythme. Le petit Oiseau brun flotte bien et surtout se pose délicatement au bout de mon avançon de 12 pieds. J'allonge mes lancers graduellement. La mouche passe au-dessus des saumons qui semblent totalement indifférents à son passage répété. Je reste concentré sur la mouche; ainsi dès qu'un saumon manifestera un intérêt envers elle, je le verrai aussitôt. Soudain, un saumon se détache du groupe tel un sous-marin, monte lentement vers la surface. À quelques pouces seulement de la surface, il ouvre la gueule; je distingue nettement la blancheur de l'intérieur de sa bouche. Dans un éclaboussement bruyant et spectaculaire, il saisit la mouche et retourne vers son lieu d'origine. Je ferre à ce moment. La réaction du saumon ne se fait pas attendre. Même s'il ne s'est pas nourri depuis plusieurs mois, il se débat avec une extrême vigueur. Il donne de violents coups de tête, parcourt la fosse en tous sens et crée la panique chez les autres saumons. Brusquement, il saute hors de l'eau et retombe avec fracas en soulevant une gerbe d'eau dont les milliers de gouttelettes brillent sous les rayons du soleil qui commencent à frapper la fosse. Je réussis à maintenir la tension tant bien que mal tellement ce saumon déploie de l'énergie pour se défendre. Je le distingue maintenant dans l'eau claire. Aucun doute, c'est un mâle dont la robe a viré au rouge. Sa tête est longue et je distingue facilement le crochet à l'extrémité de sa mandibule inférieure. Il est très agressif et ne me donne aucun répit. Finalement, comme je le redoutais, la mouche se décroche.

Presque au même moment, Bernard pousse un cri de joie. Sa soie est tendue, il tient sa canne haute. Il vient de ferrer un magnifique saumon, mâle encore une fois, qu'il sauve au bout de plusieurs minutes de combat. Après cette capture, le soleil plombe maintenant dans la fosse. Il est temps de partir, car nous avons plusieurs kilomètres à parcourir en canot et plusieurs excellentes fosses où pêcher. Le paysage est magnifique. La nature est sauvage. À cette époque, aucune coupe forestière n'avait encore été faite dans ce secteur de la Patapédia.

Les arbres gigantesques qui couvrent les montagnes et le bord de la rivière rendent l'endroit plus sauvage encore. On rencontre régulièrement des animaux, petits et gros, sur le bord de la Patapédia. Dans chaque cas, ils ont toujours l'air surpris de nous voir tellement sont rares les humains qui fréquentent ce secteur. Je me prends à rêver... C'est sûrement ainsi que les premiers pêcheurs de saumons ont découvert les magnifiques rivières à saumon du Québec, il y a de cela plusieurs décennies.

Quand ils discutent entre eux, les saumoniers se plaisent parfois à imaginer ce que devait être leur activité favorite quand elle a commencé à être pratiquée au Québec par les militaires vers le milieu du XIXe siècle. Bien souvent, ils évoquent la quiétude qui devait alors régner sur les rivières à saumon ainsi que l'extraordinaire abondance des saumons, deux caractéristiques pratiquement à l'opposé de ce que l'on trouve aujourd'hui.

Quand je laisse à mon tour mon esprit vagabonder dans le passé, je me plais à croire que l'inoubliable voyage que j'ai fait en canot sur la Patapédia, en cette fin de saison 1980, devait ressembler probablement à ce qu'ont connu les premiers saumoniers qui ont fréquenté cette rivière. La lecture de livres décrivant la pêche à cette époque ainsi que des entretiens avec de vieux guides ou pêcheurs renommés, tels que les François de B. Gourdeau, Richard Adams et Jean-Paul Dubé, aujourd'hui décédés, m'ont littéralement fait parfois regretter que la « machine à remonter dans le temps » ne soit pas inventée afin de me permettre, ne serait-ce que pour quelques jours, de connaître les conditions de pêche qui avaient cours à ce moment.

Un sport devenu plus accessible

De nos jours, heureusement, les gestionnaires de plusieurs rivières à saumon offrent des secteurs de rivières où l'accès limité, la possibilité d'utiliser les services d'un guide et l'environnement sauvage rappellent les conditions de l'époque, avec une variable de moins cependant : la quantité de saumons aujourd'hui y est nettement moindre.

L'organisation de la pêche sportive s'est nettement développée au cours du dernier quart de siècle. Pendant les années 1970, un important mouvement de démocratisation de la pêche sportive du saumon s'est amorcé, pour culminer durant les années 1980 au cours desquelles ont été créées les zones d'exploitation contrôlées pour les rivières à saumon (communément appelées Zecs saumon) et des organismes locaux dont la mission consiste

En forêt, les affiches facilitent l'accès aux fosses.

à gérer la pêche sportive du saumon dans une ou plusieurs rivières. Enfin, des pourvoiries établies sur certaines rivières et offrant l'hébergement complètent l'offre de pêche.

Devant cette accessibilité accrue, de nombreux pêcheurs à la mouche québécois et étrangers ont goûté à cette passionnante activité au fil des saisons. Mais certains ont abandonné, découragés par la baisse constante des populations de saumons remontant les rivières chaque été. Ces dernières années, certains gestionnaires de rivières, préoccupés par la relève, ont mis en place des mesures visant à initier des jeunes à la pêche du saumon à des prix abordables. Enfin, signe des temps, on voit de plus en plus de femmes taquiner le saumon.

Toute l'information relative aux modalités d'accès à la pêche du saumon sur les rivières à saumon du Québec se trouve facilement dans les sites Internet ou encore, directement auprès d'organismes reliés de près à la gestion de la pêche du saumon.

Quelques conseils pratiques

La pêche du saumon et les techniques de pêche ont fait l'objet de plusieurs publications au cours des années. Des textes ont été publiés dans des revues spécialisées, des livres ont été écrits sur ce sujet, et des conférences ont été prononcées dans le cadre d'évènements tels que le Forum annuel de pêche à la mouche Québec-Maritimes, à Granby. Malgré cela, j'entends encore dire : « La pêche au saumon, ça a l'air compliqué », ou encore « Est-ce que ça prend un équipement spécial? » voici quelques précisions là-dessus.

Où trouve-t-on le saumon en rivière ?

Quand le saumon pénètre dans sa rivière natale, il n'a qu'un objectif en tête : la remonter et trouver le meilleur site pour frayer afin d'assurer la pérennité de l'espèce. Tout au long de ses déplacements qui se font à des vitesses variables, le saumon s'arrête dans des fosses afin de se reposer plus ou moins longtemps. C'est là que le saumonier a de meilleures chances de le capturer.

Pour définir une fosse, je reprends textuellement ce que Gilles Aubert, André A. Bellemare et moi-même avons écrit dans le livre *Saumon atlantique,* publié en 1988 : « Une fosse est une dépression, plus ou moins forte, du lit de la rivière, de longueur et de profondeur variables, provoquant un ralentissement de la vitesse du courant. » C'est là que le saumon s'arrêtera afin de se reposer plus ou moins longtemps. Les principales fosses des rivières sous gestion sont bien connues. Mais il peut exister d'autres fosses non identifiées, parfois appelées entre-fosses par les saumoniers, qui offrent de belles occasions, car bien souvent la pression de pêche y est faible ou nulle. Pour trouver les entre-fosses, il faut faire preuve d'un bon sens de l'observation et, surtout, accepter de faire des efforts. La meilleure manière consiste à se déplacer à pied le long de la rivière, ou en canot

Une fosse à saumon type sur la rivière Cap-Chat.

Quelques saumons au repos dans la fosse Spruin Rock de la rivière York.

si son usage est permis, tout en scrutant attentivement le courant à la recherche de signes indiquant un ralentissement de celui-ci. En plus de faciliter les déplacements, le canot permet une meilleure lecture de la rivière, car le saumonier occupe une position surélevée par rapport à la surface de l'eau. Pour des rivières de la taille de la Matapédia ou de la Bonaventure, principalement dans leur partie en aval, le canot est nécessaire.

Partir à la découverte de nouvelles fosses est mon activité préférée. Le plaisir d'être seul en pleine nature, la prospection des endroits prometteurs et

Malgré le brouillard, l'observation attentive permet de déceler les saumons dans une fosse de la Petite Cascapédia.

Le port de lunettes à verres polarisés permet de mieux voir les saumons dans l'eau claire de la rivière du Grand Pabos Nord.

surtout l'anticipation d'une attaque soudaine m'apportent un bien-être sans égal. Quand j'ai pêché dans la York et la Dartmouth au début des années 1980, j'y ai fait des découvertes longtemps restées secrètes, puisque le taux de fréquentation de ces rivières était faible. Je me rappelle aussi une petite fosse découverte sur la Trinité, sur la Côte-Nord, située à environ vingt minutes de marche en amont de la fosse du Barrage. Pendant des années, j'ai pêché seul dans cette fosse qui regorgeait littéralement de saumons. À chaque fois, l'action était au rendez-vous. Il n'y avait jamais de traces de bottes révélant la présence d'autres pêcheurs, jusqu'à ce que certains à l'esprit aventurier la découvrent un jour. Encore aujourd'hui, je reste persuadé que la plupart des rivières contiennent au moins une fosse secrète…

Apportez vos lunettes de soleil

L'usage de lunettes à verres polarisés s'avère indispensable, car en éliminant les reflets en surface, elles rendent la rivière presque aussi facile à lire qu'un livre ouvert, surtout lorsque l'eau est très claire. Je pêche régulièrement avec le guide Steve Bujold, de Saint-Edgard, dans la Baie-des-Chaleurs. Que ce soit sur la Bonaventure ou la Petite-Cascapédia, dès qu'il amorce la descente de la rivière avec son grand canot, il devient comme un chasseur : debout sur le plat-bord, il scrute attentivement le courant et le lit de la rivière, à la recherche du moindre signe qui lui révélera la présence de poissons. Il accorde une attention particulière aux endroits où le courant ralentit, et presque à coup sûr, il déniche saumons et truites de mer. Ses succès de pêche témoignent largement de la pertinence de sa stratégie et de ses talents de pêcheur.

Quelle canne à pêche choisir?

Tout d'abord, sachez que dans la plupart des rivières à saumons du Québec, seule la pêche à la mouche est permise pour pêcher le saumon. Comme équipement de base, je vous suggère une canne d'une longueur de 9 pieds ou 9,5 pieds qui peut propulser une soie numéro 9. Cette dernière doit être flottante et avoir le fuseau décentré vers l'avant (*weight forward*) pour que vous puissiez lancer plus efficacement contre le vent. Vous pourrez ainsi pêcher le saumon partout au Québec, dans toutes les conditions.

Le moulinet doit avoir un diamètre suffisant pour contenir la soie et au moins 100 verges d'une ligne de réserve (communément appelée *backing*). Le moulinet doit aussi avoir un frein de qualité capable de résister à la tension constante qu'exerce un saumon, particulièrement en début de saison alors que l'eau est haute et que le saumon arrivé de la mer est dans une forme exceptionnelle. J'insiste sur l'importance d'un bon frein. J'ai trop souvent vu des pêcheurs aux prises avec un saumon de bonne taille dont le moulinet a littéralement flanché parce que la qualité de son système de freinage n'a pas su résister aux assauts répétés et vigoureux du saumon. De plus, comme les saumoniers pratiquent de plus en plus la graciation, un frein de qualité sur leur moulinet contribuera à épuiser le saumon plus rapidement, et donc à le retourner dans son élément avec le maximum de chances de survie.

Évidemment, à mesure que vous acquerrez de l'expérience, vous voudrez peut-être relever un plus grand défi et vous mesurer au saumon avec un équipement plus léger. Je connais des saumoniers aguerris qui utilisent une canne plus courte et une soie plus légère (numéro 5, par exemple). Mon ami Paul Leblanc, propriétaire de la boutique Salmo Nature à Montréal, adore se mesurer au saumon à l'occasion avec des équipements légers. Dans des conditions d'eau basse et de vents faibles ou nuls, ce type d'équipement vous permettra de présenter adéquatement de petites mouches, noyées ou sèches. Prendre un saumon avec un tel équipement vous fera passer par toute la gamme des émotions. Ceux qui ont eu la chance de voir les films de Lee Wulff en savent quelque chose : ce célèbre pêcheur américain a pêché le saumon à peu près partout sur la planète en utilisant des cannes légères qui pouvaient avoir 3 pieds seulement.

À l'opposé, les cannes à deux mains, mesurant généralement entre 14 et 16 pieds, accueillent de plus en plus d'adeptes. On est loin des poids lourds en bambou ou en fibre de verre utilisés autrefois sur les rivières à saumon du Québec, surtout par les membres des clubs privés. Aujourd'hui, la fibre de graphite permet de fabriquer des cannes plus légères. Le principal avantage des cannes à deux mains réside dans les possibilités accrues de lancer efficacement dans le vent, une contrainte que l'on rencontre souvent sur les grandes rivières.

Les bottes et la veste de pêche

Viennent ensuite les bottes de pêche. Sans aucune hésitation, je conseille les bottes-pantalons, qui permettent d'affronter toutes les conditions. De préférence, choisissez des bottes dont le matériau permet d'évacuer l'humidité (comme le Gore-Tex). Leur confort vaut amplement l'investissement additionnel requis. Je me rappelle très bien mes débuts comme saumonier : quand le soleil se faisait particulièrement chaleureux, je cuisais littéralement dans mes bottes-pantalons fabriquées de caoutchouc.

Je conseille la veste de pêche au saumonier qui parcourt les fosses à pied. Elle permet d'accéder rapidement aux boîtes à mouches et autres petites pièces d'équipements nécessaires. Pour la pêche à partir d'un grand canot, c'est une question de goût. Pour ma part, je préfère apporter un sac à dos contenant tout ce dont j'ai besoin.

Mouches et techniques de pêche

Le choix de la mouche pourrait faire l'objet d'un livre à lui seul tellement il y a de choses à dire à son sujet. Les saumoniers en discutent parfois avec beaucoup de passion et de conviction, surtout quand il s'agit de démontrer que telle ou telle mouche représente LE choix incontournable sur une rivière donnée. On retrouve la même ferveur quand on consulte les sites de discussion traitant

Le choix d'une mouche fait souvent l'objet de discussions animées.

Avec un tel choix de mouches noyées, le saumonier pourra affronter toutes les situations.

de ce sujet. Dans tous les cas, on constate que le choix de la mouche préoccupe bien plus le saumonier que la manière de pêcher. Combien de fois n'entend-on pas un saumonier qui fréquente une rivière pour la première fois demander des informations sur les mouches les plus productives sur cette rivière. Inconsciemment ou pas, chaque saumonier recherche LA mouche qui séduirait infailliblement le saumon. Évidemment, cette quête alimente le rêve et stimule l'imaginaire des saumoniers. C'est très bien comme ça…

Toutefois, je suis persuadé que le choix de la mouche ET la manière de pêcher forment une combinaison qui peut faire la différence entre le succès ou l'échec. Je vais donc tout d'abord vous parler de quelques règles au sujet du choix de la mouche. Par la suite, j'en dirai plus long sur les techniques de pêche. Il existe deux catégories de mouches : les sèches et les noyées.

La mouche noyée

La mouche noyée est conçue pour se déplacer à quelques centimètres sous la surface de l'eau. Les couleurs, les matériaux utilisés et la grosseur de la mouche sont tous des éléments qui attireront l'attention du saumon. On peut utiliser la mouche noyée dans toutes les conditions : eau haute ou basse, froide ou chaude (jusqu'à 20 degrés Celsius) et même dans l'eau teintée, voire sale. Bref, la mouche noyée peut être utilisée en tout temps.

De façon générale, plus l'eau est haute et rapide, plus la mouche doit être grosse, sous réserve des limites imposées par les règles québécoises de la pêche du saumon. Inversement, en eau basse, il est généralement préférable d'utiliser des mouches plus petites. Finalement, si la température de l'eau atteint ou dépasse 20 degrés Celsius, restez au campement. Le saumon est inconfortable dans une eau trop chaude : il sera totalement indifférent aux mouches qui lui seront présentées.

Quelle couleur de mouche choisir devant la panoplie de mouches existantes et la grande variété de couleurs? Je vous propose humblement mon approche.

1. Tout d'abord, la première couleur que je privilégie est le noir. Peu importe le moment de la saison, de la journée et le modèle de la mouche, pourvu que le noir prédomine (dans la collerette, dans les ailes ou dans le corps). Le noir, contrairement à la croyance populaire, offre un contraste dans tous les types d'eau et tous les types de ciel, de l'aurore jusqu'à la tombée du jour. Une mouche noire peut donc être facilement détectée par un saumon.
2. Ensuite, mon choix de couleur tient compte des couleurs ambiantes : celle de l'eau, de l'environnement extérieur (la végétation où prédominent différentes teintes de vert ou encore, le jaune et le rouge qui s'ajoutent au vert en septembre), le ciel (différentes teintes de bleu, la couleur des nuages, la couleur du soleil). Dans le cas d'une eau teintée par de fortes précipitations, j'ai une nette préférence pour les couleurs offrant de forts contrastes (exemples : l'orangé ou le jaune).

Le guide s'assure que la mouche est bien attachée à l'avançon.

3. Si je n'ai obtenu aucun résultat avec les étapes précédentes (ce qui arrive quand même assez souvent), je choisirai une mouche qui se démarquera des mouches précédemment utilisées. Si je pêche en rotation avec d'autres pêcheurs, mon choix tiendra compte non seulement des mouches que j'ai utilisées, mais aussi de celles employées par les autres pêcheurs.

Dans tous les cas, je choisirai une mouche dont la souplesse des matériaux composant les ailes et la collerette lui imprime du mouvement. À l'occasion, mon choix portera sur une mouche comptant quelques fibres fluorescentes (du genre Krystal Flash) afin d'augmenter sa luminosité.

Avec mes amis Aubert et Bellemare, j'ai suggéré en 1988 une sélection de base composée de

Une mouche noyée populaire : la Rusty Rat.

douze mouches noyées et sèches qui, encore aujourd'hui, tient très bien la route. Par ailleurs, il existe une grande variété de modèles de mouches présentant des parures aussi variées que l'imagination des monteurs. Là-dessus, je rends hommage à l'immense talent des monteurs de mouches québécois. Même si de nombreux modèles de mouches utilisés par les saumoniers ont été conçus par des monteurs anglophones, de plus en plus de mouches nées de l'esprit inventif des Québécois

Dans cette fosse à eaux vives, une mouche noyée est tout à fait indiquée.

francophones occupent une place de choix dans la boîte à mouches des pêcheurs de saumons et dans la mienne aussi. Pour ma part, au risque de faire des jaloux, ma mouche québécoise préférée est la Picasse, créée par Marc Leblanc, célèbre guide de pêche œuvrant sur les rivières Cascapédia (Grande et Petite) ainsi que sur la Bonaventure. Enfin, je désire saluer la contribution de Paul Leblanc, qui a présenté la parure de 50 mouches québécoises dans un superbe livre paru au printemps de 2008 (voir références à la fin).

Techniques de pêche à la noyée

Après avoir pêché le saumon à peu près partout au Québec et dans toutes sortes de conditions, j'ai la ferme conviction que la vitesse de déplacement de la mouche dans l'eau est LE facteur déterminant qui motivera le saumon à attaquer la mouche ou non. Sans hésitation, je vous avoue que je préfère une mouche qui se déplace « trop » vite plutôt que pas assez. Vous aurez évidemment compris que le « trop » est évalué par les pêcheurs et non par le saumon… En général, on sous-estime la capacité du saumon à voir et à saisir une mouche qui se déplace rapidement. En d'autres termes, le choix de la mouche noyée est bien secondaire si celle-ci est « mal » pêchée.

La méthode de base consiste à lancer la mouche dans un angle d'environ 45 degrés en travers du courant et de la laisser dériver ainsi jusqu'à ce qu'elle soit en ligne avec le pêcheur. Des variantes de cette approche peuvent être utilisées pour augmenter ou réduire la vitesse de la mouche. Ainsi, dans un courant très rapide comme on en trouve parfois au printemps, il est préférable de fermer un peu l'angle du lancer. À l'inverse, dans un courant plutôt lent, il est préférable de lancer la mouche dans un angle plus ouvert, qui peut aller jusqu'à 90 degrés ou même davantage. Quand j'amende la soie, c'est pour lui donner de la vitesse et non pour la ralentir, comme on le voit malheureusement trop souvent encore.

Un jour que je pêchais dans la Matapédia à Causapscal, j'observais deux saumoniers qui pêchaient en rotation un peu en amont de la fosse La Pierre-à-Luc. Mon point de vue était parfait, puisque j'étais placé juste en haut de l'escalier qui surplombe la rivière de plusieurs pieds. Cette longue section de la rivière présente une eau lisse dont la vitesse, en ce début de juillet, était plutôt lente. Le pêcheur en aval déposait sa soie dans un angle d'environ 45 degrés, parfois autour de 30 degrés. Ses lancers étaient magnifiques, la soie se déployait bien droit sur l'eau, et la mouche se déposait délicatement au bout d'un avançon bien étendu. Il couvrait la fosse avec grand soin. Peu après, son compagnon amorça sa rotation. Il pêchait dans le même secteur, mais d'une façon totalement différente. Ses lancers étaient courts et à angle de 90 degrés. Il se formait ainsi une grande courbe dans la soie, qui accélèrait la vitesse de la mouche. Après une heure de pêche, ce pêcheur avait piqué deux saumons d'une quinzaine de livres, alors que dans les deux cas, son compagnon l'avait précédé sans faire lever aucun saumon. Pour moi, la conclusion s'imposait d'elle-même : la vitesse de présentation de la mouche avait fait toute la différence.

J'ai le souvenir d'une expérience semblable durant les années 1980 sur la Grande-Rivière avec Gilles Aubert et André Roussy. À cette époque, la pression de pêche sur cette rivière était faible. Nous avions atteint en canot une fosse non identifiée où l'on pouvait apercevoir plus d'une dizaine de saumons à travers l'eau cristalline. Le courant était très lent. Après avoir essayé les méthodes usuelles de pêche à la noyée et à la sèche, j'ai lancé une petite mouche noyée en déposant la soie perpendiculairement au courant. Sous son action, la soie a accéléré, imprimant à la mouche une vitesse supérieure à nos présentations antérieures. Un saumon a immédiatement saisi la mouche. Plus tard, mes compagnons ont utilisé cette même approche avec succès.

Quelques stratégies particulières

Le *riffling hitch*

Pour une raison que j'ignore, le *riffling hitch* est très peu utilisé sur les rivières à saumon québécoises, à moins que ses adeptes en gardent jalousement leur secret. Il y a quelques années, alors que je visitais la boutique Orvis sur la 5e Avenue à New York, j'ai mis la main sur un livre dont je connaissais l'existence : *Tying and fishing the Riffling Hitch*, par Art Lee. L'auteur explique l'a b c de cette technique que Lee Wulff avait déjà présentée dans l'un de ses films. Il s'agit de faire patiner en surface une mouche noyée en effectuant un demi-nœud à gauche ou à droite de la hampe, juste derrière l'œil de l'hameçon. Pour obtenir l'effet recherché, il faut utiliser une mouche à hameçon simple. Ma préférence va aux hameçons de grosseurs 6 à 10.

Fort du contenu du livre, j'ai essayé cette technique, mais avec un succès mitigé. C'est le regretté Lee Foran, de Saint-Jules de Cascapédia, guide réputé de la Grande-Cascapédia, qui a complété mon apprentissage de cette approche inusitée. Lee choisissait avec soin l'endroit où il utilisait le *riffling hitch*. Il avait une préférence pour les longs cirés, ceux-là où l'on est parfois tenté de faire flotter une sèche. La noyée est pêchée de la même manière que d'habitude avec une vitesse appropriée, sauf que la mouche décrira un V à la surface de l'eau tout au long de son déplacement en travers de la fosse. Bien souvent, le saumon saisit la mouche de façon spectaculaire : il fait éclabousser la surface de l'eau ou il s'approche lentement de la mouche la gueule grande ouverte. Dans un cas comme dans l'autre, il vous faudra des nerfs d'acier pour éviter de ferrer trop rapidement.

Faire nager la mouche par saccades

Dans ce cas, il s'agit de donner à la mouche un mouvement que le courant seul ne peut lui imprimer. En tirant rapidement sur la soie des sections d'une dizaine de pouces (les pêcheurs disent aussi « stripper » la ligne), la mouche nagera par saccades, ce qui lui confère une allure erratique. Bon nombre de saumoniers l'utilisent dans des conditions d'eau basse et lente avec un certain succès. D'autres l'utilisent aussi dans une eau normale en créant une variante dans la présentation de la mouche. D'autres encore vont préférer bouger la canne dans un mouvement de va-et-vient avec plus ou moins d'amplitude, provoquant ainsi un déplacement erratique de la mouche noyée. Mon ami Roger Pelletier, de Sainte-Anne-des-Monts, aimait donner le maximum d'action à sa mouche. Quand nous pêchions ensemble dans les fosses de la Sainte-Anne ou de la Cap-Chat, il revenait rarement bredouille en raison des techniques inusitées qu'il employait.

Cette grosse mouche sèche captera sûrement l'attention des saumons.

Mouche sèche

Comme son nom le laisse entendre, la mouche sèche doit flotter. Elle est plus productive à partir de la fin de juin et du début de juillet, au moment où, généralement, le niveau des rivières baisse et l'eau se réchauffe. Malgré cela, vous pourriez très bien capturer un saumon à la sèche en juin, alors que l'eau est encore très froide. C'est arrivé à l'un de mes compagnons sur la Grande-Rivière alors que la température de l'eau n'atteignait que 10 degrés Celsius.

Les matériaux utilisés pour sa fabrication de même que les hameçons employés, plus légers que pour la mouche noyée, permettront de faire flotter la mouche en surface comme un insecte naturel. Toutefois, l'apparence des mouches sèches pour le saumon n'a rien à voir, *a priori*, avec un insecte vivant. Je dis cela, car il arrive qu'une truite ou un tacon happe la mouche présentée par le saumonier. Dans ce cas, c'est évident que le poisson a vu dans cette mouche la possibilité d'un bon festin. Allez donc comprendre ce qui se passe dans leur minuscule cerveau...

Comme le saumon adulte ne mange pas en remontant la rivière, la parure des mouches sèches à saumons, tout comme pour les noyées, doit viser à attirer l'attention du saumon par sa couleur et sa forme; la grosseur ne vient, selon moi, qu'en second lieu, à moins de pêcher dans une fosse dont l'eau est basse et claire.

Techniques de pêche à la mouche sèche

L'approche de base pour pêcher à la sèche consiste à faire dériver la mouche au-dessus des saumons.

Un saumon intéressé s'élance vers un Oiseau blanc...

... mais refuse finalement de le saisir et retourne au fond de la fosse.

Hommage à François de Beaulieu Gourdeau (1915-1980)

Gilles Aubert, André-A. Bellemare et Gérard Bilodeau

Le mercredi 5 novembre 1980, les amants de la nature et de la faune du Québec, et plus particulièrement les saumoniers, ont perdu un grand ami et un maître : François de Beaulieu Gourdeau — Monsieur Saumon — s'est éteint au terme d'une réunion du Conseil supérieur de la faune du Québec.

Cet homme exceptionnel, qui fut notre compagnon pendant quelques années, s'est promené pendant des décennies partout au Québec pour prendre la défense d'un territoire violé de toutes parts, pour protéger un patrimoine faunique massacré et pour prendre le parti de ses frères chasseurs et pêcheurs. Son cœur, François l'a prêté à tant de personnes et de causes qu'il a fini par l'user prématurément.

Pourtant, François aurait pu en 1975 — il n'avait alors qu'à peine 60 ans, prendre un repos bien mérité après 35 années de loyaux services au ministère du Loisir, de la Chasse et de la Pêche du Québec. Que non! Il n'a cessé d'être sur la brèche au cours de ses cinq dernières années, parcourant le Québec dans tous les sens pour créer des associations sportives, pour donner des conférences et des cours, pour participer à des congrès, à des colloques, à des séminaires, des réunions, etc.

Au cours de sa retraite, François avait accepté en 1978 de devenir membre du Conseil supérieur de la faune du Québec (le « conseil privé » du ministre du Loisir, de la Chasse et de la Pêche), pour mieux défendre encore le patrimoine faunique et les droits des chasseurs et des pêcheurs. En 1979, François était aussi devenu le président de l'Association des pêcheurs sportifs de saumon du Québec (APSSQ), dont il avait été évidemment l'un des membres fondateurs.

Sobre et discret comme savent l'être les véritables amants de la nature, François était presque gêné d'admettre qu'il était l'un des bâtisseurs de la Gaspésie. Il a procédé à l'aménagement du Cap Bon-Ami (l'actuel parc fédéral de Forillon), de l'Auberge de Fort-Prével, du Gîte du Mont-Albert, de la réserve faunique de Matane, de la réserve faunique de la Petite-Cascapédia... entre autres choses! Sans compter le « déclubbage » de plusieurs rivières à saumons, dont la Matane (en 1949!), puis des rivières Sainte-Anne, Saint-Jean et Petit-Saguenay.

Il était trop humble pour reconnaître qu'il avait suscité la plupart des vocations des chroniqueurs de chasse et de pêche dans les médias du Québec, à commencer par celle du regretté Serge Deyglun. Au début des années 1960, alors qu'il n'y avait aucune politique gouvernementale de relations publiques vis-à-vis des journalistes québécois, François décida de les aider à répandre la bonne nouvelle au sujet des richesses fauniques de la province et de leur fournir les outils de travail nécessaires à un meilleur accomplissement de leur tâche.

François Gourdeau de Beaulieu aurait apprécié au plus haut point de partager la lecture de ce livre consacré au saumon avec ses lecteurs, lui qui, en plus d'être un chasseur et pêcheur, était un amateur d'art, fin gastronome et collectionneur de livres d'histoire. Il aimait d'ailleurs rappeler que l'un de ses ancêtres, Jacques Gourdeau de Beaulieu, avait fait le commerce du saumon en Acadie et en Nouvelle-France et était le beau-frère de l'explorateur Louis Jolliet, premier seigneur d'Anticosti où il exploitait une pêcherie de saumons.

Référence : Gilles Aubert, A.-A. Bellemare et G. Bilodeau. 1988. *Le saumon atlantique*. Le Groupe Polygone, éditeurs (Montréal). 206 p.

On ne pêche pas avec une sèche n'importe où dans une fosse. L'eau lisse représente la condition idéale, puisque le saumon détectera la mouche très facilement. Dans une eau rapide où l'on voit des vagues, comme les têtes de fosses, le saumon aura plus de difficulté à bien voir la mouche ou à localiser son emplacement exact, en raison de l'effet de distorsion causé par le mouvement de l'eau en surface. Malgré cela, il arrive parfois qu'un saumon s'élance sur une sèche ballottée par les vagues d'un rapide. Cela m'est déjà arrivé dans le rapide de la fosse Les Roches, sur la Sainte-Anne, il y a de nombreuses années.

La vitesse de déplacement de la mouche est fonction de la vitesse du courant. Encore faut-il que la vitesse du courant imprime à la mouche le mouvement suffisant qui séduira le saumon. Pour vous guider, retenez que la règle première est de pêcher dans une eau lisse ou légèrement ridée afin de maximiser la visibilité de la mouche. Même si l'eau vous semble trop rapide, dites-vous que le saumon a la capacité de prendre la mouche s'il la désire vraiment. À l'opposé, si le courant est faible, comme cela arrive souvent à partir du milieu de l'été, les chances d'attirer le saumon sont plutôt minces… mais pas nulles. Laissez-moi vous raconter une anecdote à ce sujet.

Je pêchais dans la York au début de juillet 1983 à la fosse Montagnard. Pour bien vous situer, la rivière coule rapidement à l'entrée de la fosse, puis, brusquement, le courant tourne à gauche quasiment à angle droit pour ensuite poursuivre sa course. En aval du rapide, il y a un cran submergé formé de roches stratifiées le long duquel arrêtent parfois les saumons. Entre le rivage et ces roches en strates, l'eau est profonde. Je localise deux immenses saumons qui se reposent dans la partie la plus profonde de la fosse, là où le courant est lent. Comme j'ai déjà une sèche d'attachée à mon avançon, je choisis de la lancer au-dessus des saumons, sans grande conviction toutefois.

La sèche se dépose doucement en amont des saumons. Le courant est tellement lent que la mouche fait quasiment du surplace. Le seul mouvement de la mouche provient de légères ondulations de l'eau provoquées par le rapide plus haut. À ma grande surprise, un saumon monte vers la mouche; il agit tellement lentement que j'ai le temps de voir sa bouche s'ouvrir, saisir la mouche et regagner le fond de la fosse. En ferrant, je sais que j'ai au bout de la ligne un saumon dont le poids dépasse les 30 livres, ce qui se voyait assez souvent à l'époque sur la York. Je vous le dis tout de suite : dans la bataille qui a suivi, c'est le saumon qui a gagné après quelques minutes d'un combat où je n'ai jamais réussi à le contrôler tellement il déployait une grande force. Mais le souvenir des circonstances de cette expérience est resté à jamais gravé dans ma mémoire.

J'ai déjà aussi vu Claude Bernard, célèbre pêcheur à la mouche québécois et guide de pêche au saumon, faire patiner sa sèche en surface pour provoquer un groupe de madeleineaux dans une fosse de la Bonaventure après l'avoir fait flotter de façon impeccable au-dessus de ces jeunes saumons indifférents. À la première passe, un madeleineau a saisi violemment la sèche présentée de façon peu orthodoxe.

Une passion à partager

Il y aurait encore tellement à dire au sujet de la pêche du saumon atlantique, mais il faut savoir s'arrêter, contrainte d'espace oblige. J'ai voulu vous communiquer quelques éléments de base pour vous permettre de pratiquer cette activité si passionnante. Je vous ai aussi raconté des expériences qui, je l'espère, vous auront fait rêver.

Avant de commencer à lancer ma mouche dans une fosse à saumons, je me remémore toujours une chose : quand on pêche le saumon, bien qu'il existe des règles de base qui donnent de bons résultats, il faut savoir sortir des sentiers battus pour augmenter ses chances de succès. Bonne pêche!

Rivière Sainte-Anne, au lieu-dit du Petit-Sault. La descente en canot permet d'apprécier l'habileté des guides de pêche et de profiter en toute quiétude de la beauté du décor.

Chapitre 6

L'art de la mouche

André Vézina

Au cours des 30 dernières années, l'expertise et les talents québécois en matière de montage de mouches à saumon ont fait des pas de géant. Dans ce chapitre, nous faisons connaissance avec certaines personnes qui ont contribué à cette évolution, grâce notamment au Championnat mondial de montage de mouches à saumon, créé en 1984. Et, puisqu'une image vaut mille mots, ce chapitre est abondamment illustré des œuvres de ces artistes passionnés, qui ne reculent devant aucun défi pour faire avancer leur art.

Ma première mouche

J'ai monté la première mouche de ma vie, un *streamer Mickey Finn,* en 1978 en suivant scrupuleusement les directives contenues dans *La Mouche,* un livre de Serge Vincent sur le montage de mouches. J'y ai appris les principales techniques et attrapé la piqûre, à l'instar de bien d'autres monteurs québécois. Depuis, je n'ai jamais cessé de consacrer temps et énergie au montage de mouches à saumon pour moi-même et quelques amis.

Le premier saumon que j'ai capturé en 1978, c'était avec une mouche que j'avais fabriquée, une petite *Black Dose* en plumes, montée de façon traditionnelle. Ce n'était pas une mouche qui répondait à toutes les règles de l'art, mais elle a tout de même bien rempli sa mission, soit de capturer un saumon de douze livres sur la rivière Sainte-Anne en Gaspésie. Je m'en souviens encore, car c'est le moment où j'ai été atteint de la *salmonite* aiguë.

Ces deux passions, pour le montage de mouches et pour la pêche sportive du saumon, m'ont conduit quelques années plus tard, alors que j'étais président de l'Association des pêcheurs sportifs de saumon du Québec (APSSQ), puis de la Fédération québécoise pour le saumon atlantique (FQSA), à lancer le Championnat mondial de montage de mouches à saumon.

Les origines du Championnat de montage de mouches

Le mouvement de démocratisation des rivières à saumon amorcé au Québec dans les années 1960 a provoqué des changements importants au regard de la pêche sportive du saumon atlantique. Les Québécois qui, jusqu'à cette époque, se contentaient davantage de servir les propriétaires des clubs privés, sont devenus des pêcheurs sportifs de saumon atlantique.

Les modèles de mouches à saumon étaient alors surtout d'origine britannique ou américaine. L'arrivée d'un grand nombre de nouveaux adeptes québécois de la pêche sportive du saumon atlantique a généré une augmentation importante du nombre de monteurs de mouches à saumon. Plusieurs nouveaux modèles ont alors commencé à émerger, issus de la créativité de nos monteurs québécois.

Au début des années 1980, dans le cadre des activités et des rencontres de l'Association des pêcheurs sportifs de saumon du Québec (APSSQ), l'idée d'un championnat mondial de montage de mouches à saumon a commencé à germer dans la tête d'André A. Bellemare et d'André Boucher, deux autres passionnés du saumon et du montage de mouches à saumon. Ils rêvaient d'une compétition qui permettrait aux monteurs québécois de se mesurer à d'autres monteurs de très grand calibre sur la scène internationale.

Convaincu par les deux amis Bellemare et Boucher, Normand Morisset, alors membre du bureau de direction de l'APSSQ, a fixé les règles de la première compétition qui s'est tenue au printemps 1984. Celui qui en a été le premier directeur a rempli cette fonction pendant plusieurs années à titre de bénévole. Grâce à sa passion et à son énergie, Normand a pu établir le Championnat sur des bases solides, concrétiser le rêve des idéateurs de la compétition et contribuer significativement au développement de l'art du montage de mouches.

Pour assurer la continuité du Championnat, d'autres amateurs ont pris la relève de Normand Morisset, à titre bénévole, car les moyens financiers étaient limités. Mentionnons d'abord Frédéric

Lévesque, un véritable passionné du montage de mouches à saumon qui, par son engagement personnel et son enthousiasme, a beaucoup contribué à la renommée actuelle du Championnat. Ajoutons les noms de Jean Racine, de Pierre Manseau, de Denys Poirier et de Marc Sélesse, qui ont aussi participé à la direction du Championnat pendant quelques années. Non seulement ont-ils maintenu l'activité du Championnat, mais ils lui ont aussi conféré ses lettres de noblesse et de reconnaissance, tout en prenant part à l'évolution de l'art du montage de mouches à saumon jusqu'à son haut niveau actuel. La relève est présentement assurée par Claude Hamel, de Rimouski, reconnu pour son engagement au sein de la communauté des pêcheurs sportifs de saumon atlantique et des monteurs de mouches à saumon.

L'apport du Championnat

Les objectifs du Championnat étaient et sont toujours de préserver l'héritage historique et culturel dans le montage et l'utilisation des mouches pour la pêche du saumon, de faire connaître les monteurs québécois et de favoriser l'utilisation de leurs mouches à saumon. Depuis la tenue de la première compétition, la passion des participants ne s'est jamais démentie, notamment dans les catégories Création. Plusieurs évènements ont influé sur la création de mouches, à commencer par la venue du pape Jean-Paul II au Québec, en 1984, qui a inspiré Paul Potvin. *La mouche du pape,* qu'il

La mouche du Pape, *création de Paul Potvin en 1984*

a présentée lors de la toute première compétition, durant la même année, a d'ailleurs reçu la médaille d'or dans la catégorie Création en plumes.

Depuis 25 ans, quelques milliers de concurrents venant d'une vingtaine de pays et des différentes provinces du Canada se sont mesurés amicalement dans les diverses catégories de mouches du Championnat. Dans les meilleures années, celui-ci a attiré une centaine de monteurs où l'on a jugé plus de deux cents mouches dans les différentes catégories. Les pays d'origine des participants au Championnat témoignent du caractère mondial et convivial de cette compétition :

- Canada : Alberta, Colombie-Britannique, Nouveau-Brunswick, Nouvelle-Écosse, Ontario, Québec, Terre-Neuve.
- Autres pays : République fédérale d'Allemagne, Angleterre, Argentine, Australie, Autriche, Belgique, Chili, Écosse, États-Unis, Finlande, France, Irlande, Italie, Japon, Norvège, Nouvelle-Zélande, Pays-Bas, Pologne, Suisse.

Labrador, *création de Jim Murray, 1988*

La Gasparo, *création de Gaston Roy, 1994*

L'ÉVOLUTION DE LA CRÉATION ET DU MONTAGE DES MOUCHES À SAUMON

Chaque année, les passionnés du montage de mouches à saumon rivalisent d'audace, de technique et de créativité pour remporter la palme. En effet, un rapide examen des mouches soumises à la compétition chaque printemps au siège social de la FQSA depuis la création du Championnat, plus spécifiquement dans la catégorie Création en plumes, révèle une évolution remarquable de l'art du montage des mouches à saumon, et ce, plus particulièrement depuis les quinze dernières années. La tâche des juges est désormais beaucoup plus complexe. En effet, malgré la grande variété des critères d'évaluation, il est parfois très difficile de départager les meilleures mouches, tant la qualité est impressionnante, et les créations, époustouflantes. On y découvre la passion de ces créateurs de véritables œuvres d'art.

Offa, *création de Linda Smith, 2004*

Quoi de mieux pour démontrer cette évolution des techniques et de la créativité des monteurs de mouches à saumon que de vous présenter quelques modèles ayant été particulièrement remarqués par le jury depuis 1987?

Dans les premières années du Championnat, les mouches respectent les règles et les techniques traditionnelles de montage. Elles sont construites

La Sauvagine, *telle que crée par Serge Levasseur en 1987*

La Sauvagine, *telle que montée par Mika Oraluoma de Finlande lors du Championnat de 2008*

de la même manière que les premières mouches à saumon conçues au XIXe siècle dans la plus pure tradition britannique. Les ailes sont montées de telle sorte que leur amplitude verticale est généralement égale soit au tiers de la longueur de la hampe soit à la courbure de l'hameçon. Les corps et les *hackles* sont relativement simples et similaires d'un modèle à l'autre, à quelques variantes près. Le mariage des plumes pour fabriquer les ailes est le plus simple du monde, associant les bandes de couleur différente de manière à avoir une bande par couleur seulement.

Aujourd'hui, les modèles ont beaucoup changé : ils ont pris de l'ampleur, que ce soit aux ailes, aux *hackles* ou aux côtes en laminé. La forme des ailes a aussi pris des allures différentes, et de nouvelles techniques ont permis d'obtenir certaines formes en trois dimensions ou des images en plumes dans les ailes. Finalement, certains monteurs ont poussé l'audace jusqu'à reproduire des scènes de la nature avec les matériaux usuels du montage de mouche. La *Tsunami* de Michel Leblanc est un exemple éloquent de l'audace de certains d'entre eux et de la très grande évolution du montage de mouches à saumon depuis près de 25 années. Ce qui n'avait pas bougé pendant plus d'une centaine d'années a soudainement changé de manière exponentielle

La Tsunami, *création de Michel Leblanc, 2006*

— pour ne pas dire explosive — dans le cadre du Championnat.

Somme toute, le Championnat a permis aux monteurs de franchir leurs propres limites et de transformer leur art et leurs techniques de montage. Même si toutes les catégories de mouches de création (plumes, poils, composite et Spey) ont contribué à l'évolution de l'art de la mouche, la catégorie Création en plumes est sans contredit la plus spectaculaire, en raison de ses modèles non conformistes et distinctifs des modèles classiques de mouches à saumon en plumes. Cette hardiesse et cette créativité, que ce soit avec l'utilisation de nouveaux matériaux ou de nouvelles techniques, ont permis à ces artistes de créer de véritables œuvres d'art dignes des plus grands maîtres et des grandes expositions.

La Fédération québécoise pour le saumon atlantique a d'ailleurs prêté à des organismes et à des musées plusieurs tableaux représentant les mouches gagnantes ou finalistes du Championnat. Cela permet de faire connaître davantage les œuvres des monteurs et d'appuyer les organisations engagées dans la promotion de la pêche sportive du saumon atlantique.

Adrian*, création de Jean-Paul Dessaigne, France, 1999*

L'Ascension du Koksoak*, création de Alain Gagné, 2003*

L'élite mondiale

Dans le cadre du Championnat, les responsables, voulant aller plus loin et reconnaître ceux qui avaient démontré des qualités exceptionnelles dans le montage de mouches à saumon, ont institué, en 1995, le Temple de la renommée du montage de mouches à saumon. Depuis, la reconnaissance de maître monteur a été accordée à près d'une quarantaine de monteurs ayant remporté plusieurs prix dans différentes catégories du Championnat mondial de montage de mouches à saumon. (La liste complète des maîtres monteurs figure à la fin du chapitre.)

The Tailwind, *crée par Jukka Nissinen, Finlande, 2008*

Pittoresque Matapédia, *création de Daniel Dufour, 2000*

Font partie de cette élite des monteurs exceptionnels qui sont, à ce titre, reconnus comme les meilleurs du monde. Ils sont des modèles à suivre; nul doute que leurs réalisations serviront d'exemples et motiveront d'autres monteurs de mouches à saumon dans le monde entier, et au Québec plus particulièrement.

Daniel Dufour, un grand maître monteur

Parmi ces maîtres monteurs, un Québécois, d'une compétence et d'un sens artistique et créatif exceptionnels, s'est démarqué et a obtenu la reconnaissance de grand maître monteur. Plusieurs auront certainement reconnu Daniel Dufour, de la ville d'Amqui, située sur les rives de la rivière. Il a créé la plus grande mouche à saumon du monde. De près de quatre pieds de long, cette mouche figure dans le *Livre des records Guinness*. Le modèle original est exposé au musée de Sainte-Florence, village situé sur les rives de la Matapédia.

La plus longue mouche, crée par Daniel Dufour, mesure près de quatre pieds de long.

En 2008 la FQSA a nommé un autre monteur au rang de grand maître monteur pour l'ensemble de ses créations depuis les dernières années. Il s'agit de Michel Leblanc de Rawdon qui a inscrit

Adams Écarlate, *création de Michel Leblanc, 2000*

sa mouche, la *1608, Don-de-Dieu,* dans la catégorie *Mouche de création à ailes en plumes – maîtres monteurs.* Il avait une fois de plus amené l'art de montage de mouche à un niveau de créativité et de virtuosité technique qui n'avait jamais été atteint auparavant.

1608, Don-De-Dieu, *création de Michel Leblanc, 2008*

Le talent des monteurs

Il n'y a pas que le Championnat. Tout au long de l'année, les monteurs de mouches à saumon pour la pêche demeurent des créateurs hors pair. Toutes les techniques et tous les matériaux autorisés servent dans le montage de mouches à saumon.

Le pêcheur est d'autant plus fier de sa capture qu'elle a été réalisée avec une mouche de sa fabrication. Si les mouches noyées en poil sont les plus populaires chez les monteurs, les mouches sèches le sont de plus en plus. Dans cette catégorie, toutefois, les monteurs de mouches sont moins audacieux, car ils recherchent d'abord l'efficacité. C'est davantage par le mixage des matériaux et de judicieuses techniques de montage que se distinguent les créateurs de nouveaux modèles pour la pêche.

Le monteur considère d'abord l'apparence de la mouche dans ou sur l'eau et l'attrait qu'elle peut exercer sur le saumon selon les différentes conditions de pêche. Il s'agit avant tout de provoquer une réaction chez le saumon pour qu'il prenne la mouche. Certaines couleurs sont davantage prisées sur certaines rivières : les monteurs sont à l'affût des modèles les plus efficaces possible lors de la pratique de leur activité de pêche.

Ces dernières années, à l'instar des modèles présentés dans le cadre du Championnat, l'évolution du montage des mouches pour la pêche du saumon a surtout été marquée par l'apparition des mouches de type Spey, pour lesquelles il semble y avoir un certain engouement. L'élégance et le

Harmony*, création Spey de Rockwell Hamond Jr., USA, 2008*

mouvement dans l'eau de ces nouveaux modèles seraient efficaces sur les prises, car le saumon semble y réagir davantage. Peut-être est-ce dû au fait que les mouches de type Spey sont très différentes des autres qui lui sont présentées. Selon un vieil adage, pour avoir du succès lorsque la pêche est plus difficile, le pêcheur doit agir différemment des autres.

Les nouveaux modèles québécois sont nombreux, et l'ingéniosité des monteurs-pêcheurs ne s'éteindra pas du jour au lendemain. Le Championnat fait aussi une place à ces monteurs en offrant des catégories de mouches davantage orientées vers la pêche, comme celles des mouches imposées en poil, des mouches de création en poil ou de type Spey.

Un bel héritage pour les générations futures

Le Championnat a permis aux monteurs québécois de se mesurer aux meilleurs monteurs de mouches à saumon du monde entier et d'y faire très belle figure. La compétition a fait évoluer l'art et les techniques de montage vers des sommets jusque-là inégalés. La relève est bien présente et elle pourra continuer à faire avancer cet art et les techniques de montage au bénéfice de ceux qui la suivront.

Remercions donc les monteurs pour leur contribution exceptionnelle et gardons-les présents dans nos souvenirs. Plusieurs d'entre eux ont rejoint d'autres cieux, mais leur souvenir et l'empreinte de leur art restent toujours présents dans la mémoire collective, en grande partie grâce au Championnat et à la Fédération québécoise pour le saumon atlantique.

MAÎTRES MONTEURS RECONNUS PAR LE CHAMPIONNAT MONDIAL DE MONTAGE DE MOUCHES À SAUMON

Nom	Pays
BAUER Herman	AUSTRALIE
BÉDARD Claude	Québec, CANADA
BELAÏEFF André	Québec, CANADA
BERNARD Claude	Waterloo, CANADA
BOLDUC Daniel	Québec, CANADA
BOULIER John Scott	Dakota du Nord USA
BURNS David C.	Idaho, USA
CÔTÉ Louis	Québec, CANADA
DOUGLASS Dorothy	Maine, USA
DUFOUR Daniel	Québec, CANADA
DUNNE Peter	IRLANDE
FAVORITE Mark	New Hampshire, USA
GAGNÉ Alain	Québec, CANADA
GRUBER Wilhelm	Ontario, CANADA
KAIRA Perti	FINLANDE
KAKKURI Toni	FINLANDE
KOLBU Torill	NORVÈGE
LAROSE Jacques	Québec, CANADA
LEBLANC Michel	Québec, CANADA
LEVASSEUR Serge	Québec, CANADA

Nom	Pays
LINGE Bard Fredrik	NORVÈGE
MANSEAU Pierre	Québec, CANADA
McCOUL Jim	Nouvelle-Écosse, CANADA
McMAHON Alfred	ANGLETERRE
MOLLOY Jérôme	Nouveau-Brunswick, CANADA
NETLAND Oivind	NORVÈGE
PAQUETTE Daniel	Québec, CANADA
PATLEN Ted	New-Jersey, USA
POTVIN Paul	Québec, CANADA
RINTANIEMI Ari-Heikki	FINLANDE
ROY Gaston	Québec, CANADA
SARAVO Pekka	FINLANDE
SHAWKS Michael	ÉCOSSE
SIIPANEN Ismo	FINLANDE
SMAIL James C.	ÉCOSSE
SOLO Robert J.	Terre-Neuve, CANADA
STEINBERG Mikko	
TREMBLAY Pierre	Québec, CANADA
VESA Ikka	FINLANDE
WUJEK John	Ontario, CANADA

LES MOUCHES PRÉSENTÉES LORS D'UNE COMPÉTITION AMICALE ENTRE MAÎTRES MONTEURS EN 2001

Sir Steven Redgrave
par Alfred J.McMahon

L'Avion
par Daniel Dufour

The Hangover
par Toni Kakkuri

Brither Days Ahead
par David C.Burns

Changing of the Guard
par David C.Burns

Y2K Bug
par Ikka Vesa

La Capture
par Michel Leblanc

La Croix
par Daniel Dufour

The Millenium Sunrise
par Toni Kakkuri

Chapitre 7

Saumon et gastronomie
Au-delà des oméga-3

Gilles Shooner

Au-delà de la mode des oméga-3, on aime le saumon à cause de la finesse de sa chair. Tant mieux s'il s'avère un aliment ayant de grandes vertus pour la santé. C'est sans doute pourquoi, depuis la nuit des temps, les rapports entre l'humanité et le poisson ont toujours été étroits. Sur tous les continents, les fouilles archéologiques ont révélé l'importance de cette ressource alimentaire, avant même que les représentations graphiques, dans la pierre ou sur d'autres supports, n'en témoignent de façon encore plus incontestable.

Cette constatation s'applique particulièrement au saumon atlantique. En Europe comme dans les Amériques, les musées spécialisés des divers pays où se trouve l'aire de répartition de ce fabuleux poisson abondent en effet d'artéfacts trouvés au hasard des fouilles effectuées sur les lieux présumés d'occupation humaine. Ces lieux, même les plus primitifs, ont révélé divers ossements, tels que des arêtes, des opercules ou des vertèbres, que les spécialistes ont identifiés sans l'ombre d'un doute comme provenant du *Salmo salar.* Il est donc acquis que, au hasard des saisons qui le ramenaient de son périple océanique, le saumon figurait au menu des hommes qui vivaient le long ou à proximité des cours d'eau qu'il fréquentait. Il y a de cela quelque 35 000 ans…

La chasse et la pêche ont été les activités de subsistance dominantes de la préhistoire. L'homme était un prédateur, au même titre que les animaux carnivores au milieu desquels il vivait et avec lesquels il était en concurrence pour se nourrir. Malgré la lente évolution qui a conduit l'humanité de l'âge de pierre à celui des sociétés contemporaines, bien éloignées de la nécessaire prédation pour survivre, force est de constater que le saumon figure encore aujourd'hui, peut-être plus abondamment et régulièrement que jamais, au menu de nos tables.

Que s'est-il donc passé pour qu'une telle ressource, dont témoigne l'empreinte indélébile du bas-relief préhistorique du plafond de l'Abri du poisson près de la ville des Eyzies-de-Tayac, en Dordogne (voir l'encadré au chapitre I), demeure encore inscrite comme une denrée inestimable dans la mémoire et les habitudes de l'homme? À l'évidence, on est passé de la nécessité à la culture. Par un effet gastronomique ou génétique? Peut-être. Et pourquoi pas?

Le hasard et la nécessité

L'Histoire le prouve, le passage de la nécessité de l'alimentation à cette sorte de culture à laquelle conduit la gastronomie a été très long. Le chemin fut parsemé d'inquiétudes causées par la préoccupation quotidienne d'une quête alimentaire pourvoyeuse d'énergie. *Primo vivere!* C'est l'écho qui nous vient, comme un cri primal, de cette époque où le souci animal premier était de trouver à manger.

Dans l'évolution de l'humanité, les premiers hommes ont joué d'opportunisme en intégrant le saumon à leur alimentation : par son abondance, bien sûr, mais plus encore par sa qualité, ce poisson s'est avéré incontestablement un excellent choix quant à sa valeur nutritive. Mais ce n'est certes pas là la cause principale du succès gastronomique actuel du saumon. La gastronomie, cette quête du plaisir de la bonne chère et du bien manger, est affaire de temps, de culture et de socialisation.

Il est raisonnable de penser que la gastronomie est née à la suite de la découverte du feu, il y a quelque 450 000 ans. Lorsque l'on a constaté que la cuisson des aliments permettait de les conserver, le choix entre une chair crue, puante et grouillante d'asticots, et une autre sans ces caractéristiques a dû être déterminant.

Par la suite, l'organisation sociale, les besoins, les manières de vivre et d'apprêter la nourriture, le partage des denrées, l'essor de la communication et les échanges entre groupes s'amorcent, puis s'universalisent. Ainsi, le passage de l'homme chasseur à celui de chasseur-cueilleur, puis à celui d'agriculteur et d'éleveur, a subtilement ajouté des saveurs au menu et augmenté les choix gustatifs.

Les peuples se sédentarisent. Les découvertes se multiplient, et les communications explosent. Les régions adoptent les spécialités traditionnelles de leur terroir. Les chefs conservent leurs secrets, et la cuisine gastronomique, reconnue comme un art, devient l'apanage d'une profession dont le langage est réservé aux seuls initiés. La gastronomie est affaire de convivialité collective, elle évolue et s'ancre solidement dans les mœurs. Le *primo vivere* initial s'estompe au profit du *primo gustare*.

C'est ainsi que l'on pourrait dire, en quelque sorte, que du hasard initial de la découverte du feu serait née, au fil des siècles, la nécessité de parfaire les saveurs.

Un aliment à la popularité fluctuante

Au Québec comme ailleurs, le poisson a toujours fait partie du régime alimentaire, mais avec plus ou moins d'ampleur selon les régions et sans être nécessairement toujours considéré comme un aliment de choix. Dans un vieux numéro de la revue *Actualités marines*, un périodique publié dans les années 1960 par la Division des pêcheries du ministère québécois de l'Industrie et du Commerce, on trouve un article qui explique bien la position qu'occupe alors le poisson dans la cuisine canadienne-française : « Ainsi, dans les régions maritimes (*ndlr : celles du Québec*), on fait une bonne consommation de fruits de mer; les produits sont de qualité, puisqu'ils sont très frais; mais il pourrait y avoir plus de subtilités culinaires dans leur préparation. [...] Tous [les hôteliers] ne réussissent pas à offrir la variété dans les espèces et dans les façons d'apprêter que l'on serait en droit d'attendre, surtout à proximité de la mer. On se borne trop souvent aux fritures rapides, sans pousser plus loin les recherches gastronomiques. [...] Il semble donc que le poisson attende encore son public, qu'on manque de curiosité gastronomique [...]. » En prologue de cet article, on peut lire au sujet du contexte d'alors et des qualités de l'auteur de l'article : « Vingt ans d'expérience auprès du public du Québec permettent à Mlle Bazin une minute de vérité particulièrement révélatrice [...]. » Voilà qui paraît caractériser une partie du dernier siècle en matière gastronomique. De toute évidence, l'imagination n'était pas encore au rendez-vous!

On conçoit aisément que les régions bordant les cours d'eau douce aient été favorisées quant à la consommation de poisson à cause de la disponibilité et de la fraîcheur des produits en saison. Ce n'était pas le cas des régions éloignées. La perchaude, le doré, l'achigan, l'omble de fontaine, le saumon et la ouananiche, la morue, le flétan, le turbot, etc., capturés le matin et dégustés le même jour, avaient de quoi séduire. Par contre, au cours du siècle dernier, les poissons arrivés par train, par camion ou par bateau en provenance des côtes maritimes de la Gaspésie ou de la Côte-Nord et distribués plusieurs jours plus tard par les poissonniers locaux, en vue principalement de satisfaire aux préceptes d'abstinence du calendrier liturgique, n'offraient pas la même fraîcheur ni la même saveur, c'est certain. On se souviendra du poissonnier ambulant qui alimentait les villages en faisant du porte à porte, en plein été, et qui offrait avec bonhomie ses produits dits frais… recouverts d'une bâche, étalés sur des blocs de glace disposés dans le fond de sa charrette ou de sa camionnette brinquebalante. Plusieurs se souviendront aussi de l'époque des repas du vendredi servis dans les pensionnats… Rien de bien emballant, car les sauces masquaient le goût. L'expression « sentir la morue » demeure encore un témoin de cette époque!

Un poisson sous-estimé à cause de sa chair grasse

En ces jours sombres de la gastronomie québécoise, le saumon, ce poisson gras des jours maigres, n'avait pas davantage la faveur populaire que les autres espèces, probablement même moins encore, à cause du rancissement rapide de ses chairs délicates. Heureusement que, aujourd'hui, les contingences reliées à la logistique et aux moyens de réfrigération ont pratiquement disparu ou presque. À cause des strictes conditions d'hygiène à respecter, la fraîcheur des produits est maintenant supérieure. C'est une garantie, en quelque sorte, que les poissons ou les crustacés achetés aujourd'hui, même s'ils ont été récoltés hier, ont conservé la fraîcheur à laquelle on est en droit de s'attendre.

L'offre de produits de qualité, liée à leur abondance en toute saison et à des prix abordables, ouvre la porte aux aventures gastronomiques et aux découvertes culinaires. Sur ce point, cependant, le saumon atlantique marque le pas. Pour de nombreuses raisons auxquelles l'homme n'est pas étranger, le saumon sauvage est devenu, depuis plusieurs années, une espèce à protéger et dont le commerce est interdit dans plusieurs pays nordiques, dont ceux d'Amérique du Nord. On aurait pu s'attendre alors à une baisse considérable de l'engouement pour ce poisson, mais c'était sans compter sur l'efficacité et la multiplication des fermes piscicoles en milieu marin. La chute des prix à la consommation découlant de l'abondance et de l'offre du saumon en toutes saisons, tout comme la découverte relativement récente de la valeur ajoutée que lui confèrent les acides gras polyinsaturés, les fameux oméga-3, dont sont abondamment pourvus les lipides de ses chairs et auxquels on attribue des vertus de protection contre les maladies cardiovasculaires, ont augmenté sa popularité sur toutes les tables. Démocratisé et traité à toutes les sauces par les cuisiniers, il en est venu à déclasser très souvent les viandes de boucherie. Un effet bœuf, peut-on dire, pour un poisson jugé auparavant comme un aliment trop gras! Voilà comment la gastronomie rejoint la médecine. On est loin du temps où il était interdit, par contrat, aux patrons des travailleurs de la forêt ou des bateliers de la Loire, de servir du saumon plus de trois fois par semaine à leurs obligés.

Une véritable renaissance du saumon

Depuis 40 ans, grâce à l'efficacité des transports réfrigérés, à la fraîcheur et à la diversité incontestables des produits sur le marché, au développement des fermes agricoles et aquacoles, à l'arrivée de chefs réputés originaires d'Europe, au bouillonnement et à l'audace des jeunes chefs issus de nos écoles de formation en art culinaire, on assiste, au Québec, à une véritable explosion de talentueux artistes de la gastronomie, aussi inventifs les uns que les autres. Que dire aussi de l'influence que l'abondance et la diversité des productions au petit écran et des livres de cuisine exercent sur la société! Elles ne laissent personne indifférent, au point même de générer une émulation entre les amphitryons qui se lancent dans un art jusque-là réservé aux seuls initiés. Non seulement les recettes de poisson abondent, mais il n'est pratiquement aucune publication qui ne mette en valeur le saumon atlantique en vantant sa saveur et ses mérites. D'où sa popularité qui ne se dément pas.

La cuisine amérindienne

La cuisine des premiers occupants du pays était certes bien différente de celle que nous évoquons aujourd'hui. Par sa simplicité naturelle, elle demeure intimement liée à la culture et aux coutumes de chaque peuple et à leur milieu de vie. Les Premières Nations et les communautés inuites du Québec, qui ont occupé les territoires fréquentés par le saumon, répondaient d'abord de façon rudimentaire et efficace à des besoins primaires d'énergie et de subsistance dans des milieux parfois hostiles qui les forçaient à se déplacer. Pour parer aux périodes de famine en hiver, les Amérindiens fumaient de grandes quantités de poissons et de gibier pour en assurer la conservation pendant de longues périodes. Les chairs crues et boucanées, dont nous avons conservé le goût en dégustant aujourd'hui des poissons crus et des chairs fumées aromatisées et épicées (sushi, ceviche, gravlax, tartare et poisson fumé), faisaient les délices des premiers occupants, tout comme pour nous. La gastronomie étant une histoire de goût individuel, mais aussi de socialisation et de partage, il est facile d'imaginer, autour des grands feux de bois communautaires, l'ampleur des festins auxquels donnaient lieu les lendemains de chasse et de pêche fructueuses. Crues, séchées, directement déposées sur les braises ou enveloppées dans des écorces aromatiques humides, les provendes prenaient tout leur sens et leur saveur! Qui n'a pas, lors d'une expédition de pêche, fait un feu de camp pour y braiser une truite ou deux et même un madeleineau ?

Toutefois, garder l'image d'une gastronomie amérindienne peu travaillée serait quelque peu simpliste. Ce serait, en fait, ignorer les témoignages de ceux qui, en raison de leur appartenance, ont connu cette gastronomie ou l'ont découverte au contact des leurs, en ont apprécié la richesse et ont décidé de la sortir des arcanes et des silences de la transmission orale à laquelle elle a été pratiquement confinée depuis des siècles. Il y a bien une cuisine, dite d'inspiration amérindienne, qui attire par son charme teinté d'exotisme, mais il y en a une autre aussi, typiquement amérindienne, qui est en train d'émerger. Celle-là précisément que Manuel-Kak'wa Kurtness, de Mashteuiatsh, une vedette montante de l'art culinaire, a décidé de faire connaître au grand public et de célébrer en publiant un premier recueil de recettes montagnaises sur l'authenticité des trésors qu'elle recèle. De plus, Manuel Kurtness dispose maintenant du travail de son ami biologiste, Fabien Girard, qui vient tout juste de publier un ouvrage, *Secrets de plantes*, où l'on trouve, exaltés, les saveurs, les élixirs et les fragrances de la flore boréale. Il est à noter que les plantes que l'auteur nous invite à découvrir figurent parmi les plantes courantes sur le territoire québécois.

Notre dette envers le saumon

Cette rapide incursion dans le monde de la gastronomie mettant particulièrement en lumière le saumon atlantique, contribuera peut-être à convaincre les nords américains que nous sommes, tout autant que les européens, de notre dette envers ce poisson qui a assuré la survie d'une large partie de l'humanité en transhumance, à la recherche de lieux où s'établir.

Si l'Histoire nous apprend que l'homme s'est révélé le pire ennemi du saumon, à cause de ses prélèvements inconsidérés et de la destruction insensée de ses habitats, il est à espérer qu'elle démontrera qu'il est devenu son meilleur ami en multipliant généreusement ses actions de conservation, de protection et de mise en valeur. Si la gastronomie, en s'imposant comme une nécessité culturelle, nous a conduits à hausser notre perception de la valeur des choses, elle nous aide aussi à traiter le saumon comme un organisme précieux qu'il faut nécessairement protéger. Pour cela, il faut dépasser largement les seules valeurs inhérentes aux qualités organoleptiques ou aux valeurs thérapeutiques du poisson en cause. Souhaitons que la protection du saumon devienne, par un effet de transmission génétique, un réflexe automatique chez les nouvelles générations.

Les recettes

Il serait extrêmement frustrant de terminer ce clin d'œil à la gastronomie sans lui donner une couleur pratique. En révisant les innombrables recettes de saumon, dont certaines ont été publiées dans *Saumons Illimités,* la revue de la Fédération québécoise pour le saumon atlantique (FQSA), j'en retiens particulièrement trois qui n'ont rien de spectaculaire, mais qui ont la vertu d'être savoureuses, faciles à exécuter, et qui, surtout, feront l'unanimité auprès de vos invités : le gravlax, la crème de saumon fumé et les pavés de saumon au beurre blanc.

Pavés de saumon au beurre blanc

Gilles Shooner

Pour six personnes

La veille, dans un plat creux, déposer six pavés de saumon de 250 g chacun, débarrassés de la peau. Enlever également la chair brune sous-jacente à l'aide d'un couteau finement aiguisé. Couvrir d'olive vierge (celle aromatisée au gingembre est une excellente option). Jeter l'huile après usage. Recouvrir le plat d'une pellicule de plastique et le placer au réfrigérateur.

Préchauffer le four à 350 °F. Éponger légèrement les pavés, puis les transférer sur une tôle allant au four. Verser un peu d'huile sur la tôle et cuire entre 10 et 15 minutes.

Vérifier la cuisson pour que la chair demeure rosée à l'intérieur. Ne pas assaisonner et éviter de trop cuire.

Servir dans des assiettes chaudes en nappant de sauce au beurre blanc. Accompagner d'asperges fines *al dente* et de carottes glacées, garnies d'une partie de leur tige verte. Décorer avec de la ciboulette hachée. Un Sancerre frais ou un Fumaio Banfi accompagnent très bien ce plat.

Sauce au beurre blanc

Cette sauce s'apparente à la sauce au beurre nantais, sauf qu'en réalité elle ne contient pas de beurre!

Ingrédients

— 1 1/3 tasse de vin blanc sec (par exemple, du Colli Albani)
— 1/3 de tasse de fumet de poisson (à défaut de fumet maison, on peut utiliser du fumet de poisson en poudre offert dans les supermarchés ou les épiceries fines)
— 2 tasses de crème 35 %
— 2 cuillères à soupe d'échalote grise, finement émincée
— Sel et poivre au goût
— Jus de citron

Dans une casserole, déposer le vin, le fumet et les échalotes. Porter à ébullition. En surveillant constamment, réduire l'appareil jusqu'à consistance d'un sirop, environ une vingtaine de minutes. Retirer du feu.

Ajouter la crème et reporter à ébullition pendant cinq minutes. Assaisonner et ajouter quelques gouttes de jus de citron. Réserver au chaud.

Le gravlax

Gilles Shooner

Le gravlax, d'origine scandinave, demeure un classique toujours très apprécié. Je l'ai préparé pendant 40 ans de diverses façons, mais voici ma recette préférée.

Choisir deux filets de saumon atlantique (ou un filet coupé en deux) d'environ un kg, très frais, n'ayant jamais été congelés, sans queue ni arêtes, mais avec la peau et les écailles.

Déposer chaque morceau côté chair sur un papier absorbant, étalé sur le plan de travail. Bien nettoyer la peau en passant superficiellement le tranchant d'un couteau de l'avant vers l'arrière dans le sens des écailles. Ne pas enlever les écailles, car cela aurait pour effet de ramollir les chairs.

Bien essuyer, puis retourner le poisson côté peau sur du papier absorbant. Parer les filets en les débarrassant des morceaux de cartilage des nageoires et des portions ventrales, trop grasses, qui pourraient s'y trouver. Bien assécher les chairs en les tamponnant avec du papier absorbant.

Badigeonner les chairs avec du cognac, du brandy ou du rhum brun. Les Suédois utilisent de l'aquavit. Dans ce cas, ajouter six à huit baies de genièvre écrasées à la marinade.

Ajouter du poivre blanc au moulin, puis recouvrir les filets avec la marinade sèche composée de 1/4 tasse de sel de mer non iodé n° 8 et 1/4 tasse de cassonade.

Ciseler finement 200 à 400 g de fenouil frais (ou d'aneth) et en recouvrir les filets. Utiliser à la fois les tiges et le feuillage. À défaut d'herbes fraîches, utiliser des graines d'aneth broyées dans un mortier ou un petit moulin à café.

N. B. Il est possible de faire d'une pierre deux coups en achetant un bulbe de fenouil entier. Une fois le feuillage récupéré, on peut faire un excellent potage avec le bulbe.

Superposer les filets en sandwich, chair contre chair, et les insérer dans un sac de polytène étanche. Après avoir chassé l'air du sac, le sceller soigneusement en faisant un nœud solide.

Déposer le sac dans un plat de service assez grand, afin d'éviter des catastrophes dans le réfrigérateur si, pour une raison ou une autre, le sac venait à se perforer durant les manipulations. Inutile d'ajouter du poids (comme des briques ou de vieux fers à repasser…) sur le poisson sous prétexte d'améliorer l'efficacité du marinage, puisque la déshydratation est due à un phénomène de diffusion des liquides tissulaires et non à une quelconque pression sur l'appareil.

Laisser reposer au réfrigérateur en retournant le sac plusieurs fois. Une vingtaine d'heures suffiront. Même en cas d'accumulation importante de liquide dans le sac de trempage, qui est le signe que le poisson se déshydrate, ne pas prolonger le marinage, car cela aurait pour effet de durcir et de saler les chairs.

Vider le liquide du sac dans l'évier et nettoyer rapidement les morceaux de poisson sous le robinet d'eau froide pour les débarrasser des ingrédients solides. Par la suite, après les avoir bien épongés et asséchés, badigeonner les morceaux de poisson avec l'alcool choisi et du sirop d'érable chaud. Recouvrir d'une pellicule protectrice et laisser reposer de quatre à six heures au réfrigérateur. Le saumon est prêt à être mangé.

Laissez aller votre imagination, car il y a beaucoup de possibilités de recettes. Quelques-unes vous sont proposées, ci-après. À vous de les découvrir d'autres.

GRAVLAX EN ESCALOPE

Gilles Shooner

Avec un fin couteau bien aiguisé, tailler de fines escalopes en longueur, de l'arrière vers l'avant du poisson. Après avoir atteint les couches profondes du poisson, se débarrasser de la partie brune de la chair; le goût n'en sera que meilleur. Servir trois à quatre tranches par personne, accompagnées d'une sauce moutarde comme celle-ci : une cuiller à soupe de moutarde, une cuiller à soupe de moutarde de Dijon, une cuiller à thé de vinaigre blanc et une cuiller à thé de sucre fin. Bien mélanger, puis verser lentement un quart de tasse d'huile de tournesol, en fouettant pour émulsionner. Au goût, ajouter deux cuillers à thé d'aneth, finement ciselé.

Le gravlax se sert également de la même façon que le saumon fumé : froid, en tranches minces, sur un lit de salade, accompagné de câpres et de très fines tranches d'oignon. Un soupçon d'huile d'olive ou d'huile de homard et de jus de citron naturel ajoutera au tout une fraîcheur particulière.

Notes

Le saumon Gravlax peut très bien être fumé à froid ou à chaud.

Les vins d'Alsace (Riesling et Pinot) constituent un excellent choix d'accompagnement.

Le gravlax peut aussi remplacer avantageusement le saumon fumé avec les bagels et être incorporé au tartare de saumon.

Truc de conservation

À l'état frais, le gravlax se conserve de six à sept jours au réfrigérateur. Scellé sous vide, il se conserve au moins trois semaines. Par ailleurs, enveloppé très hermétiquement dans de la pellicule plastique, du papier d'aluminium ou scellé sous vide, il se congèle et se conserve de six à neuf mois sans perdre de sa fraîcheur.

Crème de saumon fumé

Gilles Shooner

Pour des amuse-gueules remarqués ou une entrée de choix

On mélange souvent du saumon fumé et du fromage crémeux (genre Philadelphia ou Chèvre blanc) avec de la crème, des câpres, de la ciboulette ou des échalotes grises, etc., et du saumon fumé pour en tartiner des biscottes comme amuse-gueules.

On peut aussi, en supprimant le fromage, réussir une excellente crème de saumon. La recette que je vous propose, d'inspiration grecque, est faite habituellement à partir d'œufs de poisson. C'est ce que l'on appelle un tarama. Ici cependant on utilise des oeufs avec coquille mais dont on ne garde que les jaunes, histoire de se faire dire « Je craque pour toi mon coco ».

Ingrédients

— 250 g de saumon fumé à froid
— Deux jaunes d'œufs
— Mie de deux tranches de pain
— 120 ml d'huile d'olive
— 60 ml de crème 35 %
— Jus d'un demi-citron
— Sel et poivre

Préparation

Débarrasser les tranches de saumon de la partie brunâtre des chairs qui paraît sur les flancs du saumon quand on enlève la peau. Le goût n'en sera que meilleur.

Hacher finement le saumon. Le déposer dans un bol ou un cul-de-poule assez grand pour pouvoir utiliser un batteur électrique. Ajouter la mie de pain, très légèrement mouillée avec du lait.

Ajouter les jaunes d'œufs et le jus de citron. Tout en utilisant le batteur électrique, incorporer la crème puis, en filet, l'huile d'olive, comme pour faire une mayonnaise. Procéder lentement. Vérifier la consistance selon qu'on prépare des amuse-gueules ou une entrée (dans le second cas, la préparation devra être plus ferme). Assaisonner au goût. Réfrigérer de 6 à 8 heures avant de servir, avec un Domaine de la Moussière frais.

En amuse-gueule

Tartiner généreusement des mini-toasts de la préparation. Ajouter une câpre et quelques morceaux de rouelles d'oignon coupées très finement, pour ajouter de la saveur. Attention : pour conserver le croustillant des mini-toasts, ne préparer les bouchées qu'au moment de servir.

En entrée

Dans une assiette à dessert, disposer deux feuilles d'endive fraîche, puis les remplir de crème de saumon. Ajouter, sur le dessus, quelques câpres. Sur le pourtour des feuilles d'endive, disposer de très fines rouelles d'oignon, verser dessus un filet d'huile d'olive aromatisée au gingembre. Ajouter, au goût, quelques feuilles de basilic, finement ciselées.

Tranches de saumon de l'Atlantique grillées, sauce au vin rouge

Jean-Paul Grappe

Originaire de Dijon, Jean-Paul Grappe a été professeur et chef de cuisine à l'Institut de tourisme et d'hôtellerie du Québec (ITHQ) pendant plus de vingt ans. Sa vaste expérience lui a valu d'être l'un des chefs les plus réputés de la francophonie. Ces deux recettes sont extraites du livre *poissons*, publié par les Éditions de l'Homme en 2006.

Pour quatre personnes

Ingrédients

- 3 échalotes hachées
- 750 ml (3 tasses) de vin rouge
- 250 ml (1 tasse) de fumet de poisson
- Roux blanc cuit
- 80 g (1/2 tasse) de beurre non salé
- 400 g (6 1/2 tasses) de girolles ou chanterelles émincées
- 24 escargots de Bourgogne en conserve, égouttés
- Sel et poivre
- 4 c. à thé d'huile de tournesol
- 4 tranches de saumon de 180 g (6 oz)

Déposer les échalotes dans une casserole, verser le vin rouge et faire réduire de 80 %. Ajouter le fumet de poisson, cuire de 3 à 4 minutes, puis lier légèrement avec un peu de roux blanc. Saler et poivrer.

Pendant cette cuisson, préparer la garniture : bien nettoyer et éponger les champignons, les couper en deux s'ils sont trop gros. Dans une poêle à fond épais, chauffer le beurre, puis sauter les champignons assez vivement, ajouter les escargots, saler et poivrer. Réserver. Huiler, saler et poivrer les tranches de saumon, puis les griller pour atteindre 65° (150 °F) au centre.

Pour servir, disposer les champignons et les escargots au fond de l'assiette, déposer la tranche de saumon et napper de sauce au vin rouge.

FILETS DE SAUMON SAUTÉS, COULIS DE PISTACHES

Jean-Paul Grappe

Pour quatre personnes

Ingrédients

— 150 g (1 1/2 tasse) de pistaches émondées et sans peau
— 175 ml (3/4 tasse de lait)
— 160 ml (1/2 tasse) de fumet de poisson très réduit
— 80 g (1/3 tasse) de beurre à température de la pièce
— Jus d'un demi-citron
— Sel et poivre blanc
— 4 filets de saumon de 150 g (5 oz) de bonne épaisseur
— Farine tamisée
— 60 ml (1/4 tasse) d'huile de cuisson
— 60 g (1/4 tasse) de beurre non salé

Coulis de pistaches

À l'aide d'un robot culinaire ou d'un mélangeur, broyer finement les pistaches. Dans une casserole, chauffer le lait, ajouter les pistaches et laisser infuser doucement une dizaine de minutes. Ajouter le fumet de poisson réduit et laisser mijoter de nouveau une dizaine de minutes. Verser de nouveau dans le robot culinaire ou dans un batteur sur socle et émulsionner en ajoutant les noix de beurre et le jus de citron. Rectifier l'assaisonnement et réserver au chaud.

Bien éponger les filets de saumon, saler, poivrer et fariner. Dans une poêle à fond épais, chauffer le beurre et l'huile, saisir les filets de chaque côté afin qu'ils prennent une belle couleur. Réduire la cuisson pour atteindre 68° (155 °F) au centre.

Pour servir, déposer au fond de l'assiette des légumes sautés, puis le filet de saumon et verser de coulis de pistaches.

Saumon à la nage

Pierre Proulx

Une recette du restaurant Magnan de Montréal

Fondé en 1932, le restaurant Magnan, situé non loin du marché Atwater à Montréal, est une véritable institution renommée pour son rôti de bœuf et ses fruits de mer. Voici une recette de Pierre Proulx, son chef attitré.

Pour quatre personnes

Ingrédients

- 4 pavés de saumon de 180 g
- Tomates cerises
- Carottes miniatures
- 8 petites pommes de terre pelées
- Basilic frais
- Bébés épinards
- 1 poireau émincé
- Oignon rouge émincé

Court-bouillon

- Parures des pavés de saumon
- Bouquet garni
- Pistils de safran
- 2 morceaux de gingembre
- Bâton de citronnelle
- 12 graines de coriandre
- 2 échalotes françaises
- 2 gousses d'ail

Dans une casserole profonde, déposer tous les ingrédients du court-bouillon. Verser 750 ml d'eau ou de fumet de poisson léger dans la casserole. Laisser frémir 12 à 15 minutes à feu moyen doux. Passer le tout au tamis ou à la mousseline.

Verser le bouillon dans la casserole profonde. Ajouter les pommes de terre précuites, les tomates, les carottes, les épinards, le poireau, l'oignon rouge et le basilic. Laisser mijoter 8 minutes à feu très doux.

Déposer les pavés de saumon. Fermer le feu. Couvrir la casserole. Laisser reposer 8 minutes.

Servir dans un bol creux, légumes, bouillons et pommes de terre, y déposer le saumon et parsemer le tout de quelques herbes fraîches.

Deux recettes amérindiennes du chef montagnais Manuel Kak'wa Kurtness

Pour les Innus, le terme Nameshat représente l'ensemble des poissons de lac et de mer, et Ushâshamek est le nom qui désigne le saumon.

Après avoir passé l'hiver sur le territoire ancestral, les nations nomades du Québec retournaient au printemps sur les bords des rivières et du fleuve pour y pêcher le premier saumon, l'une des grandes sources de leur nourriture estivale. Le printemps était une saison qui annonçait un changement dans l'alimentation. Le régime d'hiver, composé surtout de la viande rouge des animaux à fourrure, cédait le pas à un régime composé surtout de poisson, de verdure, de petits fruits et de gibier à plumes, comme les canards et les outardes.

Chez les peuples des lacs d'eau douce, le poisson était en grande partie séché, puis conservé dans des paniers d'écorce pour en prolonger la conservation : il pouvait ainsi se conserver de trois à quatre semaines tout au plus. À l'automne, on utilisait les légumes arrivés à maturité pour en faire des potages à l'aide de bouillons de poisson et de poisson séché. Chez les peuples vivant au bord de la mer, le poisson était trempé dans l'eau salée avant d'être fumé ou séché au soleil.

À titre de primeur de la saison, le poisson cru, déposé sur des herbes et des plantes fraîchement cueillies et remplies des arômes et des saveurs de la forêt, avait la faveur des gens. Les recettes, aussi nombreuses que les chasseurs ou les pêcheurs, étaient transmises aux enfants sous la supervision des aînés. Les petits poissons étaient cuits à la baguette directement sur la braise ou à côté du feu. Les gros poissons étaient cuits de diverses façons : dans le sable, enveloppés dans des feuilles de bouleau, boucanés longuement ou encore séchés au soleil. Pochés dans un bouillon de poisson, ces poissons devenaient par la suite sources de saveurs nouvelles, grâce aux échanges subtils qui se produisaient entre les éléments en présence dans le liquide bouillant.

Ushâshamek (saumon) boucané de Unaman shipu

Une recette provenant de la réserve La Romaine

Le premier saumon dans la rivière était annonciateur d'abondance et de changement du régime alimentaire. La première capture de la saison était parfois mangée crue en signe de contact direct avec l'esprit des saumons qui guiderait le pêcheur pour lui assurer une bonne pêche lui permettant de nourrir sa famille et son clan. La pêche traditionnelle de nuit, dite pêche à la perche (au flambeau et à l'aide d'une lance ou d'une foène), était l'une des techniques préférées pour en faciliter les prises.

À l'époque, pour fumer le poisson, on devait l'installer sur des perches de bois à une hauteur d'au moins un mètre. Pour enlever les arêtes, on procède par le dos, de la tête vers la queue, avec un couteau très bien affûté, en prenant le soin de longer les arêtes de part et d'autre de la colonne vertébrale. Sans aucun assaisonnement, le poisson est boucané avec du bois de feuillu, comme le bouleau, ou encore avec du peuplier faux-tremble, un arbre qui se décompose.

Le feu est maintenu continuellement en braises pendant 8 à 9 heures en y ajoutant des copeaux de bois trempés dans l'eau pendant 2 à 3 minutes. Aujourd'hui, si l'on veut procéder à ce fumage traditionnel, il est recommandé de mettre les filets frais au réfrigérateur pendant 48 heures, sans les couvrir. Pour une meilleure conservation en vue d'un usage ultérieur, il est préférable de les congeler rapidement sous vide.

Ushâshamek (saumon) cru aux épices de la forêt boréale

Pour quatre à six personnes

Ingrédients

— 1 saumon frais d'environ 2 kg
— 100 ml de racine séchée de raifort sauvage biologique
— 60 ml de piment des tourbières biologique broyé (pouvant ressembler au piment d'Espelette séché)
— 80 g de persil marin biologique
— 80 g de salicorne
— 80 g de sabline faux–péplus

Marinade

Broyer les deux épices (raifort et piment des tourbières) en un mélange uniforme. Réserver.

Écraser au mortier les herbes marines fraîches (persil marin, salicorne, sabline) pour en faire une sorte de purée. Réserver.

Selon vos goûts , ces deux bases peuvent servir à préparer quelques plats différents et relevés de façon particulière tels un gravlax , un tartare ou des bouchées de saumon cru.

Gravlax

— Couvrir les chairs avec la purée aux herbes marines.
— Superposer les filets chair contre chair.
— Mettre dans un sac de polythène.
— Laisser reposer au frais une douzaine d'heures.
— Servir en fines tranches.

Tartare

Dans un bol déposé sur un lit de glace,mélanger le saumon coupé en petits cubes avec un peu du mélange d'épices. Ajuster au goût. Couvrir d'un Saran et réfrigérer une trentaine de minutes. Remplir un emporte pièce avec des portions de cette préparation en alternant avec une petite feuille de salade couverte d'une fine couche de purée d'herbes marines.

Saumon cru

— Détailler la chair du saumon en cubes de 2 cm
— Piquer un cube avec une petite fourchette
— Tremper une surface seulement dans un plat contenant le mélange d'épices et de purée d'herbes marines. Déguster.

NOTE : Ces épices du Québec sont disponibles à la Poissonnerie du Marché de Québec ou chez Les produits Desbois, à Gérardville (info@desbois.ca).

En guise de conclusion

Pour la suite du monde

Bernard Beaudin

Le thème de la continuité

Plusieurs s'en rappelleront sans doute, *Pour la suite du monde* est le titre d'un magnifique documentaire des cinéastes québécois Pierre Perrault et Michel Brault sur la vie traditionnelle des habitants de l'Isle-aux-Coudres et la légendaire pêche au marsouin en mer. Imprégné du culte de la nature et attentif aux rapports étroits qu'entretiennent les humains avec leur environnement, ce témoignage demeure encore une inspiration pour tous ceux et celles qui se soucient de la préservation de la nature pour les générations à venir. Le thème de la continuité s'applique, on ne peut mieux, à l'engagement de tous les pêcheurs pour le maintien de la pêche à la mouche au saumon. L'amour de la nature, le respect de cette dernière et le partage constituent les valeurs fondamentales que se transmettent les pêcheurs de saumon, d'une génération à l'autre.

Les valeurs : amour, respect et partage

La passion du saumon nous amène partout au Québec le long de rivières qui coulent dans des paysages d'une grande beauté. L'eau de ces rivières est pure, car, autrement le saumon n'y viendrait plus.

Le contact avec une nature grandiose impose le respect et un grand désir de protéger ces lieux qui servent d'habitat à ce poisson voyageur. Le saumon ne pourra survivre que si l'on protège son milieu de vie, d'où l'engagement de tous les pêcheurs pour la sauvegarde de la nature.

Quant au partage, il se conjugue à tous les temps. Il y a le partage de la pêche en rotation dans les fosses, qui nous apprend à vivre l'expérience avec d'autres pêcheurs ayant la même passion et les mêmes désirs. Il y a le partage du voyage, où les pêcheurs se ressourcent à la nature, cuisinent de bons repas et se racontent des histoires de pêche merveilleuses et parfois légèrement exagérées...

Enfin, il y a le partage du bonheur avec l'autre. Pêcher avec son fils, sa fille, son conjoint ou sa conjointe, avec des amis ou des étrangers que l'on apprend à connaître représente l'un des plus sûrs chemins vers un bonheur véritable. Plusieurs avenues sont possibles pour s'initier à la pêche du saumon : la famille ou les amis, l'école de pêche, le guide ou encore, le mentorat, le choix de la méthode est large.

La tradition familiale

Depuis plus de 30 ans que je pratique la pêche au saumon, j'ai eu l'occasion d'initier à ce sport toute ma famille ainsi que quelques dizaines d'amis. Le résultat dont je suis le plus fier reste celui d'avoir réussi à susciter cette passion chez mes trois enfants, Vincent, Mireille et Alexis, qui ont, à leur tour, initié leurs proches à cette tradition familiale.

Ma conjointe Lucie adore elle aussi la pêche. Tous les ans, nous organisons avec nos enfants de magnifiques voyages de pêche qui nous réunissent au sein d'un même attachement pour le saumon. Mon petit-fils Étienne, âgé de deux ans et demi, participe déjà aux expéditions et trotte à nos côtés le long de la rivière. Lorsque je l'observe avec sa mère en train de pêcher, cela me rappelle toujours comment j'ai véritablement initié ma fille Mireille à la pêche au saumon en 1999.

À l'époque, j'avais déjà montré à pêcher à ses deux frères, mais tout à fait injustement, j'avais négligé de le faire pour elle. L'année précédente, je lui avais bien offert une journée d'initiation à la pêche à la mouche sur la rivière du Gouffre, mais elle en voulait plus. Je me sentais coupable de ne pas l'avoir encore emmenée dans un véritable voyage de pêche au saumon.

Nous sommes donc partis en août pour pêcher sur la rivière Anse-Saint-Jean, au Saguenay. Après une première journée où Mireille, malgré une profusion de conseils de la part de nombreux pêcheurs rencontrés sur les berges, est revenue bredouille, nous avons entamé la deuxième journée avec une stratégie différente. Le beau temps a viré à la pluie, et les saumons, probablement excités par le mauvais temps, se sont progressivement activés dans les rapides de la fosse où je pêchais avec Mireille. Au bout de plusieurs heures, un saumon happa l'avançon de Mireille en fin d'après-midi, et après de longues minutes ponctuées de conseils qui n'ont jamais été aussi scrupuleusement suivis, elle sortit

Deux générations de saumoniers... une même passion... deux générations de protecteurs du saumon.

un saumon de plus de cinq kilos de la rivière. Je crois bien que ni elle ni moi n'oublierons jamais la joie de ce moment. Pour ma part, cette journée fut celle où, aidé par la nature et l'équipe de l'Anse-Saint-Jean, j'ai pu réparer l'injustice que ma fille Mireille me reprochait, avec raison.

Ma fille incarne pleinement maintenant les valeurs que j'associe au film *Pour la suite du monde*. Un voyage de pêche au saumon réussi, c'est avant tout associer détente, confort, bonne bouffe et bon vin. Le saumon devient une récompense supplémentaire. Vivre un voyage de pêche avec la famille ou les amis, c'est adhérer à un mode de vie d'une rare qualité.

Une solution de rechange à la famille : l'école de pêche

L'école de pêche est une façon efficace de s'initier à la pêche. Sur les rivières Matane et Bonaventure, on trouve des écoles de pêche expérimentées et bien organisées. Vous êtes deux? On vous fournira un moniteur pour la journée, tout l'équipement de pêche et, en peu de temps, vous apprendrez la théorie, suivie de la pratique en rivière. Toutefois, il ne faut pas oublier que : « Apprendre à moucher se fait en une ou deux journées, apprendre à pêcher, c'est l'histoire d'une vie. » Attention aux attentes irréalistes!

L'expérience d'un guide

Il est possible de louer les services d'un guide sur une rivière du Québec. Malgré ce que peuvent penser quelques très bons amateurs, les meilleurs pêcheurs de saumon sont sûrement les guides qui pêchent parfois plus de 100 jours par année. Moi, par exemple, qui ne pêche que 30 jours par année, je ne fais que le tiers de leur saison. On peut avoir pleinement confiance dans ces guides, qui ont la patience et la connaissance nécessaires pour vous initier à la pêche au saumon. Non seulement ils vous conseilleront et vous éclaireront, mais ils vous montreront à être astucieux, futé, voire rusé et même plus malin que le saumon ou les autres pêcheurs, un avantage non négligeable dans les secteurs de pêche non contingentés.

Comment les trouver? La plupart des associations gestionnaires de rivières ont des listes de guide. Appelez à l'accueil de la rivière qui vous intéresse : vous y trouverez des gens qui pourront vous diriger vers le guide qui vous convient.

Le mentorat, pour progresser vers l'excellence

Une nouvelle forme d'apprentissage vient d'apparaître dans le paysage québécois : il s'agit du mentorat offert par la communauté internaute de Québec Pêche (www.quebecpeche.com) en concertation avec la Fédération québécoise pour le saumon atlantique (FQSA). Le mentor se définit comme un guide et un conseiller sage et expérimenté. Le mentorat s'adresse à des pêcheurs qui savent moucher, mais qui veulent progresser dans l'apprentissage de la pêche. Donc, si vous n'avez pas un ami ou un membre de la famille plus expérimenté que vous qui peut vous aider, il suffit de vous inscrire au site de Québec Pêche quand l'offre apparaît. Reconnaissons que Pierre Manseau a eu une idée remarquable en mettant sur pied cette forme d'apprentissage destinée aux pêcheurs en quête d'excellence.

Pour s'initier à la pêche au saumon, plusieurs avenues s'offrent à vous. Mais soyez sur vos gardes : le jour où vous prendrez votre premier

Le guide de pêche, un observateur attentif, qui connaît le comportement du saumon.

Le mentor, un maître à penser, néanmoins perplexe quant au choix de mouche.

saumon, dites-vous bien que c'est plutôt lui qui vous aura pris.

Le saumon, symbole de la qualité de notre environnement, sait nous rejoindre

Les pêcheurs sont des passionnés, certes, mais les artistes le sont aussi. Ils savent créer des œuvres qui rejoindront les amants de l'art et de la nature. Dans ce domaine, le saumon sait inspirer tous ceux et celles qui sont sensibles à la création ainsi qu'à la beauté des territoires que parcourent les rivières dont il remonte le cours.

En gastronomie, le saumon a acquis depuis longtemps ses lettres de noblesse. Au cours des dernières années, les grands chefs à travers le monde, à l'instar des frères Troisgros, se sont mis à revisiter ce poisson, pour la plus grande joie des amateurs.

Pour l'homme et la femme de science, le saumon a désormais pris valeur d'emblème, car nul mieux que lui ne révèle aussi précisément l'état de notre environnement. Depuis la préhistoire, le saumon est source de curiosité et ouvre les portes de la découverte. De l'invention du matériel de pêche à l'étude de l'écologie, ce poisson migrateur accompagne l'esprit scientifique et se révèle un allié de choix dans la lutte de l'homme pour sa survie et le devenir de la planète.

Voilà donc un animal hors du commun qui a suscité maintes passions auprès d'hommes et des femmes ayant des intérêts très différents. Il nous oblige aujourd'hui avant tout à prendre conscience de sa fragilité et de la nôtre dans une nature que nous ne cessons de perturber et de malmener. Il nous appartient d'assurer l'avenir et la survie du saumon, car il est associé à notre propre destinée.

Les auteurs

Bernard Beaudin

Président-directeur général de la Fondation de la faune du Québec de 1996 à 2006 et directeur du développement à l'Université du Québec depuis 2006, Bernard Beaudin est bachelier en agronomie de l'Université Laval. Il a poursuivi sa carrière successivement au ministère des Ressources naturelles du Québec, à la Régie des assurances agricoles du Québec, au ministère de l'Énergie et des Ressources, et au Secrétariat aux affaires autochtones. Bernard Beaudin, qui pêche le saumon depuis plus de 30 ans, est étroitement lié aux efforts de conservation du saumon atlantique. Membre du conseil d'administration de la Fédération québécoise pour le saumon atlantique (FQSA) à partir de 1984, il en a assumé la présidence de 1989 à 1994. Il a été membre du comité de coordination du Programme de développement économique du saumon de 1991 à 1996 et a siégé au conseil d'administration du Centre interuniversitaire de recherche sur le saumon atlantique (CIRSA) de 1996 à 2005. Il a reçu plusieurs récompenses pour son travail de conservation du saumon atlantique. Il a été nommé en 2006 membre honoraire à vie de la Fédération québécoise pour le saumon atlantique et membre honoraire de la Fédération québécoise de la faune, il a reçu le prix François-de-Beaulieu-Gourdeau-Uitchitun de la FQSA en 1997, le Prix de la conservation de la faune, volet Personnalité, du gouvernement du Québec en 1995 et la Médaille d'honneur en vermeil de la pisciculture du ministère français de l'Environnement en 1995.

Normand Bergeron

Normand Bergeron a fait des études en géographie physique à l'Université de Montréal (M. Sc., 1987) et en géomorphologie fluviale à l'Université d'État de New York à Buffalo (Ph. D., 1994). Professeur à l'Institut national de la recherche scientifique depuis 1994, il y a développé un nouveau champ de recherche où il applique ses connaissances de la dynamique des rivières à l'étude de l'habitat du poisson, dont principalement le saumon. Membre du Centre interuniversitaire de recherche sur le saumon atlantique (CIRSA) depuis 1995 et du Groupe de recherche interuniversitaire en limnologie et en environnement aquatique (GRIL) depuis 2008, il s'intéresse à plusieurs aspects de l'habitat du saumon, notamment à l'utilisation de la géomatique pour la caractérisation des rivières et la modélisation de l'habitat fluvial, à la qualité des frayères, à la sélection d'habitat et au mouvement des poissons, ainsi qu'aux impacts des perturbations anthropiques sur les rivières et l'habitat du poisson.

Gérard Bilodeau

Gérard Bilodeau, qui a obtenu en 1992 une maîtrise en administration des affaires (MBA) à l'Université Laval, est directeur régional à la Fédération des caisses Desjardins du Québec. Saumonier depuis 1976, il est reconnu comme l'un des principaux vulgarisateurs québécois de la pêche au saumon, notamment à titre de collaborateur du livre *Pêche à la mouche* (1996) et de coauteur du livre *Saumon atlantique* (1988), deux ouvrages publiés par le Groupe Polygone et qui font autorité en la matière. Collaborateur régulier au magazine *Sentier Chasse & Pêche* de 1981 à 1996, il a été trésorier et membre du conseil d'administration de l'Association des pêcheurs sportifs de saumons du Québec (APSSQ) de 1977 à 1984 et est membre du comité de rédaction du magazine *Saumons illimités*, le bulletin de la Fédération québécoise pour le saumon Atlantique (FQSA). Gérard Bilodeau continue de partager ses connaissances sur le saumon en agissant comme mentor depuis 2008 dans le cadre du programme Mentorat/Découverte mis sur pied par la FQSA en 2007. Il représente le Québec depuis 2006 au sein du comité de sélection du Prix de la pêche récréative au Canada décerné chaque année par Pêches et Océans Canada.

François Caron

Chargé de projet de recherche sur le saumon atlantique au ministère des Ressources naturelles et de la Faune du Québec de 1980 à 2007, François Caron est diplômé en sciences (biologie) de l'Université Laval. Ses travaux de recherche, qui ont porté notamment sur la dynamique de deux populations de saumons sauvages, sur l'évaluation des taux de production de ces rivières et sur les taux de survie en rivière et en mer, ont surtout été réalisés sur deux rivières témoins, la rivière Saint-Jean à Gaspé et la rivière de la Trinité sur la Côte-Nord. Membre de plusieurs comités nationaux, François Caron a fait partie de la délégation canadienne sur le groupe de travail du saumon au Conseil international pour l'exploration de la mer (CIEM). Il a dirigé l'équipe qui a révisé les bases de gestion du saumon au Québec en déterminant le seuil de conservation sur chaque rivière à saumon. De plus, il a fait partie des équipes de recherche sur les caractéristiques génétiques des différentes populations de saumons au Québec. Il est présentement directeur de l'aménagement de la faune, région Saguenay — Lac-Saint-Jean, au ministère des Ressources naturelles et de la Faune.

Guy-Noël Chaumont

Arrivé au Québec en 1951, Guy-Noël Chaumont est l'un des plus vieux pêcheurs de saumon du Québec. Diplômé en génie mécanique (automatisation et robotique) de l'École technique de Clermont-Ferrand (1939) et de l'Institut central de Radio-Télécommunications (1941), il a été membre des Forces françaises de l'intérieur et de la première Compagnie M. U. R. d'Auvergne au sein de la Résistance de 1942 à 1945. Tour à tour contrôleur aérien au ministère français des Transports, directeur de métrologie aux usines Michelin et directeur de la recherche-développement au sein de la Dayco (Dayton, Ohio, USA), Guy-Noël Chaumont a été l'instigateur de plusieurs initiatives de coopération franco-québécoise reliées au saumon atlantique. Au cours des ans, il a également écrit pour de nombreux magazines de chasse et de pêche, tant au Québec qu'en France.

Yvon Côté

Yvon Côté est titulaire d'un baccalauréat ès arts et d'un baccalauréat en sciences (biologie) de l'Université de Montréal, ainsi que d'une maîtrise en aménagement de la faune de l'Université McGill. Après avoir enseigné la biologie au niveau collégial de 1967 à 1971, il a occupé diverses fonctions au gouvernement du Québec jusqu'en 1996, notamment comme biologiste de terrain (saumon), chef de l'Équipe saumon, chef du Service de la faune aquatique et administrateur du Programme de développement économique du saumon. Depuis 2000, il est président de la Fédération québécoise pour le saumon atlantique (FQSA). Au cours de sa carrière professionnelle, il a visité la plupart des pays de l'Atlantique nord où l'on trouve des rivières à saumon. Il a participé à plusieurs missions scientifiques internationales portant sur cette espèce de poisson. Au fil des ans on lui a décerné différentes distinctions en reconnaissance de sa contribution à la conservation et à la mise en valeur du saumon atlantique.

Pierre Dulude

Pierre Dulude est un biologiste, diplômé de l'université Laval à Québec en 1975. Il a d'abord travaillé au Service canadien de la Faune pour la protection des milieux humides et de la sauvagine, puis participé à des travaux de recherche sur les castors dans le Parc de la Gatineau. En 1978, il joint le ministère du Tourisme, de la Chasse et de la Pêche, à la Direction régionale de Québec. De 1978 à 2001, il est affecté au dossier du saumon des rivières du Gouffre, Petit-Saguenay et Jacques-Cartier. Le jumelage de la Jacques-Cartier et de la rivière Dordogne (France) lui permettra de vivre un séjour marquant de deux années en France (1991-1993). Il participe alors à l'étude et à la sauvegarde des poissons migrateurs de cette grande rivière pour le compte du Conseil supérieur de la Pêche et avec l'Établissement public interdépartemental Dordogne (ÉPIDOR), organisme concerné par la gestion de l'eau de l'ensemble du bassin versant de la Dordogne. De 2001 à 2003, il est chargé des dossiers du Conseil canadien des ministres de l'Environnement au sein du Ministère québécois de l'Environnement. Il est maintenant détaché du Ministère des ressources naturelles et de la Faune auprès de Canards Illimités, un organisme privé dont la mission vise la conservation des milieux humides.

Micheline Garceau

Micheline Garceau détient un diplôme en Techniques des sciences naturelles du CEGEP de Ste-Foy. Elle cumule plus de 30 années d'expérience, principalement en faune aquatique. Elle a collaboré à la réalisation de plusieurs études à travers le Québec pour différents organismes gouvernementaux, consultants en environnement et a dirigé sa propre entreprise. Pendant plus de 15 ans, elle a travaillé au Parc Aquarium du Québec comme naturaliste et chargée de projet. Elle partage sa passion pour la faune et les milieux naturels en donnant des formations à des techniciens de la faune et initie les futurs agents de protection de la faune à l'ichtyologie. Elle occupe depuis quatre ans le poste de responsable du Laboratoire d'expertise bio-légale du ministère des Ressources naturelles et de la Faune du Québec. L'interprétation des écailles et de différentes structures anatomiques des poissons est devenue sa spécialité. Elle est reconnue, par les tribunaux de justice, comme experte légale en ichtyologie.

Sylvain Gingras

Natif de Saint-Raymond de Portneuf, Sylvain Gingras s'est rapidement révélé un habile mécanicien et un peintre automobile hors pair. Mais par-dessus tout, c'est un fervent amateur de chasse et de pêche qui adore se retrouver dans la nature. Curieux et collectionneur d'histoires, il est l'auteur de cinq ouvrages : *Le Triton*, publié en 1989, raconte l'histoire du plus prestigieux club de chasse et de pêche du Québec; *Un siècle d'histoire* (1994) nous fait découvrir les clubs de chasse et de pêche qui ont marqué le Québec; *L'Aventure des pilotes de brousse* (2001) parle de ces pilotes canadiens qui se sont illustrés dans l'histoire de l'aviation; *Les Pionniers de la forêt* (2004) relate le temps où plus de 100 000 bûcherons travaillaient au Québec; enfin, *L'Épopée de la forêt* (2007) rappelle le labeur de nos ancêtres.

Marc-Antoine Jean

Né en 1981 à Québec, Marc-Antoine Jean a obtenu un baccalauréat en histoire de l'art à l'Université Laval. Depuis mars 2007, il est rédacteur en chef de *Saumons illimités*, la publication officielle de la Fédération québécoise pour le saumon atlantique (FQSA). Récent pêcheur de saumon, il a commencé à pêcher dans la rivière Bonaventure au cours de l'été 2008.

Michel Lapointe

Titulaire d'un baccalauréat en mathématiques et en physique ainsi que d'une maîtrise de l'Université McGill et d'un doctorat en géographie de l'Université de Colombie-Britannique, Michel Lapointe est professeur au département de géographie de l'Université McGill depuis 1990. Nommé directeur scientifique du Centre interuniversitaire de recherche sur le saumon atlantique (CIRSA) en 2003, Michel Lapointe réalise des recherches en géomorphologie fluviale, c'est-à-dire sur l'évolution des cours d'eau, le transport sédimentaire ainsi que sur les courants et habitats changeants dans ces écosystèmes. Il s'intéresse tout particulièrement aux impacts des interventions humaines et des changements climatiques sur les habitats des saumons, des truites et des autres poissons des écosystèmes fluviaux.

Jean-Pierre Mailhot

Titulaire d'un baccalauréat en agroéconomie de l'Université Laval et d'une maîtrise en administration publique de l'École nationale d'administration publique, Jean-Pierre Mailhot a travaillé durant 20 ans à la Régie des assurances agricoles avant de se joindre, en 1997, au ministère de l'Agriculture, des Pêcheries et de l'Alimentation du Québec, où il occupe le poste de directeur de l'amélioration de la compétitivité. Membre du conseil d'administration de la Fédération québécoise pour le saumon atlantique (FQSA) depuis 1988, Jean-Pierre Mailhot y a occupé plusieurs postes, dont ceux de trésorier (1989 à 1994) et de président (1994 à 2000). Il a siégé également au conseil d'administration du Centre interuniversitaire de recherche sur le saumon atlantique (CIRSA) de 1995 à 2006. Son engagement en faveur du saumon lui a valu plusieurs récompenses, dont le trophée Salar en 1992 et le Prix François-de-Beaulieu-Gourdeau en 2003 de la FQSA ainsi que la Médaille d'honneur de vermeil pour la protection de la nature et de l'environnement du ministère français de l'Environnement en 1994.

Dorik Moisan

Journaliste en sports et loisirs au *Journal de Québec* pendant 27 ans, Dorik Moisan est né à Saint-Raymond de Portneuf et a étudié en communications au Cégep de Jonquière. Parmi les événements majeurs qu'il a couverts, mentionnons trois Jeux Olympiques, quatre Jeux du Canada et dix Jeux du Québec. On lui a ensuite confié le poste de chef de pupitre à la section générale du *Journal de Québec* pendant 7 ans. Désormais à la retraite, Dorik Moisan continue de jouer avec les mots : il a contribué à la production de *L'Épopée de la forêt*, le plus récent livre de Sylvain Gingras, notamment en rappelant l'histoire de Richard Adams, guide de pêche sur la rivière Matapédia, qui était le maître absolu de la rivière.

Guy Pustelnik

Guy Pustelnik est titulaire d'un doctorat en hydrobiologie décerné par l'Université de Bordeaux3. De 1978 à 1990, il travaille comme ingénieur d'étude à la mise en œuvre de la restauration des poissons migrateurs, notamment le saumon atlantique, du bassin versant de la rivière Dordogne (France). Depuis 1991, il est le directeur de l'Établissement public interdépartemental Dordogne (ÉPIDOR), organisme concerné par la gestion de l'eau et ses différents usages du bassin hydrographique de la rivière Dordogne. Il a également participé à plusieurs formations universitaires liées à la gestion de l'eau (Université de Tours, ENSIL, Université de Limoges). En 1997 il obtient le statut de professeur-associé à l'Université de Limoges (PAST), responsable du module A du Master « Management environnemental et gestion des bassins versants ». Il occupe, depuis 2005, le titre de Délégué général de l'Association française des établissements publics territoriaux de bassin (EPTB). Au cours de sa carrière professionnelle, il a aussi été reconnu Chevalier du mérite agricole et a reçu les Palmes académiques.

Gilles Shooner

Gilles Shooner est né à Pierreville, en 1937, sur les bords de la rivière Saint-François, d'où son penchant pour l'eau et les poissons. De 1960 à 1966, il a travaillé comme biologiste de recherche sur le saumon au gouvernement du Québec. Son mémoire de maîtrise (Université de Montréal, 1967) a porté sur la biologie de la reproduction des tacons. Il a enseigné la biologie et l'écologie pendant 12 ans au Séminaire Saint-Augustin et à l'Université Laval. Depuis 1978, il se consacre entièrement au secteur de la consultation en environnement. Il a participé à la majorité des études québécoises reliées au saumon et à son habitat en tant que biologiste-conseil autonome ou président-directeur général des firmes de conseillers en environnement SAGE ltée, Groupe Environnement Shooner et de la division Shooner du Groupe-conseil GENIVAR, dont il est l'un des cofondateurs. De 1978 à 1984, il a été membre du conseil d'administration de L'Association des pêcheurs sportifs de saumons du Québec, puis de 1984 à 1996, membre du conseil d'administration de la Fédération québécoise pour le saumon atlantique, dont il a également assumé la direction générale intérimaire pendant trois années. Depuis une dizaine d'années, il est membre du conseil d'administration de l'Association des pêcheurs sportifs de saumon de la rivière Rimouski, du Conseil de bassin de la rivière Jacques-Cartier et de la firme québécoise de production énergétique Boralex inc. En 2007, il a été choisi membre du Comité central consultatif de la Fondation pour la conservation du saumon atlantique (Frédericton, Nouveau-Brunswick).

André Vézina

Né en 1949 à Québec, André Vézina est un saumonier passionné depuis 1978. Après avoir obtenu un baccalauréat en Relations industrielles décerné par l'Université Laval (1972), il a poursuivi une carrière de conseiller en gestion au gouvernement du Québec pendant plus de 30 années. Il agit maintenant comme conseiller-expert pour le compte de CGI depuis 2002. Il a été vice-président (1981-1982), puis président (1982-1984) de l'Association des pêcheurs sportifs de saumons du Québec. Il fut ensuite l'un des fondateurs de la Fédération québécoise pour le saumon atlantique (FQSA) dont il a assumé la présidence de 1984 à 1987. En 1994, il a été le récipiendaire du prix François de Beaulieu-Gourdeau-Uitshitun, la plus haute distinction accordée par la FQSA à un saumonier. Il monte des mouches à saumon depuis 1977, il a agi plusieurs fois comme juge du Championnat mondial de montage de mouches à saumon et s'implique bénévolement dans la conservation et la mise en valeur de la ressource saumon, tout particulièrement en faisant partie du comité organisateur du souper bénéfice annuel de la FQSA.

Bibliographie[1]

CHAPITRE 1. LE SAUMON AU QUÉBEC : UNE PRÉSENCE IMMÉMORIALE

ANONYME. 1964. Concession de la Compagnie de la Nouvelle-France en faveur du sieur Nicolas Denys. Rev. Hist. Gaspésie, vol. 2, nº 1, p. 565.

ANONYME (W. HENRY). 1839. Trifles from my port-folio or recollections of scenes and small adventures during twenty-nine years' military service in the peninsular war and invasion of France, the East Indies, campaign in Nepaul, St. Helena during the detention and until the death of Napoleon, and Upper and Lower Canada. William Neilson (Québec), 2 volumes, 252 p.

ASSEMBLÉE NATIONALE DU QUÉBEC. 1926. Rivières à saumon. Débats de l'Assemblée législative, 16e législature, troisième session (séance du 19 février 1926), 14 p.

BERNES, J. 1496. A treatyse of fysshynge wyth an angle. Wynkyn De Worde (Westminster), 23 p.

BOUCHETTE, J. 1815. Description topographique de la province du Bas-Canada, avec des remarques sur le Haut-Canada et sur les relations des deux provinces avec les États-Unis. W. Faden (Londres), 665 p.

CAMPBELL, P. 1793. Travels in the interior inhabited part of North America in the years 1791 and 1792. John Gurthrie (Edinburgh), 388 p.

CARTER, W. M. 1968. Rapport sur le saumon et plan directeur pour l'aménagement de cette ressource. Min. du Tourisme, de la Chasse et de la Pêche du Québec, 236 p.

CHAMBERS, E. T. D. 1912. Fisheries of the Province of Quebec. Dept. Colonization, Mines and Fisheries (Quebec), 206 p.

CHAMPLAIN, S. (1608-1613). The works of Samuel de Champlain. Champlain Society (Toronto) 1922-1936 (texte original en français avec traduction en anglais), vol. 2, 382 p.

CHAPDELAINE, C. 1992. Les Iroquoiens de la vallée du Saint-Laurent (vers 1500). *In* Aux couleurs de la terre. Héritage culturel des premières nations, Exposition Musée McCord (1992).

DESJARDINS, M., Y. FRENETTE et J. BÉLANGER. 1999. Histoire de la Gaspésie. Boréal Express (Montréal), 797 p.

DUNFIELD, R. W. 1986. Le Saumon de l'Atlantique dans l'histoire de l'Amérique du Nord. Publ. Spéc. Can. Sci. Halieut. Aquat., nº 80, 199 p.

CORBEIL, H. E., Y. CÔTÉ et L. TREMBLAY. 1980. Le ban de la pêche commerciale du saumon en Gaspésie, 1972-1977. Historique, résultats et recommandations. *In* Colloque sur le saumon. Min. du Tourisme, de la Chasse et de la Pêche du Québec, Rapp. Rech. Faun. nº 1, p. 73-87.

COURTEMANCHE, M. 2006. Présence inusitée de restes osseux de Saumon atlantique (*Salmo salar*) dans le Haut Saint-Laurent, Archéologiques, nº 19, p. 82-85.

DUBREUIL, S. 2007. Étude sur les sites archéologiques préhistoriques et historiques caractéristiques de la région de la Côte-Nord du Québec. *In* Participation du Québec au projet de répertoire canadien des lieux patrimoniaux. Min. Cult. Comm. Québec, 58 p.

FORTIN, J.-C. et A. LECHASSEUR. 1993. Histoire du Bas-St-Laurent, Québec. Institut québécois de recherche sur la culture, 864 p.

GINGRAS, S. 1994. Chasse et pêche au Québec : un siècle d'histoire. Les éditions Rapide Blanc (St-Raymond), 351 p.

GOURDEAU, C. 2001. Jean Talon, premier intendant de la Nouvelle-France. Soc. du Musée canadien des civilisations, 12 p.

ISABELLE, R. 1990. Le site de l'ancienne mission des Jésuites à Sillery. Université Laval, mémoire de maîtrise, 94 p.

1 Cette liste contient les références consultées ou citées dans ce livre et celles dont la lecture est recommandée

LANMAN, C. 1848. A tour to the river Saguenay in Lower Canada. Carey & Hart (Philadelphia), 231 p.

LE JEUNE, L.-M. 1931. Jacques Cartier. *In* Dictionnaire général de biographie, histoire, littérature, agriculture, commerce, industrie et des arts, sciences, mœurs, coutumes, institutions politiques et religieuses du Canada. U. d'Ottawa, p. 314-315.

LeMOINE, J. M. 1887. Chasse et pêche au Canada. N. S. Hardy (Québec), 309 p.

MACKEDIE, M. D. C. 1885. Rapport de l'inspecteur des pêcheries. *In* LeVasseur, N., 1892. Pêche et chasse : rivières à saumon et à truite. Bull. Soc. Géogr. Québec, vol. 2, nº 1.

MAY, A. W. et H. H. LEAR. 1971. Digest of Canadian Atlantic salmon catch statistics. Fish. Res. Bd. Can. Tech. Rept., nº 270, 106 p.

MIMEAULT, M. 2002. Jean Talon et les débuts de l'industrie canadienne de la pêche. Encyclobec, 4 p.

MOUSSETTE, M. 1979. La pêche sur le Saint-Laurent: répertoire des méthodes et des engins de capture. Boréal Express (Montréal), 213 p.

NETTLE, R. 1857. The salmon fisheries of the St-Lawrence and its tributaries. Ed. Lovell (Montréal), 144 p.

PARENTEAU, B. A. 2002. A very determined opposition to the law: Conservation, angling leases, and social conflict in the Canadian Atlantic salmon fishery, 1876-1914. Environmental History, vol. 3, nº 9, 27 p.

PLOURDE, M. 2006. Étude sur les sites archéologiques caractéristiques de l'occupation amérindienne du territoire. *In* Participation du Québec au projet de répertoire canadien des lieux patrimoniaux – Volet archéologique. Min. de la Culture et des Communications du Québec, 48 p.

ROY, J. 2000. John Nairne. *In* Dictionnaire biographique du Canada en ligne, vol. 5.

TREMBLAY, R. 2006. Les Iroquoiens du Saint-Laurent. Peuple du maïs. Éditions de l'Homme (Montréal), 139 p.

TRUDEL, M. 2000. Jacques Cartier. *In* Dictionnaire biographique du Canada en ligne, vol. 1.

TRUDEL, M. 1974. Les débuts du régime seigneurial au Canada. Fides (Montréal), 313 p.

WALTON, I. et C. COTTON. 1653. The compleat angler or the contemplary man's recreation, T. Maxey (Londres), 219 p.

WEEKS, E. A. 1971. The Moisie salmon club : a chronicle. Barre (MA, USA), 240 p.

WELLS, H. P. 1886. The American salmon fisherman. Harper & Brothers (New York), 166 p.

CHAPITRE 2. POUR MIEUX CONNAÎTRE ET COMPRENDRE LE SAUMON

ANONYME (W. HENRY). 1839. Trifles from my portfolio, or recollections of scenes and small adventures during twenty-nine years' military service in the peninsular war and invasion of France, the East Indies, campaign in Nepaul, St. Helena during the detention and until the death of Napoleon, and Upper and Lower Canada. William Neilson (Québec), 2 volumes, 252 p.

AUBIN-HORTH, N. et J. J. DODSON. 2004. Influence of individual body size and variable threshold on the incidence of a sneaker male reproductive tactic in Atlantic salmon. Evolution, nº 58, p. 136-144.

BANVILLE, C. et G. SHOONER. 1993. La gestion du saumon atlantique selon le concept de « Gestion bassin par bassin ». Fédération québécoise pour le saumon atlantique, Collection *Salmo salar,* nº 1, p. 155-158.

BELDING, D. L. et G. PRÉFONTAINE. 1938. Études sur le saumon de l'Atlantique. 1. Organisation et résultats généraux des recherches dans le golfe Saint-Laurent en 1937, Contr. Inst. Zool. U. de Montréal, nº 2, 50 p.

BELDING, D. L. et G. PRÉFONTAINE. 1961. Rapport sur le saumon de la Côte-Nord du Saint-Laurent et de la Côte Nord-est de Terre-Neuve », Contr. Dept. Pêch. Québec, nº 82, 104 p.

BELDING, D. L. 1940. Migration of the Atlantic salmon (*Salmo salar*) in the gulf of St-Lawrence as determined by tagging experiments. Trans. Am. Fish. Soc, nº 69, p. 290-295.

BERGERON, J. 1961. La pêche commerciale du saumon (*Salmo salar*) dans la région de Carleton en 1960, Rapp. ann. 1960, Stat. biol. mar. de Grande-Rivière, p. 68-76.

BERGERON, J. 1959. Le saumon de la Port-Daniel, Actualités marines, vol. 3, n° 3, p. 18-24.

BERGERON, J. 960. Travaux sur le saumon. Rapp. ann. 1959. Sta. biol. mar. de Grande-Rivière, 1, p. 40-51.

BIELAK, A. T. 1984. Quebec North Shore Atlantic salmon stocks. U. Waterloo (Ontario), thèse de doctorat, 236 p.

BOUCHER, P. 1964. Histoire véritable et naturelle des mœurs et productions du pays de la Nouvelle-France, vulgairement dite le Canada, Société historique de Boucherville, 415 p.

CALDERWOOD, W. L. 1930. A survey of salmon fisheries in Eastern Canada. Evening Post Job Print Office (New York), 32 p.

CALDERWOOD, W. L. 1927. The salmon of the River Grand Cascapedia, Canada. Proc. Roy. Soc. Edinburgh, n° 47, part. 2, n° 10, p. 142-147.

CARBONNEAU, P. E., N. BERGERON ET S. N. LANE. 2005. Automated grain size measurements from airborne remote sensing for long profile measurements of fluvial grain sizes Edinburgh », Water Resources Res., vol. 41, n° 11 (W1146), 9 p.

CARON, F. 1983. Migration vers l'Atlantique des post-saumoneaux (*Salmo salar*) du golfe du Saint-Laurent Edinburgh. Naturaliste canadien (Rev. Écol. Syst.), n° 110, p. 223-227.

CARON, F., D. HATIN, D. FOURNIER et V. CAUCHON. 2008. La télémétrie acoustique au service de nos connaissances : on a retrouvé nos saumons en mer! On cherche et… on trouve! Saumons illimités, n° 81, p. 19-21.

CARON, F. et P.-M. FONTAINE. 1999. Spawner and return numbers in Quebec, 1969-1998. ICES NASWG, W. Doc. n° 30.

CARON, F., P.-M. FONTAINE et S. É. PICARD. 1999. Seuil de conservation et cible de gestion pour les rivières à saumon (*Salmo salar*) du Québec. Faune et Parcs Québec, Direction de la recherche sur la faune, 48 p.

CARTER, W. M. 1968. Rapport sur le saumon et plan directeur pour l'aménagement de cette ressource. Min. du Tourisme, de la Chasse et de la Pêche du Québec, 236 p.

CARTIER, J. C. 1986. Première relation (1534). *In* Relations, éd. critique par Michel Bideaux, Les Presses de l'Université de Montréal (Montréal), p. 93-122.

CATALOGNE (DE), G. 1712. Mémoire sur les seigneuries et habitations des gouvernements de Québec, les Trois-Rivières et Montréal. Bull. Rech. Hist., vol. 21.

CHAMBERS, E. T. D. 1912. Fisheries of the Province of Quebec. Dept. Colonization, Mines and Fisheries (Quebec), 206 p.

CHAMPLAIN, S. 1936. The works of Samuel de Champlain (1608-1613). Champlain Society (Toronto) 1922-1936, vol. 2, 382 p.

CHARLEVOIX (DE), F. X. 1976. Histoire et description générale de la Nouvelle-France, avec le Journal d'un voyage historique par ordre du roi dans l'Amérique septentrionale. Éd. Élysée (Montréal), 3 tomes (réimpression de l'ouvrage original daté de 1774).

CLÉMENT, D. 1995. La zoologie des Montagnais. Peeters éd. (Paris), 569 p.

COMEAU, N.-A. 1945. La vie et le sport sur la Côte-Nord, du Bas-Saint-Laurent et du Golfe. Éd. Garneau, 372 p.

CÔTÉ, Y. 1977. L'exploitation des stocks de saumons québécois par les pêcheries de Terre-Neuve. *In* Colloque sur le saumon. Min. du Tourisme, de la Chasse et de la Pêche du Québec, Direction de la recherche faunique, RRF, n° 1, p. 89-114.

CÔTÉ, Y., I. BABOS et J. A. ROBITAILLE. 1984. Caractéristiques scalimétriques des saumons du Koksoak (Ungava, Québec). Naturaliste canadien (Rev. Écol. Syst.), n° 111, p. 401-409

CÔTÉ, Y., C. POMERLEAU et G. OUELLET. 1990. Détermination du nombre de reproducteurs requis pour une production maximale dans trois rivières de la Gaspésie, p. 283-298. *In* N. Samson et J. P. leBel (éd.). 1990. Compte rendu de l'atelier sur le nombre de reproductions requis dans les rivières à saumon, Isle-aux-Coudres. Min. du Loisir, de la Chasse et de la Pêche du Québec, Direction de la gestion des espèces et des habitats, février 1988, 329 p.

DIONNE, M., F. CARON, J. J. DODSON et L. BERNATCHEZ. 2005. Landscape genetics and hierarchical genetic structure in Atlantic salmon : the interaction of gene flow and local adaptation », Molecular Ecology, nº 17, p. 2382-2396.

DIONNE, M., F. CARON, J. J. DODSON et L. BERNATCHEZ. 2008. Comparative survey of within-river genetic structure in Atlantic salmon; relevance for management and conservation. Conservation genetics, en voie de publication.

DUNBAR, M. et H. H. HILDEBRAND. 1952. Contribution to the study of fishes of Ungava Bay. J. Fish. Res. Bd. Can., vol. 9, nº 2, p. 83-128.

DUNBAR, M. J. 1985. Evidence for a 50-year cycle in animal population and climate, with particular reference to the Atlantic salmon (*Salmo salar L.*). *In* Northeast Atlantic Salmon Workshop, Moncton, N.-B. Atl. Salm. Fed. & N.-B. Wild. Fed., p. 92-101.

DUNFIELD, R. W. 1986. Le Saumon de l'Altantique dans l'histoire de l'Amérique du Nord. Publ. Spéc. Can. Sci. Halieut. Aquat., nº 80, 199 p.

ELSON, P. F. 1975. Atlantic salmon rivers, smolt production and optimal spawning : an overview of natural production. Int. Atl. Salm. Found. Spec. Publ. Series, nº 6, p. 96-119.

ELSON, P. F. 1957. Number of salmon needed to maintain stocks. Can. Fish. Cult., vol. 21, p. 19-23.

FONTAINE, P. M. 1998. Structure génétique et écologie comportementale du saumon atlantique (*Salmo salar*) à différentes échelles spatiales : une approche moléculaire utilisant les microsatellites. U. Laval, thèse de doctorat, 138 p.

FORTIN, P.-E. 1864. Appendices des pêcheries. Rapport annuel pour 1863, de l'hon. William McDougall, Commissaire des terres de la Couronne : état de la division des pêcheries, rapports des surintendants, rapport du capitaine Fortin, extraits des rapports des garde-pêche, etc. pour l'année 1863. Hunter, Rose et Lemieux, imprimeurs (Québec), 83 p.

FOURNIER, D. et V. CAUCHON. 2008. Travaux de recherche sur le saumon des rivières Saint-Jean et de la Trinité en 2007. Min. des Ressources naturelles et de la Faune du Québec, Direction de la recherche sur la faune, 73 p.

FRENETTE, M., M. CARON, P. JULIEN et J. GIBSON. 1984. Interaction entre le débit et les populations de tacons (*Salmo salar*) de la rivière Matamec Québec. Can. J. Fish. Aquat. Sci., nº 41, p. 954-963.

GAUTHIER-OUELLET M. 2008. Origine des saumons (*Salmo salar*) pêchés au Groenland et influence sur la mortalité en mer, U. Laval, mémoire de maîtrise.

GIBSON, R. J. 1981. Behavioural interactions between coho salmon (*Onchorhyncus kisutch*), Atlantic salmon (*Salmo salar*), brook trout (*Salvelinus fontinalis*), and steelhead trout (*Salmo gairdneri*), at the juvenile fluviatile stages. Can Tech. Rep. Fish. Aquat. Sci., nº 1029, 116 p.

GIBSON, R. J. 1977. Matamek Research Program : Annual report for 1976. Woods Hole Ocean. Inst., WHOI 77-28.

GUILLLOUËT, J. 1993. Méthode d'estimation indirecte des montaisons annuelles de saumon atlantique (*Salmo salar*) dans les rivières du Québec. Min. du Tourisme, de la Chasse et de la Pêche du Québec. Direction de la faune et des habitats, 175 p.

GONTHIER, S. et Y. CÔTÉ. 1986. Colloque sur l'élevage et l'ensemencement du saumon atlantique. Min. du Tourisme, de la Chasse et de la Pêche du Québec, 324 p.

GUAY, J. C., D. BOISCLAIR, D. RIOUX, M. LAPOINTE et P. LEGENDRE. 2000. Development and validation of numerical habitat models for juveniles of Atlantic salmon (*Salmo salar*). Can. J. Fish. Aquat. Sci., vol. 57, nº 10 p. 2065-2075.

HEDGER R. D., F. MARTIN, D. HATIN, F. CARON, F. G. WHORISKEY et J. J. DODSON. 2008. Active migration of wild Atlantic salmon (*Salmo salar*) smolt through a coastal embayment. Mar. Ecol. Prog. Ser., vol. 355, p. 235–246.

ICES. 2007. Report of the Working Group on North Atlantic Salmon. ICES NASWG, p. 11.

JOVENEAU, A. 2008. *Eka takushameshkui* : ne mets pas tes raquettes dans les miennes. Rev. Histoire Côte-Nord, juin 2008, p. 19-20.

LAGUEUX, R. 1953. Étude sur les déplacements de saumons de l'Atlantique du stade kelt libérés à Tadoussac, Cté Saguenay, Qué. de 1943 à 1951. 9e Rapp. Off. Biol. (Québec), p. 302-320.

LAGUEUX, R. 1955. Indice de l'existence de deux populations de saumon (*Salmo salar salar*) sur la côte nord du Golfe St-Laurent. Ann. ACFAS, nº 21, p. 87-90.

LECLERC, M., P. BOUDREAU, J. BECHERA, L. BELZILE et D. VILLENEUVE. 1992. Modélisation de la dynamique de l'habitat des ouananiches juvéniles (*Salmo salar*) de la rivière Ashuapmushuan (Québec, Canada), p. 143-154. *In* Cotton, F., S. Asselin, G. Shooner, L. Bernatchez et P. Bérubé. 1994. Colloque franco-québécois sur l'intrégration des technologies modernes à la gestion des poissons dulcicoles et amphihalins. Min. de l'Environnement et de la Faune du Québec, 210 p.

LEGENDRE, V., J.-R. MONGEAU, J. LECLERC et J. BRISEBOIS. 1980. Les salmonidés des eaux de la plaine de Montréal — Historique, 1535-1977. Min. du Loisir, Chasse et Pêche du Québec, Rapp. tech. nº 06-27, 280 p.

LEVASSEUR, M., N. BERGERON, M. LAPOINTE ET F. BÉRUBÉ. 2006. Effects of silt and very fine sand dynamics in Atlantic salmon (*Salmo salar L.*) redds on embryo hatching success. Can. J. Fish. Aquat. Sci., vol. 61, p. 2271-2277.

LÉVESQUE, F. et M. K. HARTE. 1994. Application de l'hydoacoustique en milieu fluvial : exemple de l'étude de la montaison du saumon atlantique (*Salmo salar*) par sondages à double faisceau dans la rivière Moisie, Québec. Bull. Fr. Pêche Piscic. nº 332, p. 33-41.

MARTIN, F., R. D. HEDGER, J. J. DODSON, L. FERNANDES, F. CARON, D. HATIN et F. G. WHORISKEY. 2008. Behavioural transition during the seaward migration of wild Atlantic salmon (*Salmo salar* L.) smolt, soumis pour publication.

MENZIES, W. J. M. 1926. Salmon (*Salmo salar*) of the River Moisie (Eastern Canada). Proc. Roy. Soc. Edinburgh, nº 45, p. 334-345.

MENZIES, W. J. M. et P. R. C. MACFARLANE. 1928. Some further notes on the Salmon (*Salmo salar*) of the Moisie river (Eastern Canada). Proc. Roy. Soc. Edinburgh, vol. 4, nº 47, p. 359-365.

MICHAUD, G. 2003. Les gardiens des portages. L'histoire des Malécites du Québec. Les éditions GID, 303 p.

MORIN, P.-P. 1987. Identification de la période sensible de l'empreinte olfactive chez le saumon atlantique, *Salmo salar,* par conditionnement classique de la réponse cardiaque. U. Laval, thèse de doctorat, 177 p.

NETTLE, R. 1857. The Salmon fisheries of the St-Lawrence river and its tributaries, Printed by J. Lovell, 144 p.

NAIMAN, R. J. 1980. Matamek Annual Report for 1979. Woods Hole Ocean. Inst. Tech. Rept., WHOI 80-31, 270 p.

NAIMAN, R. J. et L. LINK. 1982. Characteristics of sediment and organic carbon export from pristine boreal forest watershed. Can. J. Fish. Aquat. Sci. 39, p. 1699-1718.

NOBBS, P. E. 1949. The critical condition of the Atlantic salmon industry in Québec. Atlantic Salmon Association (Montreal), Doc., nº 3, 13 p.

NOBBS, P. E. 1949. Things known and knowable about Atlantic salmon. Atlantic Salmon Association (Montreal), Doc. nº 6, 24 p.

PARSONS, J. W. 1973. History of the salmon in the Great Lakes, 1850-1970. U.S. Bur. Fish. Wildl. Tech. Rept., nº 68, 80 p.

POMERLEAU, C., Y. CÔTÉ et G. OUELLET. 1978. Possibilité d'utilisation des concepts de rendements maximum et optimum dans la gestion de l'exploitation du saumon en Gaspésie. Min. du Tourisme, de la Chasse et de la Pêche du Québec, rapport manuscrit, 19 p.

POWER, G. 1959. Studies on the Atlantic salmon (*Salmo salar*) of the sub-arctic Canada. U. McGill (Montréal), thèse de doctorat.

POWER, G. 1969. The salmon of Ungava Bay. Arctic Inst. N. Amer. Tech. Rept., nº 22, 72 p.

POWER, G. et G. SHOONER. 1966. Juvenile salmon in the estuary and lower Nabisipi river and some results of tagging. J. Fish. Res. Bd. Can., vol. 23, p. 947-961.

PRÉFONTAINE, G. 1944. Travaux de la Commission de Québec pour l'étude du saumon pour l'année 1943. Contr. Dépt. Pêcheries (Québec), nº 13, p. 109-110.

RICKER, W. E. 1954. Stock and recruitment. J. Fish. Res. Bd. Can., vol. 11, p. 559-663.

ROBERGE, C., E. NORMANDEAU, S. EINUMH, H. GUDERLEY et L. BERNATCHEZ. 2008. Genetic consequences of interbreeding between farmed and wild Atlantic salmon : insights from the transcriptome. Molec. Ecol., nº 17, p. 314-324.

ROBITAILLE, J. A., Y. CÔTÉ, G. HAYEUR et G. SHOONER. 1984. Particularité de la reproduction du saumon atlantique dans une partie du réseau Koksoak en Ungava. Rapport technique Can. Sci. Halieut. Aquat., nº 1313, 33 p.

ROBITAILLE, J. A., Y. CÔTÉ, G. SHOONER et G. HAYEUR. 1984. Croissance estuarienne du saumon atlantique (*Salmo salar*) dans le fleuve Koksoak en Ungava. Rapport technique Can. Sci. Halieut. Aquat., nº 1314, 23 p.

SAMSON, N. et J. P. leBEL. Compte rendu de l'atelier sur le nombre de reproducteurs requis dans les rivières à saumon, Isle-aux-Coudres, février 1998, 329 p.

SCHIEFER, K. 1969. Ecology of Atlantic salmon, with special reference to occurrence and abundance of grilse, in North Shore of St-Lawrence rivers. U. Waterloo (Ontario), thèse de doctorat, 129 p.

SHOONER, G. 1967. Précocité sexuelle et fréquence relative des sexes des jeunes saumons (*Salmo salar* L.) de la rivière Nabisipi. U. Montréal, 1967, mémoire de maîtrise, 88 p.

SHOONER, G. et S. ASSELIN (éd.). 1993. Le développement du saumon atlantique au Québec : connaître les règles du jeu pour réussir. Colloque international de la Fédération québécoise pour le saumon atlantique, Collection *Salmo salar*, nº 1, 201 p.

TALBOT, T. et M. LAPOINTE. 2002. Modes of responses of a gravel bed river to meander straightening: the case of the Ste-Marguerite river, Saguenay region, Quebec, Canada. Water Resources. Res., vol. 38, nº 6, p. 9.1-9.7.

TÉTREAULT, B., Y. CÔTÉ, Y. et W. M. CARTER. 1973. Résultats de la première phase (1968) d'un programme quinquennal d'étiquetage de saumoneaux. Min. du Tourisme, de la Chasse et de la Pêche du Québec, Travaux en cours, nº 8, p. 55-68.

TREMBLAY, G. 1990. La croissance en mer du saumon atlantique *(Salmo salar L.)*. Université du Québec à Rimouski, mémoire de maîtrise, 73 p.

TREMBLAY, L. et A. MARCOTTE. 1957. Le saumon. Contr. Dépt. Pêch. Québec, nº 50, p. 60-67.

TURGEON, Y. 2000. Éléments de reproduction et de production du saumon atlantique en station piscicole. Soc. Faune et Parcs Québec, Dir. dév. faune, 71 p.

VAUGEOIS, D. 2008. Les indiens et la cartographie : ils marquent le vrai nord. Mémoires vives, Bulletin virtuel de la Commission franco-québécoise sur les lieux de mémoire communs, nº 25, 2 p.

VLADIKOV, V. D. 1946. Nourriture du marsouin blanc ou béluga (*Delphinapterus leucas*) du fleuve Saint-Laurent. Contr. Dépt. Pêcheries (Québec), 1946, nº 17, 157 p.

CHAPITRE 3. LES RIVIÈRES À SAUMON DU QUÉBEC DANS L'ART CANADIEN ET QUÉBÉCOIS

BOULIZON, G. 1984. Le paysage dans la peinture québécoise, vu par les peintres des cent dernières années. M. Broquet (Québec), 223 p.

CAMRON, C. et J. TRUDEL. 1976. Québec au temps de James Patterson Cockburn. Éditions Garneau (Québec), 176 p.

MELLEN, P. 1978. Landmarks of Canadian Art, McClelland and Stewart (Toronto), 260 p.

MURRAY, J. 1984. The Last Buffalo : The Story of Frederick Arthur Verner, painter of the Canadian West. Pagurian Press (Toronto), 192 p.

ROUSSEAU, J. 1953. Report on the surveys carried out in Northern Quebec-Labrador during 1951. Jardin botanique de Montréal (Montréal).

ROY, G. 1975. La montagne secrète. Éd. La Frégate (Montréal), 147 p.

CHAPITRE 4. LES RIVIÈRES À SAUMON DU QUÉBEC

ANONYME. 2008. Bilan de l'exploitation du saumon au Québec en 2007. Min. Ress. nat. et Faune. Non paginé.

CHAPITRE 5. SOUVENIRS ET CONSEILS PRATIQUES D'UN SAUMONIER

ANDERSON, G. 1985. Atlantic salmon and the fly fisherman. Salar publishing (Montréal), 241 p.

AUBERT, G., A. A. BELLEMARE et G. BILODEAU. 1988. Saumon atlantique. Groupe Polygone (Montréal), 206 p.

BIZIER, H.-A. et J. CERF. 2008. La pêche à la mouche au Québec. Éditions Fides (Montréal), 222 p.

DUBÉ, J. P. 1975. Techniques de la pêche au saumon, Éditions Léméac inc. (Montréal), 207 p.

ÉMOND , J. et J. FABRE. 1985. Guide pratique du pêcheur de saumon. Institut québécois de plein-air, Rivière-du-Loup, 160 p.

HEWITT, E. R. 1948. A trout and salmon fisherman for seventy five years. Charles Scribner's Sons (New York), 338 p.

LEE, A. 1998. Tying and fishing the riffling hitch. Human Kinetics, 105 p.

WULFF, L. 1983. The Atlantic salmon. Winchester Press (New York, 2e édition), 280 p.

CHAPITRE 6. L'ART DE LA MOUCHE

BLAIS, J-Y. 1991. Stratégie scientifique de la pêche à la mouche : patrons et montage. Éditions Sciences et Culture inc., 169 p.

COING, G. 2008. Guide complet des mouches de pêche : les mouches recommandées par les plus grands spécialistes de la pêche à la mouche. (Trad. de l'anglais), Terres Éditions (Sayat), 143 p.

CHAPITRE 7. AU-DELÀ DES OMÉGA-3

ANONYME. 1987. Les meilleures recettes de saumon, (préface de Pierre Troisgros). Traduction de Jacques Delourme, Flammarion (Paris), 127 p.

ANONYME. 1994. Poissons du Québec : recettes. Sentier Chasse-Pêche, Éditions Groupe Polygone (Montréal), 1994, 86 p.

GRAPPE, J.-P. 2006. Poissons. Éditions de l'Homme (Montréal), 142 p.

LE DIVELLEC, J. 2003. Larousse des poissons, coquillages et crustacés (400 recettes). Larousse (Paris), 383 p.

Crédits photographiques

Photo couvert avant : Jean-Guy Béliveau
Photo couvert arrière : Bernard Beaudin
Page 2 : Gérard Bilodeau
Page 12 : Sophie Imbeault
Page 16 : Guy Pustelnik
Page 17 : Huile sur toile : Musée national des beaux-arts du Québec; Pêcheur à la nigogue : Marc-Antoine Jean
Page 23 : Jean Gariépy
Page 30 : Jean Gariépy
Page 41 : Gérard Bilodeau
Page 42 : Éric Roy-Charbonneau
Page 71 : FQSA
Page 79 : Éric Roy-Charbonneau
Page 80 : Gilles Côté
Page 85 : Musée des beaux-arts du Canada
Page 87 : Archives nationales du Canada
Page 89 : Archives nationales du Canada
Page 91 : Musée McCord
Page 93 : Musée national des beaux-arts du Québec
Page 95 : Alain Hébert
Page 97 : Fondation René Richard et Galerie Perreault
Pages 99 à 111 : FQSA
Page 114 : Michel Corboz
Page 117 : Gérard Bilodeau
Page 118 : Steve Pelletier
Page 121 : Gérard Bilodeau
Page 122 : Steve Pelletier
Page 123 : Jean-Guy Béliveau
Page 125 : Jocelin LeBlanc
Page 127 : Gérard Bilodeau
Page 129 : Richard Sirois
Page 131 : Romain Tremblay
Page 132 : Mario Dallaire
Page 133 : Sépaq
Page 135 : Rivière Jacques-Cartier : Pierre Dulude; La Dordogne : Alain Bordes
Page 138 : Pierre-Paul Turcotte
Page 139 : Chanteuges : Conservatoire National du Saumon Sauvage; Tadoussac : Serge Guimond, MRNF
Pages 140-141 : Yoanis Menge, Sépaq
Pages 142-143 : Michel Jean
Pages 148-149 : Gérard Bilodeau
Pages 150 à 172 : Gérard Bilodeau
Pages 174-175 : Jean Simard
Page 176 : Marc-Antoine Jean
Page 179 : Marc-Antoine Jean
Page 180 : *Labrador* et *Gasparo* : FQSA; la *Offa* : André Vézina
Page 181 : *Sauvagine,* 1987 : FQSA; *Sauvagine,* 2008 : Alain Charrette; *Tsunami* : Marc-Antoine Jean
Page 182 : *Adrian* : Marc Robitaille; *L'Ascension du Koksoak* : André Vézina
Page 183 : *The Tailwind* : Alain Charrette; *Pittoresque Matapédia* et mouche de Daniel Dufour : André Vézina
Page 184 : *Adam Écarlate* : Marc Robitaille; *1608, Don-de-Dieu* : Alain Charrette
Page 185 : Alain Charrette
Page 187 : Marc Robitaille
Page 188 : Gilles Shooner
Page 195 : image fotolia 7506430
Page 197 : photo istock 2626269
Pages 199 et 200 : Les Éditions de l'Homme
Page 201 : Marc Vandelac
Page 203 : fotolia
Page 204 : Bernard Beaudin
Page 207 : photo de gauche : Gérard Bilodeau ; photo de droite : Bernard Beaudin
Pages 209 et 210 : Gérard Bilodeau
Page 212 : Jean-Guy Béliveau
Page 228 : Jean-Guy Béliveau
Pages 230-231 : Jean-Guy Béliveau

Aux couleurs

de l'été indien...

et à la saison

des amours du saumon.

Achevé d'imprimer sur les presses de
Transcontinental Interglobe
en décembre 2008